U0585605

东方历史评论 11

溃败的前夜：从甲申到甲午

许知远 主编　李 礼 执行主编

ORIENTAL
HISTORY
REVIEW

贵州出版集团
贵州人民出版社

图书在版编目（CIP）数据

溃败的前夜：从甲申到甲午 / 许知远主编 . -- 贵阳：贵州人民出版社，2018.2
（东方历史评论丛书；11）
ISBN 978-7-221-14139-2

Ⅰ . ①溃… Ⅱ . ①许… Ⅲ . ①中国历史—研究—清后期 Ⅳ . ① K252.07

中国版本图书馆 CIP 数据核字 (2017) 第 098012 号

溃败的前夜：从甲申到甲午

许知远 / 主编　李礼 / 执行主编

出版人　苏　桦
选题策划　陈　滔　祁定江
责任编辑　刘向辉　刘旭芳
出版发行　贵州人民出版社（贵阳市观山湖区会展东路 SOHO 办公区 A 座）
印　　刷　北京温林源印刷有限公司
版　　次　2018 年 2 月第 1 版
印　　次　2018 年 2 月第 1 次印刷
印　　张　14.75
字　　数　230 千字
开　　本　787mm × 1092mm　1/16
书　　号　ISBN 978-7-221-14139-2
定　　价　45.00 元

目 录

topic | 专 题

错过的机遇：1884—1894

撰文：马勇

在马建忠看来，中国学西方，不能单纯地只学其器物；西方富强，也不是单纯凭借制造之精、兵纪之严，一定有其背后的制度因素。类似马建忠这样的思想，自甲申至甲午10年间不绝如缕，而遗憾的是，知识人的建议并不被朝廷接受，直至甲午战败，清廷统治集团方才明白自我陶醉的所谓“同光中兴”只不过是一场虚假繁荣，清帝国的未来有待于从零开始，重新起步。

咸丰末年，因通商条约的修改，英法曾于1858年、1860年两次向中国派遣远征军，其结果就是1858年的《天津条约》和1860年的《北京条约》。这些条约一方面使中国丧失了一些权利，另一方面，中国因这些条约不得不向外部大幅度开放，被迫走上学习西方的路。短短十几年，一个意想不到的奇迹发生，“后发优势”让中国获得了迅猛发展：从零起步，中国构建了初步的工业基础，国力也有极大提升。然而，就在这个时候，中国周边环境却在恶化，1884年中法两国为越南前途大打出手，中国迅即陷入困境。

战略调整

1884年4月8日，清光绪十年三月十三日，慈禧太后召见御前大臣、六部尚书等，旋以明发谕旨宣懿旨：

现值国家元气未充，时艰尤巨，政虞丛脞，民未敉安，内外事务必须得人而理，而军机处实为内外用人行政之枢纽。恭亲王奕䜣等始尚小心匡弼，继则委蛇保荣，近年爵禄日崇，因循日甚，每于朝廷振作求治之意谬执成见，不肯实力奉行。屡经言者论列，或目为壅蔽，或劾其萎靡，或谓昧于知人。本朝家法綦严，若谓其如前代之窃权乱政，不唯居心所不敢，实亦法律所不容。只以上数端，贻误已非浅显。若不改图，专务姑息，何以仰副列圣之伟烈贻谋。将来皇帝亲政，又安能诸臻上理。若竟照弹章一一宣示，既不能复议亲贵，亦不能曲全耆旧，岂朝廷宽大之政所忍为哉？言念及此，良用恻然。[1]

基于如此考量，懿旨宣布：

恭亲王奕䜣、大学士宝鋆入值最久，责备宜严。姑念一系多病，一系年老，兹特录其前劳，全其末路，奕䜣著仍留世袭罔替亲王，赏食亲王双俸，开去一切差使，撤去恩加双俸，家居养疾；宝鋆著原品休致。

协办大学士、吏部尚书李鸿藻，内廷当差有年，只为囿于才识，遂致办事竭蹶；兵部尚书景廉，只能循分供职，经济非其所长，均著开去一切差使，降两级调用。

工部尚书翁同龢甫值枢廷，适当多事，唯既别无建白，亦有应得之咎，著加恩革职留任，退出军机处，仍在毓庆宫行走，以示区别。

懿旨指出："朝廷于该王大臣之居心办事默察已久，知其决难振作，诚恐贻误愈深则获咎愈重，是以曲示矜全，从轻予谴，初不因寻常一眚之微，小臣一疏之劾，遽将亲藩大臣投闲降级也。嗣后内外臣工务当痛戒因循，各摅忠悃，建言者秉公献替，务期远大，朝廷但察其心，不责其迹。苟于国事有补，无不虚衷嘉纳。倘有门户之弊，标榜之风，假公济私，倾轧攻讦，甚至品行卑鄙，为人驱使，就中受贿渔利，必当立抉其隐，按法惩治不贷。"[2]

"旧人"恭亲王奕䜣等退出军机处等重要机构，暂且接替他们的为礼亲王世铎，户部尚书额勒和布、阎敬铭，刑部尚书张之万，他们均在军机大臣上行走。工部左侍郎孙毓汶在军机大臣上学习行走。稍后，又任命刑部左侍郎许庚身在军机大臣上学习行走。

[1] 《德宗实录》卷179，第500页。
[2] 《德宗实录》卷179，第500页。

第二天（4 月 9 日，三月十四日），慈禧太后又发懿旨："军机处遇有紧要事件，著会同醇亲王奕譞商办，俟皇帝亲政后再降懿旨。"[1]

这就是历史上有名的"甲申易枢"，被许多研究者视为慈禧太后一生中的第二次"政变"，恭亲王奕䜣暂时离开了政治舞台，清廷政治由此开启新一轮调整。

恭亲王奕䜣是咸丰帝六弟，也是慈禧太后的"小叔子"，在 1861 年"辛酉政变"中，慈禧太后、恭亲王奕䜣齐心合力，扳倒载垣、端华、景寿、肃顺、穆荫、匡源、杜翰、焦佑瀛等所谓"顾命八大臣"。此后，恭亲王奕䜣的权力虽然起伏不定，但就其大略而论，他就是清帝国二把手，只是在同治帝亲政那几年，他的权力略受影响。

恭亲王长时期处于权力顶端，是清帝国政务近乎最后的拍板者，因而他不可能时时事事都与嫂子慈禧太后完全一致，叔嫂间有某种心结事所难免，不足为奇。但如果仔细追究恭亲王在"甲申易枢"被免职的原因，更多的不是他们叔嫂间的矛盾，而是之前一系列政治决策失误。

就史实而言，"甲申易枢"的契机为五天前（4 月 3 日，三月初八日）盛昱的一份弹劾奏折。盛昱出身宗室，此时为詹事府左庶子，正五品，他的这份奏折引发清代中晚期一场重大政治变故。但这份奏折在盛昱所编文集中并没有保留，在《德宗实录》、《光绪朝东华录》等官方文书中也不见踪影，后因吴相湘留心搜寻，得以在故宫档案中发现，因而现在有可能据此分析"甲申易枢"真相。

盛奏题为："奏为疆事败坏，责有攸归，请将军机大臣交部严加议处，责令戴罪图功，以振纲纪，而图补救事。"奏折开篇直言："窃越事失机，议者皆谓咎在云南抚臣唐炯、广西抚臣徐延旭，现已奉旨拿问。奴才谓唐炯、徐延旭坐误事机，其罪固无可逭，而枢臣之蒙蔽诿卸，罪实浮于唐炯、徐延旭。奴才敢不避嫌怨，为我皇太后、皇上陈之。"所谓"越事"，即正在因越南前途而进行的中法战争。

[1]《德宗实录》卷 179，第 501 页。

中法战争是恭亲王奕䜣的“滑铁卢”，他在前半生积累的英名因“越事”而差不多丧失殆尽。诚如研究者指出的那样，“盛昱之参劾军机处诸人，原是由于自恭王以次的诸军机大臣，在中法两国因越南问题而起的交涉中，自始即未能把握时机，早决和战大计。而军机大臣所安排在广西、云南二省担任领兵作战的巡抚大员，则又都是虚骄无用的唐炯、徐延旭之辈，以致军不能战，一旦面临法人来攻，即刻溃败。相继其下续论唐、徐二人乃张佩纶与李鸿藻所保荐，是为轻信滥保，失人偾事。更以恭王以下的其他各军机大臣俯仰徘徊，坐观成败，其罪实应与李鸿藻同科。但是在失律偾事之后，太后及皇上虽有旨将唐、徐等人革职拿问，而军机处并不拟颁明发谕旨，欲使天下之人不知有此失律逮问之事，其粉饰蒙蔽之罪，实不可恕。”[1] 盛昱的奏折，成为“甲申易枢”最直接的原因。

“甲申易枢”是晚清政治史上的重大事件，过往的研究多从慈禧太后、恭亲王叔嫂关系着眼，固然为一方向。他们二人在 20 多年时间里不可能时时处处全然一致，矛盾、心结，绝对为事实。但“甲申易枢”关键点不在他们二人的矛盾，而是清帝国内外政策大调整，以恭亲王为首的执政团队必须对先前错误决策负责。

先前政策失误主要体现在“越事”上。越南是清帝国“属邦”，但在西方资本大规模东向背景下，清帝国究竟应该怎样处理藩国事务，恭亲王执政团队确实做得不太好，这主要体现在：1、错误估计了中国先前 20 年发展实力，以为藩国就是自己的地盘，容不得他人染指；2、不清楚法国的战略意图，更不明白国际资本东向的意义。此后清帝国的政策调整，大致围绕这个线索。

宗藩解体

“甲申易枢”后，中法战争迅速结束，中国“不败而败”，失去了越南，进而失去南部边陲诸藩国。更进一步，就是宗藩解体。

[1] 庄练：《咸丰、慈禧与恭王》，《中国近代史上的关键人物》上，第 275 页，北京：中华书局 1988 年。

宗藩体制，又称为朝贡体制，是中国政治史上一个独特现象。这个体制既类似于直至现在还存在的英联邦情形，但又不完全一样。作为宗主国，中原王朝不会干预藩国内部事务，奉行所谓“番邦自主”的政策，即由番邦自主处理自己的内政与外交。而宗主国与藩国之间，有一种特殊的贸易交流，这就是“朝贡体制”。朝贡体制是一种不平等，不以实际贸易价值为价值的贸易体制，其政治意义大于经济利益。宗主国不是要从番邦获得平等的贸易补偿，更不是平等的贸易往来。宗主国与藩国政治的联盟大于经济利益的互补。藩国对宗主国寻求政治保护，一旦藩国遇到了什么外部危机，或内部纷争不可化解，方才请宗主国介入，宗主国这时就要履行自己的道义责任，率有道伐无道，拯救藩国。[1]

如果从文明进程角度而言，藩国就是中国文明术语中的“生番”。他们在中国文明长期熏染下慢慢形成内聚倾向，渐渐积累内向动能，一旦发生某种不易克服的危机，他们自然而然会倒向中原，加入中国文明一体化进程，成为中国文明的一部分。中国的“政治边疆”能够从黄河中下游一隅弹丸之地演变成今天的四至，周边族群东夷、西戎、南蛮、北狄，以及后来的匈奴、鲜卑、突厥、契丹、女真等族群相继消失，他们并不是简单地被中原武力征服，而是通过各种方式进入了中原文明，用孔子的话说，就是“以夏化夷”。

在西方因素进入东方前，中国的文化边疆、政治边疆一直以这样的方式在扩张。但当西方因素进来后，特别是当清帝国经受西方几次打击不得不转身向西时，中国的文化边疆、政治边疆不仅不再向外扩张，反而极大收缩。中国要发展，要转型，有自己的事情要做，中国无法再像过去那样维持在东亚的盟主地位，更没有精力、实力去照料周边这些藩国。在十九世纪中期，清帝国渐渐放弃了“王道主义”。这是中法战争的文化背景。

另一方面，西方势力东来，尤其是清帝国与西方诸国几次战争经验，让中

[1] 蒋廷黻指出，“中国原来自己是个帝国主义。我们的版图除本部以外，还包括缅甸、暹罗、越南、琉球、高丽、蒙古、西藏。这些地方可以分为两类：蒙古、西藏属于第一类，归理藩部管，中国派有大臣驻扎其地。第二类即高丽、越南等属国，实际中国与他们的关系很浅，他们不过按期朝贡，新王即位须受中国皇帝的册封。此外我们并不派代表常驻其国都，也不干涉他们的内政。在经济方面，我们也十分消极。我们不移民，也不鼓励通商，简直是得不偿失。”见蒋廷黻：《中国近代史》（外三种），第 64 页，长沙：岳麓书社 1987 年。

国人意识到原来的宗藩体制已失去意义。宗藩体制的制度设计，除了文明边疆的扩张，还有一个功能就是让藩国承担“战略缓冲”功能。光绪七年十月二十八日（1881 年 12 月 19 日），翰林院侍讲学士周德润奏称：

臣闻天子守在四夷，此诚虑远忧深之计。古来敌国外患，伏之甚微，而蓄之甚早。不守四夷而守边境，则已无及矣；不守边境而守腹地，则更无及矣。我朝幅员广辟，龙沙雁海，尽列藩封。以琉球守东南，以高丽守东北，以蒙古守西北，以越南守西南：非所谓山河带砺，与国同休戚者哉？[1]

照周德润理解，历史上的属国，就是中国的“国防外线”，是“代我守门户”。在西方势力东来前，这种看法具有相当道理。但到了近代，局势就大不同了。英国在道光年间直攻了广东、福建、浙江、江苏；英法联军在咸丰年间长驱直入，打进了北京。原先觉得相当重要的所谓“国防外线”并没有发挥预想作用。因而等到清帝国与英法讲和，开始学习西方后，渐渐放弃了“国防外线”的传统思维，不再刻意经营周边番邦。

清帝国不再刻意经营周边，但对于这些长时期追随中原王朝的藩国，究竟应该如何安置，清廷统治者并没有成熟方案，更没有我们后来看到的英帝国从殖民地撤退的经验。“我们应该协助这些弱小国家独立，因为独立的高丽、琉球、越南、缅甸绝不能侵略我们。所怕的不是他们独立，是怕他们做帝国主义者的傀儡。”[2] 假如清帝国那时这样做了，周边相继独立的小国不仅不会成为中国的敌人，反而必然会与中国建立良好的、正常的国家关系，在重大问题上容易与同为东方国家的中国取得一致。然而，被迫开始学习西方的中国，由于无端耽搁了无数时间，因而在学习西方的时候有一种莫名的焦虑感，既无意帮助这些国家独立，又无意与这些国家结盟一起进步，学习西方，形成中国主导的“后发国家梯队”。结果，这些周边弱小国家在西方势力蚕食下，渐渐与中国疏远，甚或被其他国家殖民、吞并。所谓“宗藩解体”，在某种意义上说是清帝国自己的选择。

[1] 《翰林院侍讲学士周德润请保藩封以安中夏折》，《清光绪朝中法交涉史料》卷 2，第 2 页。
[2] 蒋廷黻：《中国近代史》（外三种），第 64 页。

“宗藩解体”最初裂痕发生在琉球。琉球隶属于中国，起自明洪武十五年（1372），至光绪初年，琉球王国已与中原王朝保持长达五百年的朝贡关系。琉球按期进贡；明清两朝也不时派员前往琉球巡视、册封，履行宗主国的责任。但在明万历三十年（1602），琉球又向日本萨摩诸侯称藩，成了两属，好像一个女子许嫁两个男人。幸而这两个男人未曾谋面，所以这种奇特现象倒也安静地存在了270多年。

“一妇事两夫”的说法是不恰当的，是大国不理解小国处境的反映。不论在传统中国的“世界秩序”中，还是现代国际关系，小国左右逢源、广交朋友，如今日之新加坡，并没有什么不可思议。至于后来琉球一妇事两夫引发争议，那是另外一个问题，与中日面对西方、应对西方选择了不同的路径有着密切关联。

与中国的发展道路很不一样，尽管日本比中国晚七八年学西方，但日本来得很干脆，转身向西，脱亚入欧，全身心要在远东构建一个西方式的近代国家，于是日本的政治改革、国家再造迅速提上日程。

在政治改革方面，“废藩置县”为明治维新一个重要内容。琉球既然为萨摩的藩属，自然应在“废藩置县”的改革进程中。1879年3月，日本政府决定废除琉球藩，设置冲绳县。

琉球丢失的原因当然不止一端，如果从中国方面说，并不是中国那时忙于与俄国争伊犁无法两面应敌，主要的还是清政府不愿继续履行宗主国的王道主义，率有道伐无道，坚定维护藩国权益。

丢失琉球，是中国奉行孤立主义外交路线的开始，而西方恰在这时加大了对东方的进入。由于自身市场规模狭小，产能高度过剩，西方国家在尝到五口通商好处后，对中国市场有更大期待。他们使用各种方式向中国施压，希望中国向他们开放更多市场。无奈当时的中国基本上还是一个自给自足自然经济形态，市场发育不完全，无法接纳、消化西方国家更多工业品，于是西方国家通过各种方式，比如凭借军事实力进入中国内地，试图运用自己的力量撬开中国市场，让中国市场更多接纳西方工业品，将整个中国都纳入他们的市场体系。为此目的，各国势力不断在中国边境集结、窥视、示威、蚕食，北有沙俄、南有法国，西有英国，东边则是日本、美国对中国台湾、朝鲜的觊觎、窥视和骚扰，并最终导致严重的边疆危机，中法战争就是这日益加深的危机的爆发。

法国进攻越南的时候，中国士大夫阶层群情激昂，张佩纶、陈宝琛、张之洞等为代表的年青一代强烈主张武力援助越南，维护中国的宗主权。以恭亲王奕䜣为首的清政府既担心“清议”批评，也担心武力援越引发中法两国正面冲突，因而在越南局势日趋紧张的时候，采取了变通办法，暗中接济越南军费、武器，然而最终还是将中国卷入战争，与法国正面冲突。

此时的清军与法国军队根本不在一个水平或量级上，负责广西、云南方向作战的唐炯、徐延旭，负责福州船厂防守的张佩纶，负责两江防务的陈宝琛等，均为不堪重任的纸上谈兵之辈。“甲申易枢”，究其本质而言，就是矫正恭亲王奕䜣等人的政策失误。

李鸿章并不完全反对与法国为越南前途开战，但既然战，就应该弄清问题症结，明白大势，预料后果。李鸿章很早就指出，“越南世守藩封，与缅甸、暹罗同为滇粤屏蔽。今缅甸、暹罗一大半沦陷于英矣”[1]，为南部边陲安危，中国有所表示并不是不可以。李鸿章在与法使会晤时强调，越南为中国属邦已千百年，不论法国以什么理由，也不论用什么办法，这是一个历史事实，法国不能强我不认。[2] 但另一方面，李鸿章明白告诉朝廷，越南问题相当复杂，如果处理不当，后患严重。他认为，法国势力东来，久欲并吞北圻，只是碍于各国舆论，且担心中国援助，迟迟未能得手。但凭借法国实力，即便中国援助，越南独立存在的可能性都微乎其微。对于中国来说，琉球的事情还没有完结，“尚未及出师声讨，议者辄谓示弱邻邦，致有越祸。越如为法所并，凡我属国咸有戒心，而滇粤二省先失屏蔽”。法国对越南的野心不容低估，中国的困难就在这里，“我以虚声吓之，彼未必即相震慑；我以重兵临之，则内地益行空虚，似非两全之策”。一旦法国确认中国介入了法越冲突，那么法国必然毫不客气多派兵船北犯津沽、南闯粤海，甚或声东击西，捣虚避实，以分我兵力，摇我人心。我军远戍越疆，不战仍无以助越，战则敌兵或更舍越而先图所有沿海沿

[1]《北洋大臣李鸿章奏法越交涉统筹全局折》，《清季外交史料》卷 33，第 3 页。
[2]《接见法国脱使问答节略》，《李文忠公全集 · 译署函稿》卷十四。

江各省。中国必将防不胜防。李鸿章举例说，当年林则徐拒虎门而敌从定海入浙入苏，僧格林沁拒大沽而敌从北塘入京师。越南的情形与往昔这几件事还很不一样，越南与内地相距数千里，若陈师远出而倒戈内向，顾彼失此，兵连祸结，防不胜防。至于中国的军队、装备，在李鸿章看来更没有办法与法国相比，其结局可想而知。还有，只要中国与法国交战失败，中国还必须承担巨大的赔偿。所以，李鸿章的结论是："盖使越为法并则边患伏于将来；我与法争，则兵端开于俄顷。其利害轻重较然可睹。"[1]

李鸿章的建议在当时并没有压制住抗法援越的冲动，战争在士大夫激昂的情绪感染下爆发了，无奈，好谈兵的文人并不善战，战场上接二连三的失败终于让慈禧太后痛下决心，全面改组军机处，委任李鸿章善后。1885 年 6 月 9 日，李鸿章与法国公使在天津订约，中法战争结束。根据这项条约，中国与越南的宗藩关系不再存在，但中国也不必因这场战争向法国支付战争赔偿。

强军战略

南部边陲诸藩国相继离去，对中国的震撼还是相当明显的。这一方面强化了中国的孤立主义外交情绪，另一方面促进了清帝国强军战略布局。

本来，洋务新政在 1860 年开始发生，就是在解除了与英法两国军事冲突后，构建一支新型军队去解决持续近十年之久的太平天国造反运动。1862 年，恭亲王奕䜣委托海关总税务司赫德代为购置一支现代化的小型舰队。这是清帝国走出冷兵器时代，接受近代军事的开始。可惜的是，赫德委托的李泰国太不了解中国国情，他并没有与中方仔细商量，就擅自做主为中国购买了几艘军舰。更重要的是，他作主雇佣英国皇家海军舰长阿思本为舰队总司令，并规定阿思本只对代表中国皇帝的李泰国负责。

阿思本舰队当然不会被中方接受，中国不可能将第一支舰队交给一个外国人统领。1865 年，曾国藩建议在上海设立机器制造局，并委托留学归来的容

[1] 《北洋大臣李鸿章奏法越交涉统筹全局折（光绪九年五月十七日）》，《清季外交史料》卷 33，第 7 页。

闳从国外购买机器，利用外国技术自己制造现代化战舰、武器。此后，江南制造局、福州船政局等相继成立。

1867年，参与洋务新政事务的丁日昌上书曾国藩，以为中国海防继续以炮台为经，以师船为纬的思路已远远不能适应远东及世界局势变化，东西洋各国无不利用其海上优势，全球游弋。只要需要，洋人的兵舰就可以随时打击中国沿海任何地方。而我如果仅仅满足于处处设防，那么则防不胜防。丁日昌提出要研究近代海军出现之后的战争趋势，要想方设法拥有制海权，不能继续满足于御敌于国门之外，更不能满足于被动防御，而是应该建立自己的海军，并具有近海作战的能力。丁日昌建议组建北洋、东洋和南洋三支新式海军，并与绿营改造相结合，水陆并举，构建一个全新的近代防御体系。

丁日昌的建议从后来眼光看具有超前意义，但并没有获得朝廷足够重视，直至1874年日本人侵犯台湾，朝廷方才有整顿海防的决心。1875年，沈葆桢举荐丁日昌出任福州船政大臣。翌年(1876),奉命兼署福建巡抚。稍后,丁日昌、李鸿章、沈葆桢联衔奏准福州船政学堂第一届毕业生赴欧洲深造。这是中国近代海军的历史性起点。

与此同时（光绪二三年间），丁日昌“屡次奏称日本立意窥伺中国，数年之后必将与我开衅，必须及早购办铁甲船以免临时筹措不及”。[1] 强大的日本必将引发亚洲政治版图的变化，丁日昌预估：

日本倾国之力购造数号铁甲舰，技痒欲试。即使日本能受羁縻，而二三年内不南犯台湾，必将北图高丽。我若不急谋自强，将一波未平而一波又起，殊属应接不暇。虽兵衅不可轻开，而横逆殊难哑受。唯有设法筹款项，速购铁舰、水雷以及一切有用军火，并预筹驶船之将、用器之人。诗云未雨绸缪，何况既阴既雨乎？[2]

与丁日昌认识相当，李鸿章认为，中国在琉球问题上的困境，在越南问题上的被动，无不因为中国在军事实力上比不上日本。中国拥有漫长的海岸线，

[1] 《光绪五年四月二十五日前福建巡抚丁日昌奏》，《洋务运动》（史料丛刊）卷二，第392页。

[2] 《谨拟海防应办事宜十六条》，《洋务运动》卷2，第395页。

随着中国与东西洋各国贸易往来大幅度增加，来自海上的威胁不可避免急剧增加。中国需要重新思考自己的防务战略，需要一支强大的现代化海军。李鸿章也比较早意识到了近代海军的意义，1875 年受命督办北洋海防，遂下决心组建一支新型海军。在此后十年，投入巨大，购置各种类型的战舰。1885 年，海军衙门正式建立，李鸿章辅佐醇亲王奕譞主持海军事务。3 年后，1888 年，中国历史上第一支现代化海军北洋水师正式成军。这是中国历史上的一件大事，中国人的海权意识、全球化意识都将随之增强。

成军后的北洋海军初具规模，拥有大小舰艇近五十艘，总吨位五万吨，官兵四千余人。在成军那一年，北洋海军被誉为亚洲第一，世界第八，是“同光中兴”最重要的标志，也是慈禧太后 1888 年愿意退位的一个间接因素，毕竟这是一个辉煌的时代，是慈禧太后主政二十几年的结果。

然而，一支貌似强大的北洋海军在几年后的甲午战争中并没有发挥预期作用。倾 30 年国力创办的北洋海军只是一项“政绩工程”“形象工程”，其力量根本不与日军在同一个量级。

探究北洋海军的失败，除了国家整个制度跟不上，仅从技术层面看，至少也有这样几点值得注意。

第一，没有将军事改革作为一个整体工程进行设计施工。海军固然有其自己的独特性，但其总会需要其他军种的配合。清政府在大力发展北洋海军时，并没有启动陆军的改造，直至战争爆发，还以湘军、淮军为主力，因此在辽东战役、威海防卫战中，陆军都无法提供有力配合。战争还在进行中，清政府接受汉纳根的建议训练新军，在某种程度上反映了军事改革不配套的事实。

第二，北洋海军经过专业训练，官兵具有相当国际视野，但中国那时缺乏真正的军事战略，缺少全球意识，缺少日本人那时就已明确的“利益线”思考。当然，这主要是因为中国经济发育迟缓，在海外还没有足够的经济利益，因而北洋海军尽管实力强大，但不知如何使用，依然没有脱离近海防卫思路，庞大的战舰不过是一座座游动的炮台。

本末兼顾

中国是“后发展国家”，其现代化起步主要是因为西方资本东来，因为中国几次被打败。中国自1860年以来的发展，充分利用了“后发优势”，最大限度模仿西方现代化，工业的，军事的，甚至商业贸易、造船、机械、矿产资源开采、电报等，中国均采取“拿来主义”，模仿学习进而改进。至1894年甲午战争爆发，实事求是说，三十多年模仿，获得了巨大进步。但是，在1894年中日那场局部冲突中，中国却遭到了远比十年前中法战争更为惨烈的失败。这是为什么？

其实，在中法战争前后，中国相当一部分知识人清楚地看到了问题症结。

1877年，正在欧洲的马建忠致信李鸿章：

窃念忠此次来欧一载有余，初到之时，以为欧洲各国富强专在制造之精，兵纪之严。及披其律例，考其文事，而知其讲富者以护商为本，求强者以得民心为要。护商会而赋税可加，则盖藏自足；得民心则忠爱倍切，而敌忾可期。他如学校建而智士日多，议院立而下情可达，其制造、军旅、水师诸大端，皆其末焉者也，于是以为各国之政尽善尽美矣。及入政治院听讲，又与其士大夫反复质证，而后知尽信书则不如无书之论为不谬也。英之有君主，又有上下议院，似乎政皆出此矣。不知君主徒事签押，上下议院徒托空谈，而政柄操之首相与二三枢密大臣，遇有难事，则以议院为借口。美之监国，由民自举，似乎公而无私矣。乃每逢选举之时，贿赂公行，更一监国则更一番人物，凡所官者皆其党羽，欲望其治，得乎？法为民主之国，似乎入官者不由世袭矣。不知互为朋比，除智能杰出之士如点耶诸君，苟非族类而欲得一优差，补一美缺，戛戛乎其难之。诸如此类，不胜枚举。[1]

在马建忠看来，中国学西方，不能单纯地只学其器物；西方富强，也不是单纯凭借制造之精、兵纪之严，一定有其背后的制度因素。比如法律的制定，护商政策的推行，私权的保护，新式教育的创办与推广，议院政治的创设与普

---

[1] 《上李伯相言出洋工课书》，《适可斋记言》卷2，第7页，光绪二十二年刻本。

遍化等，都是极端重要的事情，甚至远过于制造、军旅、水师诸大端。前者为本，后者为末。因此，马建忠建议，中国应该在经济增长、技术进步的同时，注意政治制度、司法制度、经济制度、教育制度方面的改良、创设。尽管马建忠也认为西方的政治、司法、经济、教育等制度并没有一个简单的唯一的“西方模式”，西方模式本身的多元既表明这些制度并非完美，也表明中国在学习移植的同时，还有极大的创新空间，中国完全可以在西方经验基础上走出一条新路，这与几十年来坚守的“中体西用”大原则相当吻合。

类似马建忠这样的思想，自甲申至甲午10年间不绝如缕，邵作舟、汤震、陈虬、何启、胡礼垣，直至郑观应，这一大批知识人在制度创设方面提出一系列积极建议，大致以为西方的议院制度尽管还有巨大的改良空间，尽管并非尽善尽美，但中国应该尽早移植这一制度，以议院制度弥补君主专制所不足：“总之，上下分则不党，询谋同则不私。于是忌讳之窠臼不攻而自破，吏胥之舞弄不杜而自祛。始可言振作，始可望挽回，我国家转弱为强之机，其权舆于是欤。”[1]然而遗憾的是，知识人的建议并不被朝廷接受，直至甲午战败，清廷统治集团方才明白自我陶醉的所谓“同光中兴”只不过是一场虚假繁荣，清帝国的未来有待于从零开始，重新起步。[2]又经过若干年蹉跎，清帝国真正决心向议院政治转型，还是到了1905年之后，此时距离日本1889年颁布帝国宪法16年，距离日本人酝酿实行议会政治差不多过了半个世纪。

即便仅仅从经济体制方面进行检讨，作为“后发经济体”，中国在《南京条约》、《天津条约》、《北京条约》体制下，虽然丧失了许多权益，但也确实使中国经济在短短几十年发生了天翻地覆的变化，从零开始，中国构建了自己的重工业、制造业基础，而且重工业、制造业的水平直追世界前沿；也几乎是从零开始，中国出现了真正意义的近代城市，这些城市与唐宋时期的长安、开封、临安相比，具有时代性差异。但是，中国在那段时间，并没有利用开放倒

[1] 汤震：《危言·议院第五》。

[2] 1895年4月8日，马关议和正在紧张进行时，盛宣怀得读郑观应《盛世危言》，感慨万千，以为“我国家果能痛定思痛，发奋有为，目前割地偿费，虽吃巨亏，犹可以为善国。”他请郑观应再寄二十部分送都中大老以醒耳目。稍后，光绪皇帝饬总署刷印两千部，分散臣工阅看，冀以从此启悟，转移全局。夏东元：《郑观应年谱长编》，第399页，上海交通大学出版社2009年。

逼内部改革，没有释放社会，没有释放资本，没有有意识培植一个中产阶级，更没有打开国际资本自由进出中国的屏障，30 年的洋务新政，只是获得了一个畸形社会、畸形经济结构。国家资本主义控制了全国的经济命脉，私人资本、民族资本弱小到可以忽略不计。大型的国家资本主义企业不是像正常的企业那样去经营，而是极端官僚化、政治化。这样的企业徒具公司、工厂之虚名，其本质只是朝廷衙门的延伸，是官僚集团的外围组织。[1] 这样的经济架构如何与充分资本主义化的日本竞争！

直至《马关条约》签订，强制中国开放资本市场，允许外国资本在中国自由办厂，允许国际资本自由进出中国。中国的面貌为之一变，国际资本看好中国，先前数十年中国人想做而做不成的事情，诸如修铁路，开矿山等，都在短短时间得以实现。如果一定要检讨 1884—1994 年中国错过了哪些机遇，只要看看 1895 年开始的“维新时代”，就知道问题在哪里。

1895 年之后，中央与地方的事权开始调整，地方自治在湖南等地开始试验。

1895 年之后重建新教育从呼声到行动，改科举不再成为知识人的关切，新教育、留学教育，渐渐成为主流。

1895 年之后，在外国资本大规模进入中国的同时，民族资本渐渐形成，中国的资本家阶级、工人阶级相继出现，四民社会开始解体；繁荣商业，保护商业，创办商会，促进中国经济成为世界经济的一个部分成为政府的责任。

1895 年之后，军事改革全面推行。整军经武，小站练兵，军制改革，武备学堂，重建海军，无不提上议事日程。

凡此，均可以看作甲午战败后的反省，当然也是之前的失误。历史没有办法假设，但历史可以复盘。假如中国在 1860 年启动洋务新政时有通盘考虑，假如那时不是盲目自信执着于“中体西用”，而是像日本明治维新那样渐次改革，由经济而教育而政治而军事，那么，1894 年之后的中国历史、亚洲历史，一定不一样。

---

[1] 正如许多研究者指出的那样，这一时期创办的许多企业，总办、会办虽不少是商人、买办出身，但他们并不代表商股；他们是由政府任命的，并非由股东选举，轮船招商局的章程中也有“公举”的规定，但实际上管理层的重要位置，均由政府核定。许涤新、吴承明：《中国资本主义发展史》卷 2，第 443 页。

借日本激励中国：甲午前传教士的改革呼唤

撰文：陶飞亚

> 甲午之后的传教士议论获得了晚清以来最多的听众，但也仅此而已。作为半个世纪的零星行动的外国改良者，他们达到了影响力的顶峰，但此时已经在广东和海外崛起的革命者即将终结传教士改良的时代。

1894年甲午战争爆发，中国军队海战陆战大败接踵而至，最后被迫签订赔款割地的《马关条约》。毫无心理准备的无数中国人被惊得目瞪口呆，突然间还接受不了被一直被自己看不起的倭寇打得这么惨，还认为是某个奸臣误国的偶然结果，于是举国皆骂李鸿章。但是有一批生活在中国的外国人，倒没有觉得这个结果多么出乎意外，他们认为这是中日近代化竞赛的必然结果。这些人就是西方来华的传教士。

传教士是中国人不请自来的人，在中国官绅士民中很长时期是不受欢迎甚至遭到强烈反对的。不过，天长日久，不少传教士，特别是那些思想比较开放的自由派传教士，热衷于兴办学校、医院、出版书报等一系列现代性事业，输入西学新知、培养新型人才，在实际生活层面试点性地展示基督教文明的优越性，使自己渐渐被朝野接受了。甲午战争前他们中的绝大多数还是在城乡传教，一小部分则在通商口岸办学、搞出版，已经有些名气，少数人甚至成了清政府高薪聘用的洋专家。这是因为除了有条约的保护和中国人少有的知其不可为而为之的传教士精神外，这些人还有明显的知识优势：多数来自当时的一流国家，大部分受过大学教育，有在世界各地和中国旅行考察的丰富经历，再加上传教士共同体的组织网络和报纸杂志，使得他们对世界和中国大势的观察有更广阔的视野、更新鲜的知识和更便捷的资讯通道。他们对中外关系的了解远远超过只读圣贤书的中国知识人甚至大多数政府官员。因此，早在甲午战争前，他们就已经看出中国和日本的差距正在日益拉大，他们常住中国，对中国的落后心有不甘，就想用日本的例子来激发中国人的竞争心。

北京：从卫三畏到丁韪良

在这批人中，最早感觉到中日差异的是早期来华美国美部会传教士卫三畏。卫三畏 1812 年生于纽约州伊萨卡，曾就读于特洛伊仁塞勒（Rensselaer）工业学院。1833 年来广州传教。1853 年担任美国海军准将佩利与日本政府谈判的翻译。当年 7 月他在日本谈判时给家人的信中谈起对日本人的观察时说：

> 和中国人比起来，日本人给人的感觉是更加理性、精力也更充沛。但是我觉得他们的生活并没有中国人那样舒适。他们的行动很不自由，也没有中国人那样有灵性。不过，与中国人相比，他们有着更强的进取心和好胜心。当这两个民族都认识到与别国进行交流的重要性以后，很可能日本人会在世界上为自己谋取到更高一些的地位。

差不多时隔 20 年以后，已经是美国驻华公使的卫三畏再度和容闳一起到日本横滨，他在给妻子的信里说：

> 要想起日本从前的模样实在很费力。深挖、高垒已经彻底改变了这里的自然景观……然而该国的精神与道德风貌的飞跃更是物质巨变

的一千倍，它的蓬勃与进步让亚洲以及其他各洲都刮目相看。

比起作为传教士转为美国外交官的卫三畏，后来的美国传教士丁韪良则成了清政府的雇员，晚清传教士中他在清政府中地位可能最重要了。丁韪良生于美国印第安纳州一个虔诚的基督教徒家庭。这个在农场和森林广阔天地中成长起来的青年人高马大，在印第安纳大学毕业后新阿尔巴尼神学院读神学，“多才多艺，无所不通”。1850 年 6 月丁韪良到宁波传教，花 5 年时间刻苦学习“作为中国文学基础的‘四书’‘五经’”，并为中国人编著代数、地理、希腊罗马史教材，设立“天道书院”，1854 年写出了结合中国文化阐发基督教义“最受欢迎的单行本”:《天道溯源》，该书在中国和日本都流传很广。第二次鸦片战争期间丁韪良担任中美谈判的美方翻译，与清廷高官结下友谊，这是他后来离开宁波北上传教的原因之一。

1863 年丁韪良到北京传教，在中国住了 13 年的他已经精明到像利玛窦一样，与中国官员交往时“不犯上，貌宜恭，学术为纲”。他在海关总税务司的赫德支持下翻译了亨利 · 惠顿的《万国公法》，此书恰逢其时为清廷与西方打交道提供了帮助。总理衙门为此书出版提供支持，也打开了丁韪良通往清廷官场之路，1865 年丁韪良被任命为京师“同文馆”英文教习，随后他辞去美国长老会传教士的职务，专门在同文馆做日常教学与管理工作，还随时应清政府之请提供咨询出出主意。1867 年恭亲王在与保守派激辩中扩充天文算学馆，丁韪良在新课程的设置和教学管理方面发挥了重要作用。1876 年他按照学生资质的不同分别制订了八年和五年不同修业年限的两份课程表，希望通过改造同文馆的课程表推广西方的“实学”。他看到只有使科学成为中国官方教育体制内的知识，中国的教育才有希望。可惜此事进展非常有限，要使西学进入科举体制的愿望远没有成功。

除了清廷体制内的工作，1872 年起丁韪良还负责北京传教士团体“在华实学传播会”出版的《中西闻见录》，对中国人进行西学知识的启蒙，其中有关日本新闻量，仅排在美国英国之后，与中国相差无几。他报道日本的教育改革说：

> (日本)建国学于东都，复议于八大城建大学院八，小学院三十二，大小蒙馆通国共立五万八千六百，女馆居其半。其小学以算格天文化学并各国语言文字为课，其大学院功课复添律法医学等科。

他提醒中国人，日本以前是中国文化的学生，现在已经全面转向“西学”，不仅建立了从小学到大学的现代教育制度，引入西方的知识体系，并且女孩子也普遍接受教育。他认为日本这样坚持搞下去，未来在国民教育水平上将会成为“东海之英国”。

在现代化经济建设方面，他报道“日本已经主动在东京和横滨之间建立以一条较短的铁路，天皇还亲自乘车体验”。他也看到日本政府“在东京设立农政司，延美国人襄办”大力推动农业的现代化。他赞扬日本邀请美国农业学家建立的种子和动物实验场项目“大有起色”。他也肯定日本不仅到西方寻觅良种，而且“日本农政司派员来华，探访中国农政，并采办一切有用之谷果草木各种”，他认为这是真正的兴国之道。他把日本和印度作为亚洲国家向西方学习的范例，希望中国人能从日本经验中得到启发。

1880 年春丁韪良在任职同文馆总教习 11 年后请假回美国探亲，清政府命他趁回国之机考察西方和日本的教育制度，因此丁韪良成为第一个代表清政府考察西方和日本教育的人。此时的日本在明治维新后励精图治，在许多方面已是一派新气象。丁韪良到了长崎、神户、横滨、东京等日本主要城市，看在眼里急在心里。他在 1882 年向清政府提交的考察报告《西学考略》向清廷进言说“日本屡经派遣人游学西方，今则易辙改弦振兴本国学业，新建太学，延聘西人以教习之”。他指出日本的改革也并不是好事更张，“盖势有不得已以图自强者也”。丁韪良终日与总理衙门官员过从，知道中国官场说话政治正确的规矩——不能直接指出朝廷的不是。他说，中国人批评日本是在“效法泰西”，有点瞧不起日本忘了自己的文化根基，但实际上日本“虽间有采取西制，而其变易国政实仿中华所为也”，学习的还是大中华。为了满足朝廷的虚荣心，他更说日本是惧怕中国而改革，其“改旧更新之意不免有畏惧之隐情。彼知中国兴船政、修武备，在己若无备敌之具，实恐祸之将临，是日本所惧者，不仅在俄之一国也”。他还指出日本改革的“未宜”之处，如“通商规例、行用货币”，但“……若以大势而论，则群岛莫不连以电线，其轮船、邮电局等亦称繁庶，城邑郊野莫不设立学校以振兴格致测算等艺。以强弱而论则较咸丰九年余初至之时，殆不可同日而语也”。新教在华主流刊物《教务杂志》对丁韪良的《西学考略》的影响寄予厚望，认为“看过对这一报告内容的简介之后任何人都很容易会明白，这两卷本书经过总署的批准和认可而出版，会给中国官员带来多么重要的和无价的信息。这些重要内容的正确知识将因此会在当权者中间传播”。但传教士常常过高估计清廷改革的积极性，丁韪良后来说“惜原书刊行未广”，也就是说这份关于西方特别是日本发展的最新报告，当时并没有引起清政府足够的重视。因为从此时到甲午战争前，丁韪良的建议一条也没有真正付诸实施。清政府既没有明白现代化建设中教育、经济与军事的一体性，也没有觉察到巨大的危险正在悄悄逼近。

丁韪良也渐渐明白清政府改良乏力的根子在朝廷。1890 年丁韪良再度经过日本横滨回美国。可能是日本的景象再度让丁韪良很有感触，在中国驻美日秘公使崔国因的饭局上说“泰西人好游，其君往往出游。如英法俄德义（意）奥之君终年涉历他国，如春秋时‘觐遇会同’之典，亦风气然也。因言中国欲开风气须诸王贝勒游历东西洋，并以词臣之谙外洋掌故者置之左右侧，自天子以至百僚皆知今昔之时势矣”。显然丁觉得中国掌权的“君”与“诸王贝勒”足不出国门，因此不知当今世界大势，中国风气难开。席间有人称“日本励精图治，泰西各国以小英吉利目之，然则日本亦屈一指乎？”丁韪良没有回答。但对崔国因认为日本岛国，在铁甲舰远程炮火的时代已经无险可守，“国不亡者几希”。对崔引用西舆论“以日本为猴，言其跳踯轻狂，而实无用，且事事步趋人也”的轻视日本之论，丁只能付之一笑。尽管丁在美国外交场合也说过中国“地大物博，指日富强”的面子话，但其实对中国实力并不看好。

甲午战争爆发时，丁韪良正好在日本，在回答一家外国公司关于日本能否在战争中取胜时说“箭鱼可以杀死鲸鱼”。他已经预见到了这场战争的结果。丁韪良事后写道：

中国败在了一个受它蔑视的邻国手里，这种战败的屈辱，假如可能的话，要比他1860年败在英法联军手里的屈辱强烈得多。它见证了采纳西方的方法如何使一个东方小国的人民具有了不可抵御的力量，于是中国最富有智慧的政治家们便努力致力于采取一种类似的方法，来改造中国这个古老的帝国。

上海：傅兰雅与林乐知

看到日本崛起，替中国人担忧的还有上海的几个传教士。说的比较早的是英国传教士傅兰雅。傅1839年8月生于英国肯特郡海斯镇。因其父亲在传教上投入过多影响了家庭经济，傅兰雅求学经历比较曲折，但最后也在伦敦海伯利学院接受了师范教育。1861年来中国传教，先在香港圣保罗书院，后到北京担任京师同文馆的英语教师，最后落脚上海，并在1868年受聘江南制造局翻译西书，翻译书籍多达90种，堪称晚清传教士中系统介绍西方科技到中国的第一人，梁启超的《西学书目表》中收入多种傅兰雅的译著。傅关心日本发展对中国的影响，一度曾对中国开启现代化进程抱有希望。早在1867年他在《教会新报》上撰文说：

在已过去的一个世纪中，一个又一个的国家开始全力竞争，看最后谁是最强大的。近来日本已听到了奋斗的咆哮，开始追赶其他国家。中国今年也从长长的睡梦中醒来，看到了远在前头的优胜者。她经过激烈的斗争，终于行动起来，加入这场竞赛：不过她必须全力以赴，否则只会更加落后。

在上海，另一位影响很大的传教士是美国人林乐知。林1836年出生在美国佐治亚州帛尔克县，毕业于美国南方最好大学之一的埃默里大学(Emory University)。自幼失去父母的林乐知很早就学会打理家庭的产业，有很强的生存能力。1860年7月受美国基督教南监理会的派遣携妻子女儿赴上海传教。

次年美国内战爆发，林乐知四年之内没有收到母会的一分钱，最初靠租售教会物资，后来做经纪人，靠买卖大米、煤炭、棉花艰难谋生，最后到广方言馆及江南制造局挣钱度日。危机过后，这个充满活力的年轻人在上海办报刊，办学校，既开拓传教事业，也传播西学帮助中国政府改良社会。1868 年 9 月林乐知创办《教会新报》，此时也正是日本大力推进维新事业的时期。

《教会新报》一开始就注意到日本正在进行全方位的改革。1870 年 5 月，林乐知在文章中赞扬日本的改革，学习英国的议会制度，建设现代化的工厂和煤矿、铁路公路、电报及出版公司，甚至日本人过去穿和服，现在也改穿了西服。1871 年 9 月，林乐知报道日本士兵采用西法操练，人民改变过去饮食习惯做法。他赞叹日本民族“弃旧从新”的决心，他预言“这个国家（日本）在将来也许可以与西方国家平起平坐”。

由于林乐知有办学的经验，他比较关心日本的教育改革。1870 年 5 月，他报道了日本的留学生预备学校是如何同时培养学生的外语和科学知识能力的。1872 年 12 月，他描写道日本已经建立了从“大书院”（大学）到 31 所“中馆”（中学），再到 210 所“讲解馆”（小学）的完整的现代教育体系。1872 年，他发表的一篇文章谈到了中国的留美幼童计划。在列举各项事实后，他指出这一计划将使中国大大受益，因为当学生们学成回国之后，就能帮助中国实现“国富兵强”。但是林乐知也指出，令人遗憾的是像中国这样的大国只派出了一百多位年轻人出国学习，而像日本这样的小国就已经派出了“几千”留学生。林乐知认为中国派出的人数“太少”了。

1874 年 7 月林乐知将《教会新报》改为《万国公报》，在宣传基督教的同时报道时事新闻。1875 年该报刊登的文章中介绍日本已经到了用本国产的机器设备来代替海外进口，已经自己建造蒸汽船和生产西式的酒和帽子，他们同时也在使用机器开采银、铁、煤矿。这篇文章在结尾时强调说日本已经进入了“万国会”（国际社会），对日本努力建设本国的工业体系倍加赞赏。《万国公报》时期已经不太报道日本的教育改革，可能是因为日本学校制度的主要改革早在 1874 年之前都已经完成了。但有文章开始关注日本军事力量的发展，这些文章讨论了日本国家兵役制度变化，日本沿岸要塞采用新型大炮来代替旧式大炮，日本建造铁甲舰，从国外购买武器装备，以及日本陆军的实力等。

林乐知 1878 年回美国途中考察了日本，随后在《万国公报》上连载了他在日本的考察见闻。研究林乐知的美国学者贝奈特说：（林乐知）主要介绍了日本各地区的历史概况，讨论了日本天皇制的起源，简要描述了日本的矿藏和农业资源、地形、气候等。不过他的兴趣集中于日本在采用西方先进成果方面取得的成功。……让林乐知印象尤为深刻的是日本向西方学习的欲望。

自明治维新之后，日本的发展十分迅速。许多旧的传统都被抛弃了，天皇开始学习西方的语言和科学。林乐知尤其欣赏日本在改革教育制度和吸收西方先进技术方面的成功。日本聘请了来自其他国家的专家，并把学生送到国外学习。日本在农业生产方面也有很大的提高，新建立的学校包括农学院，在那里可以为新农作物的种子做测试。日本的工业生产能力和贸易都在发展，铁路、电报、新邮政体系和货币制度的建立和完善都是发展的证明。日本在军事方面的改革包括建立新式军校、聘用外国专家、对男性公民实行新的兵役制度、大力建设海军等。这些变化引起了西方国家的赞赏。林乐知相信，西方渴望尽一切可能帮助日本。

《万国公报》一直向中国读者介绍日本的进步。在甲午战争前的几年几乎每期都会有日本的消息。1889 年“国势振兴”中报道美国驻日本大阪领事向外交部报告：

> 日邦国政商务近日大有振作，即文学亦然。三年来书院学塾日有所增，广延西师多购西国典籍，讲贯习复，孜孜不厌，日后未可限量，盖日本内地前未开通者，今轮舶火车，络绎于道，多所观感，故奋发有为如此也。

同年在“国势日兴”中称伦敦新报云：

> 日本近来行西法年盛一年，又云，二十年前不料其盛至此。案日之有铁路电线皆自一千八百七十二年始，是年所筑第一条铁路自横滨

至东京计十八英里。所设电线计九百英里。迨至一千八百七十六年，铁路已加筑五倍，电线亦加接四倍。后此京城以及四境，电线日增，已有一万六千英里，而经理其事者皆本国所设电气学堂考取之人，去岁所收电线利息，共有七十四五千洋元，得利宏亦。至铁路现亦大兴，有电线处均有铁路，闻电线由国家专办，铁路由民合办。

在同期还报道了日本“许立议院”，介绍了上院由有爵位之大臣主持。下院则由民间公举，并称“总之，日之富强，实自改从西法，嗣后凡不如西法舍旧图新，其国势之隆，岂有量哉”。

1894 年《万国公报》在“西事综纪”“日本国除旧更新”报道，1893 年 12 月 29 日日本外交部大臣在议院中说：

我国向不与诸国往来，亦不准通商，自一千八百六十八年以后，彼此交通贸易，遂有增无减，计前二十年进出口货不过值日银三十兆元，今则曾至一百七十兆元之谱，其铁路则长至三千里，电路则一万里，在海面之船与各国相同者，亦多至数百号。武艺院练就之兵有十五万人，军械之精良亦不亚于欧洲诸大国，海口防堵之兵船大小四十艘，而且民之安靖，新教之渐兴，除将军之跋扈，立议院之新章。至于文艺一道，亦有日上之势，足见我主之见识高远度量恢宏，将来必能为极盛之国也。

也许是报纸担心日本的飞速发展吓着读者，作者最后引用《字林西报》的话，“观日本近与诸邦相联好，盖有美意存焉，毋畏惧也。”结果不到半年，甲午战争就爆发了。

走遍半个中国的李提摩太

真正在甲午战争前对中国危机看得最清楚的，要数英国传教士李提摩太。

李1845年生于英国威尔士。祖父是铁匠，父亲先做铁匠后来经营农庄，他在农庄度过童年，家里并不富裕。在艰苦环境中成长起来的李提摩太自称“各种农活我都会做”。读书期间他还兼职做小学校长赚取生活费，最高学历是哈维福德韦斯特神学院(Haverfordwest Baptist College)毕业。受到戴德生内地会传教士的影响，李1869年11月作为英国浸礼会传教士从利物浦出发，1870年2月到上海，后辗转到烟台，最后落脚青州传教，他称自己一度是“英国浸礼会在中国北方的唯一代表”。

李到中国时还只是个二十四岁精力充沛的青年人，个性热情开朗，对古老中国充满好奇，到处去实地考察。1871年就外出5次，最初在山东半岛游行传教，最远到过满洲，对东北大平原土地的肥沃赞叹不已。他到过中国朝鲜的边境地区，看到当地百姓与“土匪”相安无事，得出中国“政府对老百姓的安危漠不关心”，是个“糟糕的政府”。他感到中国需要改革的迫切性是因为他目睹了1876到1877年的山东山西大饥荒。李提摩太曾在日记里记录当年的情况：

> 1878年2月2日，太原以南530里：
>
> ……清早，我到了城门。门的一边是一堆男裸尸，像屠宰场的猪一样被摞在一起。门的另一边同样是一堆尸体，全是女尸。她们的衣服被扒走换吃的去了。有马车把尸体运到两个大坑旁，人们把男尸体扔到一个坑里，把女尸扔到另一个坑里。
>
> 2月4日，太原以南630里：
>
> ……那天晚上在旅馆里，我听到了父母易子而食的故事，因为他们无法吃自己的孩子；也听到人们议论，现在没有人敢到煤窑运煤，因为运煤者的骡子、驴子甚至他们本人，都有可能被杀死吃掉。

李提摩太是个生性积极的行动者，在目睹饥荒惨状后，1876年7月7日李提摩太面见山东巡抚丁宝桢，建议从朝鲜和日本进口谷物、修铁路、开矿，为穷人提供就业机会。在山西时他见到曾国荃修铁路拉动经济改善民生，曾认为是“过于超前”，并且“必须引进大量的外国人，导致无穷无尽的麻烦。”这些建议都被束之高阁。只有在张之洞做山西巡抚时，看到李提摩太给曾国荃的建议书怦然心动，后来张调任湖广总督后，立马把他的一些意见付诸实施。

1887 年李提摩太被看作传教士中的“社会福音派”，过于重视改良世俗社会，与坚持只有传福音才是唯一大事的传教同事意见分歧离开山西。他在天津见到李鸿章，建议要改变中国只有马上实行教育改革。李鸿章认为中国政府承担不起这样大的开销。1890 年 7 月受李鸿章邀请，李提摩太成为《时报》中文报纸的主笔。他在于 1890 年撰写的《论学部亟宜设立》中说：

如日本国者，特亚洲一岛，东海国耳，人数不及印度七分之一，独于新学孜孜矻矻，极为研究，十几年前设立新学部，费银无多，现每年新旧各学至用银六百万，此外又有教士分立中等书院，以广甄陶，而日本绅宦虽不在教，因知其益国益民，各愿捐银几万助成善举。更有国家新学部所立中等书院五处，内有大臣几人，力荐教士总管各书院，其意在教士可兼授英文，英文既通，西国各书自易于融贯。至新学部各事，则派亲王总办，以昭郑重。此日本国设立新学部之大略情形也。

李还发表社论“讲述日本是如何进行快速改革的”。很多中国人感兴趣，张之洞要求把报纸直接寄给他。1891 年 10 月，李结束为期一年的《时报》主编，转到上海出任广学会的干事。在林乐知休假时负责《万国公报》编辑。1894 年他为刊物向社会征文，题目是“中国应仿效日本，修筑铁路、铸造银币、开办邮政，以强国裕民”，“中国应引进机器加工茶叶、缫丝、增加产量、提高质量，以便输出、与外国竞争”，“如何同外国政府建立更有价值、更友好的关系”。

1893 年 11 月李提摩太在南京传教士协会上宣读《中国需要改革迫在眉睫》的论文，他大声疾呼：

外国势力不断蚕食中国的边疆，灾荒饿死的人口数以百万计、人口自然增长而没有相应的谋生手段，这些问题已经极度困扰中国的保守派。在这些方面各类事件层出不穷，使得旧的治国之策已经无法应

> 对这些内部和外部的问题，这已经充分表明，以更开明的思想者领导的宏大的改革已经不可避免并且为时不远了。

李提摩太指出，在政治上，清政府在广东、浙江、天津和北京不断战败已经在自己的人民心中颜面扫地，它在满洲失去法国一样大的近海土地，它还失去了比法国大许多的安南。在经济上，中国不但大大落后于欧洲，也落后于日本。日本自 1871 年来贸易已经增长了 3 倍，但同期中国只有增长了两倍。1880 年中国的茶叶出口贸易是 2,097,118 担，但在 1892 年只有 1,626,682 担了。中国落后的银行业使得从江苏上海汇钱到山东青州的佣金高达 8%。许多钱庄无疑是寄生虫。由于没有现代的银行业，银钱被囤积起来而不是被投放出去用作资本,高额佣金和囤积银钱造成的损失以千万计。在制造业和矿业方面，一个人用机器纺纱等于 200 个手工纺纱者。一个用机器织布的女孩可以生产出供 1200 人穿着的布料。还有许多现代工业的奇迹。1820 年所有西方国家制造和矿业的产值是八亿八千四百万英镑，到 1888 年达到了四十八亿六千八百万英镑，增长 5 倍还多。假设中国达到同样的年增长率，中国的年均产值要达到十八亿零八百万。但现在中国几乎失去了所有这些巨量的财富。在农业、交通运输及教育事业方面，中国的落后无不使其损失巨大。

李提摩太还指出：

> 中国人的贫穷甚至在官员中也达到几乎不可想象的程度。尽管很少几个高官拿到世界上最高的薪水，以及最近的对外贸易垄断获得的暴利，大量等待候补的官员不得不多年生活在贫困中，通常要等十来年才有候补的机会，在这期间，只能有临时性的工作，每月薪水30两银子左右。

李提摩太在南京的传教士协会上发表这个演讲是 1893 年 11 月，1894 年 3 月此文被发表在传教士喉舌刊物《教务杂志》上，不到半年，甲午战争的炮火使传教士们的担忧转眼变成现实。

唤不醒的清政府

其实，看到中国存在问题的传教士还有很多，这仅仅是几个代表而已。另外，他们看到的问题，晚清政要并非浑然不觉。1874 年日军借口琉球岛民被台湾原住民杀害事件进攻台湾，东南沿海防务告急，由此引发中国历史上著名海防塞防大讨论。1875 年 4 月清廷决策采用左宗棠海防塞防并重的方针。军机大臣兼总理衙门大臣文祥在加强海防的奏折中提到：

目前所难缓者，唯防日本为尤亟。以时局论之，日本与闽浙一苇可航。倭人习惯食言，此番退兵，即无中变，不能保其必无后患。

只是目光短浅急功近利的清廷政要脑子里只有军事第一。李提摩太 1893 年的演讲中说“中国政府当时投入改革事业中的资源分配是军事 68%，运输和工业 30%，教育 2%”。

传教士在具体军国大事上肯定是没有朝廷中人知道的那么清楚的，但传教士们看到的现代化整体性，把教育、工业、金融、交通、民生等都纳入他们的改革议程里，特别他们的专长的教育事业，要远远胜过很少出宫禁且从未出国门的朝廷最高层。中日两国改革的赛程中，清军败在战场上，败在厂矿交通银行上，也败在教育上。1879 年卸任中国驻英国公使的郭嵩焘与傅兰雅同船回中国，傅兰雅向郭嵩焘谈起在他上海亲眼见到的事情。

一件是同治十三年（1874）因日本攻击台湾南部原住民，沿海戒严，政府调一艘兵船驻守吴淞口，船上官兵共三百多人，还未出发已有半数请病假，半数逃走，抵达吴淞口时船上只剩二十多人。另一件是傅兰雅某日在铸枪厂中见到一名童工操作开通内膛的机器，只用二寸左右的车口机器，根本无法开通内膛，只是空转而已。傅兰雅因此责问这名童工为什么用这么短的机器，童工回答说，他每月只有工资三元，没有心思工作，这样做是装装样子，拖延时间，反正总办也不会知道。

前面提到丁韪良 1882 年在考察西方教育制度后写给总理衙门的报告中，在总结西方成功的经验在于向他国学习之后，他顺势向清政府建议，在改革教育体系上要“稍用两术于科场”或将科学知识渗入科举，具体做法是在各省设立格致书院，并在科举考试中增设格致一门。对于中国的科举考试这种形式，丁并不一概否定，而是要利用这种激励机制的形式稍做变革，为引进西方的教育体制和新的知识开通道路。

> 尝思中西学术互异而立法各有所长。中国则明经取士因而京省郡县按期考试以为登进之阶：西国则广建书院，不但振兴古学并主在推陈出新以增人之知识。中法专务本国之文而人才之卓异者足供国家之需；西法博究异邦之文而殚心测算、格致诸学。盖非由于师授，难以独臻其妙。中国抡才之典，西国皆艳羡之，近亦渐开考试以拔人才而为仕途之初步。中国倘能稍用西术于科场，增格致一门，于省会设格致书院，俾学者得门而入。则文质彬彬，益见隆盛矣。

他在《中国六十年记》中言道：“我曾再三向内阁备大臣建议，力陈科举采用科学的必要。大学士宝鋆的答复是，只要一旦定议，那便好办了。‘我们只要把三场考试的次序颠倒一下，把三场改为头场，那便行了。’第三场名义上是专考科学的，但是实际并不注重，对于考生成败的关系很小，甚至没有影响。我向另一位大学士沈桂芬建议，主张在各省设立教授科学的学校，他答道，‘将来我们要把科举开放给科学的。那时考生自会与习时文一样，自去请人教导的’政府对于时文的研究，只奖励有成绩的人，并不为学习时文的人设立学校。”结果是清廷耗资请丁考察西方教育，却对丁的建议不了了之。

李鸿章算是当时政局中的明白人，李提摩太记载1890年他与李鸿章关于改革中国教育的对话：

> 我建议中国政府进行教育改革，并为此每年投入一百万两白银。对这个建议，李鸿章的答复是，中国政府承担不了这么大的一笔开销。我说，这是“种子钱”，必将带来百倍的收益。他问什么时候能见效。“需要二十年才能看到实施现代教育好处。”我回答道。

“噢”，李鸿章回答，“我们等不了那么长的时间。”

作为洋务派首领的李鸿章如此回答，因此洋务运动从来也没有真正重视过教育也是事所必然了。令人奇怪的是学术界老是揪住洋务派战败的责任，却至今忽略洋务运动的这块短板。其实，洋务派事权有限，气数已尽的清廷已经是一个人心涣散摇摇晃晃的“软政府”了。所谓洋务运动，正如史景迁讲的根本算不上是一次国家的改革运动：

> “洋务运动”始终未能真正掀起，它充其量只能算作一场试验，而非一次运动。付诸实施的那几个项目——创立江南机器制造局等几家军火厂，几家棉纺厂、造船厂、纸厂、煤矿、几条不太长的铁路、一家轮船公司、不过是一系列孤立的现象。……中国未能通过零星的吸收西方科技，把自己从外国侵略中解救出来，已是明显的事实。

甲午一战，中国大败，受尽凌辱。值得一提是这些传教士在中国存亡危急之际，还是有知其不可为而为之的传教士精神。李提摩太奔走于朝廷，提出自己救中国的方案。林乐知第一时间出版了《中东战纪》，总结战败的惨痛教训。此时的传教士议论获得了晚清以来最多的听众，但也仅此而已。作为半个世纪的零星行动的外国改良者，他们达到了影响力的顶峰，但此时已经在广东和海外崛起的革命者即将终结传教士改良的时代。

最后要提一笔的是本文几个主角的终局：卫三畏 1856 到 1876 年间，曾 7 次代理美国驻华公使，1877 年回美国成为耶鲁大学第一位中国语言与文学教授，1884 年去世。傅兰雅长期担任江南制造局翻译，1896 年去美国担任加州大学第一位东方文学语言教授，1928 年逝世。李提摩太甲午战争后参与维新运动，义和团运动后用教案赔款创建山西大学，是最早向中国介绍社会主义的思想者，1919 年在英国去世。林乐知一直在上海办学办报，1907 年去世。丁韪良曾担任京师大学堂首任总教习，晚年在北京传教，1916 年去世。丁韪良与林乐知一样长眠在他们工作了一生的中国的土地上。

甲午战争时期清朝的战时财政

撰文：李文杰

甲午一战，关系中国命运者极大，历史学家对于此战役期间，中国的内政动态和外交关系，以及战争本身，研究早已深入肌理。某种程度上，战争堪称复杂的“技术活”，筹备，动员，组织，控制，都影响到一场战争的走向。近代战争不仅是战场上的厮杀，更是交战各方国力及动员能力的较量。战争花销巨大，如何为战争筹款，当为主政当局最关心也最头痛的事情之一。作为战胜国的日本，其政府跳出平常的财政运作模式，超常规地动员财政金融机器为战争筹资，利用短期借贷、增加纸币供应、发行国债等近代金融手段，促使财界和民众在经济上全力支持战争。

在历时年余的这场战争中，清朝当局又采取了什么样的战时财政政策？战时军费如何筹措？其效用如何？《东方历史评论》就此请华东师大李文杰副教授还原甲午战争前后清政府的财政体系，以及他们的努力和失败。

东方历史评论：从宏观的角度看，1840年以来，除了发行外债，国家还发展出哪些募资的手段？其效果如何？和中国的政经系统有何关系？如果可以的话，您能否为我们谈一谈中国与日本或其他西方国家在同一时期发行债券和募资能力方面的区别？

李文杰：最主要的新的财源有两项，一是厘金，二是通商口岸的关税收入。其中，厘金的创设和镇压太平天国战争有关。不夸张地说，战争是一项烧钱的事。本来，清朝传统的财政制度能够让收支平衡，一般还有盈余，但是规模空前的太平天国战争迅速掏空了清朝的国库，加之太平军陆续占领南方尤其是江南一些富庶区域，清朝财政雪上加霜。咸丰皇帝甚至熔铸宫中金钟铜器充作军费。当时在扬州帮办军务的雷以诚接受幕僚钱江的建议，向往来商人“捐厘助饷”。随后，江苏等地府州县广泛推行，向日用商品抽百分之一的捐税。这种办法迅速被全国推广，在战争结束后也没有撤销，成为清政府新的收入来源。

第二个是关税。这主要是因为太平天国战争中，负责江海关税收的上海道逃离，英法美三国领事自行选择委员来监督收税，将税款缴给清政府。这事本来挺损害中国主权，但是清政府同时又发现，洋人监督收税的形式反而比原来地方官收到的关税要多，数目更加可信，于是后来就委托英国人李泰国为总税务司，负责各通商口岸海关的估税、征税。不久以后，英国人赫德接手这一职位，他采用西式会计制度、估税方式和管理体制，建立起总税务司——通商各口税务司的完整体系，很大程度上杜绝了海关腐败局面，使得海关税收成为清政府收入的大宗。甲午战争前九年，也就是从 1885 年到 1893 年，洋税收入每年平均约占清朝总收入的两成，厘金稍低一点，两者相加，大约占清政府岁入的四成。

除了上面两种主要形式之外，清政府当时增加财政收入的手段还有捐纳、捐输、盐斤加价、整顿和增加内外鸦片税厘等，但通过这些方式增加的收入在岁入中的比重比较低，远不如洋税和厘金的分量。

需要指出的是，传统岁入中的大项，比如说地丁、盐课、漕粮等，虽然数额很大，但是多半都有固定的开销用途，称为“常例”，比如说京城和各省官员俸廉、兵勇饷项、皇家陵寝供应、河工修缮等。在一般安定无事的年份，大体上都能收支平衡，保有一些盈余，但这些盈余遇到战争和大的自然灾害，就显得捉襟见肘、钱不够用了。所以，传统财政收入尽管绝对数量很大，但是财政体制是缺乏弹性的。在有了厘金和稳定的洋关税收之后，实际上清政府多了一些能够相对自由去支配的钱。

相对清朝传统的财政体系而言，日本在明治维新之后，财政制度已经开始现代化，他们建立中央银行和金融体系，在后来甲午战争中，主要通过发行内债来筹钱。

东方历史评论：清廷在战争中花费多少？日本又如何？

李文杰：关于战争花销的具体数据，我还没有看到准确的统计，这主要是因为清朝军事财政的巨大变动。长达十多年的太平天国战争，使清朝严格的战后报销制度遭到破坏。军费用度从原来户部统一调拨库帑银和他省协饷，变成很大程度上靠地方自筹，遇到对外战争的时候也是这样，全国有点各自为战的意思。比如甲午战争期间，北上与日军作战的刘坤一部湘军，必须从江南地区、也就是刘坤一两江总督的本任地方来筹饷。而沿海沿江地带为了防备日军的进攻，也都要自筹经费和粮草。像署理两江总督张之洞，他为了购买战舰和筹措军费，四处通过自己的门生、下属找关系，向外国银行借款；江苏常镇通海道吕海寰在他的自叙中写到，为了前线战事和镇江防务，他也是四处筹粮筹银。这些都很难精确地计算到战争花费之中。

我们能够知道的是，战争开始之后3个月，李鸿章奏报说，北洋截至年底，所需基本的战争费用为540万两，户部、海军衙门想办法奏拨的款项、海防捐输钱款等，这些所有给北洋的钱加到一起，只有420万两。因为战争在进行中，巨额的开销不能停，所以户部想出了一个办法，就是向国内商人、富户借款，也就是“息借商款”。当然，这种在战争中向商人借钱的方式之前也曾经用过。跟以往不同的是，户部这次计划是“借”，不但还本，也付给利息，同时，还仿照外债的模式，印发了债券，上面附有定期付息的小票。这是一种新的财政方式，从形式上仿照近代公债的模式，最后，户部上报的筹款数约为银1200万两。

因为这笔国债借款并不是当场交钱，而是各省先上报预计数目，所以户部不能即刻就提款拨用。为了找到更直接、更可靠的财源，总理衙门在年底又通过总税务司赫德，托汇丰银行借款库平银1000万两。不到三个月之后，再次托汇丰借款300万英镑，按照当时的金银比价，300万镑约合库平银1800多万两。和“息借商款”不同的是，清政府的对外债借款要求立刻兑现，为此，不惜接受巨大的折扣。拿到手的钱，第一次是借款总额的94%，后一次只有89%。不过，尽管折扣很高，这两次外债借款较多地用在了防务和购买军械上面，成为中央政府在战争结束前可供支配的主要财源。

日本为战争准备的钱款在2亿日元以上，折合中国库平银1.4亿两以上。其中，发行公债筹款占半数以上，这和清政府筹款的效率、额度，都形成鲜明的对比。

还有一点很重要，就是清朝的战时军费都是临时凑出的，完全是“临时抱佛脚”。战争爆发后，李鸿章曾经说：“北洋常年额支各款，向仰给于他省，随到随用，毫无积蓄。一旦有事，征兵购械，无非临时猝办，事难费增，数倍于平日”。军务都是十万火急的事，这种体制又怎么应付战争呢？

东方历史评论：在1894年，清政府的收支状况如何？中央和地方的状况有无差别？

李文杰：在清朝的财政体制中，并没有中央和地方财政的划分，从理论上来说，一切的岁入和支出，都要由户部来统筹。不过，传统财政概念中的“起运”“存留”可以大概看作中央与地方财政的区分。所谓的“起运”，就是地方州县征收钱粮交给省级布政使，等候户部拨用的部分，其中，一部分起解到部，供京城开销，另一部分则是根据户部指令，协拨其他省份；相对应地，“存留”就是地方州县征收钱粮，扣留本地，供经费支出的部分。“起运”“存留”的比例，由户部统一调节斟酌，他们会根据形势需要，调整两者的比例。各省布政使根据户部指令，统计出入数据，上报奏销。所以，我们说的清政府的岁入，大体上可等于各省岁入的总和，但是这些岁入的绝大部分，被地方存留，或者协拨到别的省份，是不会解送到部库听候调拨的。这就使得国家在遇到重大危机的时候，能从国库中动用的机动款项非常少。

还有一个就是，太平天国战争以后，户部要求各省将钱粮“协拨”其他省份的时候，往往会遇到困难，督抚会借口本省用度大，特殊情况多，将钱款截留下来自己用。在战时，甚至将过境的协饷给截留下来。中央政府的调度，已经不像之前那么灵活。

东方历史评论：债务基本情况是怎样的？发行债券的效果是否成功？

李文杰：1894年举办的国债内容比较复杂，各地区情况也不一样。

按照户部的设想，是想向银号、票号、商人借款，来应付甲午战争的财政困局。从 1894 年 9 月 28 号户部上奏开办“息借商款”，到第二年的 4 月 28 号奉旨停借，大概七个月时间，户部给皇帝的奏折上说，各省陆续上报的借款总额共有库平银 1200 万两左右，同时，户部让各省上报借款的“已收数量”。所以很显然，1200 万两的数字并不是实际的筹款数。我们以广东省为例，他们上报的数据是 500 万两，位居各省之首，但实际上，广东只卖出了 270 万两的债券。如果按照广东的例子去推测，息借商款最后收到的实际银两，肯定远不到 1000 万两，并且它们绝大多数并没有直接用在战争上，因为 4 月 17 号《马关条约》已经签署，战争也完结了，户部居然不知道各省究竟收了多少钱，当然更谈不上去使用这些钱。从筹款目的也就是应对战争需要来看，借款是不成功的。

那么，是不是说这次内债发行就失败了？也不能完全这样讲。以刚刚提到的广东省为例。在户部上奏办理“息借商款”之后不久，两广总督上报说，本省可以筹款 500 万两。当然，这只不过是在上谕的催促之下给出的计划借款数。随后，广东当局就委托粤海关税务司发行“息借商款”的债券。他们的具体做法是，让广东布政使司和外人控制的粤海关税务司签订合同，委托税务司来管理这次借款的债券发行。粤海关税务司为此准备了总额 500 万两的债券，每张面额 250 两。债券的年利息是 8.4%，每张债券都由粤海关税务司签字盖印，表示信用。粤海关定期从关税中拿出一部分，按六个月一期的间隔，偿还债券的利息，每期也抽签偿还一部分债券的本金，六年后还完所有的债券本息。最后，粤海关税务司卖出了 270 多万两的债券。

由于广东官方第一次出面这么做，当地人也不知道这个债券究竟能不能兑现，加上刚开始卖的时候有点向商人强制的意思，后面债券发行停得又很突然，所以人们对这个债券并没有信心，不认为这个债券能够按照最先的章程来兑现本息。结果，当年债券贬值很快。不过，由于粤海关税务司严格履行六个月一期还息的承诺，债券本息得到如期的偿付，这个债券很快成了市场上的抢手货，价值也就迅速回升了。从商人的角度来看，如果自己投资购买的债券能够按期收到利息，到时间可以收回本钱，他当然愿意继续去买。这样一来，政府的信用也就树立起来了，人们愿意借钱给政府。从这个角度来讲，广东的息借商款一定程度上是成功的。

东方历史评论：发行的举措内债由哪个机构负责？

李文杰：各地情况不一，在京城是户部负责。各省都是由布政使司负责办理借款，一些有通商口岸的省份，则是由布政使司会同海关道台划分各自区域，一起来办理。

这次举借内债是从京城开始的。由于用款太急，户部派出本部的司员，在京城向银号、票号、商户借款100万两，充当军用。户部还专门设计了详细的利率——年息8.4%、还款计划、交款方法、银两的成色标准，还颁发了借款印票，也就是债券。债券由户部盖印，写明本息数、交兑日期，并且附上借款小票五张，约定半年还息一次，随即注销小票一张。第一期还息，从第二期起，本利一起还，每次还本四分之一，两年半本息还完。为了防止勒索和其他弊端，户部在京城借款，从设计和操作都是委派本部的司员操作，避开了胥吏。

在京城立好规矩之后，户部就上奏，向各省省会和通商口岸或者富商聚集地区推广，让地方自己设立章程进行操作。户部设计的方案是，由各省布政使司、海关道台依照京城的办法，向商人劝办借款，发给印票，由布政使司或海关道台盖印，显示信用。另外从各省的地丁、关税等收入中，拿出一部分还本付息。章程并没有规定每个省份都必须办理，也没有指定哪一个机构专门办理借款这件事，所以并不是所有省份都参与了这次借款，参与省份的负责机构也有些差异。

这里面，广东和江苏的情况相对特殊一些。广东的借款是由广东布政使司与粤海关税务司签订合同，让税务司印制、出售债券，并负责从关税中拿出一部分钱，偿还债券本息。排在第二的江苏省，总借款约为230万两。负责借款的机构共有三个：一个是位于省城苏州的江苏布政使司，一个是位于上海的江海关道衙门，还有一个是位于两江总督驻地的江宁布政使司。江海关道和江宁布政使办理的债券，每张面额250两，盖用江海关道台印章。江苏布政司办理的债券，每张面额100两，盖布政使司印章，不久之后一部分也置换成江海关道发行的债券。布政使司和海关道台还要派遣委员，在省城以及下属的州县找大商号和富户借款。这其中，当然就会出现一些强买强卖的情况。由于当时正处在战争期间，各种捐输、加税很多，基层的大户人家被劝借的委员弄得很痛苦，他们也分不清捐款和借款，一些京官在得知家乡情况后开始上奏告状。这也是后来息借商款突然停掉的原因。

东方历史评论：借款最后被用来做什么？和借债的目的是否一致？

李文杰：这个各省情况差异很大，但是有一点可以肯定，绝大多数的借款并没有达到借债的目的，也就是没有用在对日战争中。上面提到过，在借款已经停止，也就是《马关条约》签订之后十多天，户部才上奏，让各省汇报已收的现银，所以他们连各地能否收到银子心里都没数，更谈不上去调配、使用这笔钱。他们能够动用的，也就是京城的借款100万两。当然，这个钱也不是京城商户出的现银，而是从内务府提用的，户部设计的方案是，先用内务府的钱，然后用商人的钱来补内务府的钱。但是，区区一百万两库平银，能对战争起到多大作用呢？户部在奏折中说借款对"军兴用款不无少补"，这只不过是粉饰之词。

至于这个借款都用到哪里去了，情况也是很复杂。我们以上面说到的江苏为例。它的借款分为三部分：苏州、南京两个布政使司和上海江海关道台。其中，苏州借款100万两，中间除去省里的"积谷公款"，另外有商人借款60余万。1896年初，张之洞在苏州开办商务局，因为缺钱，张之洞就做主，将60余万的息借商款当作商务局的股本，借款人也就成了股东。尽管遭到一些反对，还是有57万的息借商款成了商务局的本钱。

东方历史评论：债务偿还情况如何？是否留下隐患？

李文杰：各省情况也都不一样，向上面说到的广东，由于是税务司经办，所以本息还款都能按期偿还。当然了，并不是所有借款人都能到省城的税务司领取本息钱款。他们想要拿到本息，就要通过中间人，而中间人往往会借机刁难勒索。这使得款项虽然到位了，但并不是都能凭借债券拿到本息银两。江苏的情况上面也说了，有57万的息借商款充作商务局的股本，当然这些钱也就谈不上偿还本息了。江西省借到了约24万两的钱，在偿还了两期之后，有绅士站出来说，这钱我们也不要了，就当是报效朝廷的吧！巡抚将这个事奏报了上去，得到的旨意是：按照"新海防捐"也就是捐纳的先例处理，即赏给实官或者头衔，并且可以移奖给子弟。有了这个旨意之后，下面开始群起效尤。在江西省，所有 909 名参与借款的绅士和商人，上缴了他们总金额达库平银 23.9 万两的债券，接受了朝廷的“奖叙”。债券的本息银两，自然也就一笔勾销了。

所以一般来说，有通商口岸的沿江沿海省份，由于他们能拿出部分海关税收保障借款的偿还，所以还款情况好一些，内陆省份将借款变为捐纳的情况比较普遍。政府欠债不还，而将债务变成捐纳，这对于一部分本来希望买官的人来讲，看起来并不吃亏，但这种行为造成的后果很严重。本来人们就不相信朝廷、皇帝真的会向臣民“借”款，这下果然坐实了；就算名义上找你借你，也不会还你。那么，以后政府再要找人去借款，大家也就更不愿去相信了。广东的情况虽然好一些，但是很多借款人并不能直接去面对粤海关税务司，仍免不了借助官方的中间人，勒索也就无法避免。所以，尽管利息丰厚，人家可能还是会想，下次我就不去找这个麻烦了。

东方历史评论：这是近代最早发行的内债吗？如不是，这一内债和此前的政府债务有何区别？

李文杰：看如何定义了，如果只是国内借债的话，其实在太平天国运动甚至更早的时候，清政府因为国库吃紧，就有向巨商富户借债的举动。1853 年，周祖培曾经上奏建议向山西票号借债，供军需之用。广东布政使司也曾经向山西票号借款，充作京饷。在 1878 年，商人胡光镛为了筹集西征军费，曾经出具债票在江南筹款。

不过，1894 年的息借商款倒是在各方面更像近代意义上的内债。我们通过广东的例子就可以看出来：它有专门的办理机构，有稳定的还款保障，有规范的债券、有定期的利息小票、有抽签偿债的手段，债券能自由流通、买卖，并且，本息的偿还都能按原计划落实下去。所以可以说它具备了近代内国公债的主要特点。

东方历史评论：和后来的昭信股票等有何区别与联系？

李文杰：昭信股票是息借商款的扩大版。它们之间的区别我认为主要体现在规模和影响上面。从对象上来看，息借商款主要针对的是沿海沿江几个地区的商人、富户，所以叫作“商款”，昭信股票则是向全民来借；息借商款发端于户部的京城借款，随后通过上谕推广，但只有十个省份上报了后续的借款结果；而昭信股票则是全国性的，除了各直省，蒙古、东北、各驻外使馆都有参与。其次，息借商款实收银两远不到一千万，昭信股票则超过千万。另外，昭信股票设计有全国性的户部昭信局和各省的分局，各省昭信局下面有州县劝办委员；还有全国统一印制的无记名债券“昭信股票”。这样，昭信股票对基层的骚扰、对老百姓造成的冲击、对政府信用的影响也就比息借商款严重得多。从借款目的来看，息借商款是为了应对中日战事，昭信股票是为了偿还即将到期的对日赔款，但是它们都没能及时拿到现银，也就都没有起到设计中的作用。从还款结果来看，息借商款尚有部分省份能保证本息的偿还，而昭信股票到后来几乎全部成了捐输、捐纳。

东方历史评论：当时发行国债收到怎样的回响与反应？国人普遍回应如何？朝中大员、普通士人、商人群体、地方政府的回应有什么不同吗？

李文杰：谈到借款的态度，可以主要分为四个人群来说，第一个是朝中官员；第二个是省里的中高层官员；第三个是大商人；第四个是地方绅士富户。

朝中大员对息借商款不太上心。这个事情是户部经办的，向全国推广也是户部建议的，但是我们从当时户部最煊赫的两位堂官——翁同龢、张荫桓日记里，看不到太多的记载和感受，他们对于借外债更感兴趣。其他人更不用讲了，基本没太多反响。户部上息借商款的奏折之后一个多月，就成功与汇丰银行签订了借款库平银1000万的合同，这笔款有点折扣，清朝只得到94%，不过借款的年利息只有7%，低于息借商款的8.4%，并且立即兑现，在这种情况下，谁还会指望那个还处在印票、劝办阶段的息借商款呢？所以第二年战争一结束，军费压力不那么大的时候，户部马上停掉了息借商款。

朝中御史言官的态度不一样。在息借商款刚刚开办的时候，一个叫褚成博的给事中写了个奏折，说政府之前通过汇丰银行借的钱，实际上多是中国人的，我们还要承担金银比价上涨带来的损失，所以与其找汇丰银行，让别人得利，不如我们自己来办。这是支持的态度。后来，地方上息借商款强买强卖，有人又上奏反对，并且将山西、江苏的地方官给告了，张之洞专门为此上奏辩解。

一般来讲，本省中高层官员为了起带头作用，向朝廷表忠心，在收到借款的上谕之后，会认购一定数量的款项。但是从心里来讲，各省督抚和地方官对这个事情不太支持。当时户部在建议息借商款的时候，是有侧重的，他们给广东、天津、山西这些大商人聚集的地方下了配额，希望广东出 500 万两，天津、山西等地方各 300 万两。这本来就有点摊派的意思，让督抚们十分为难。你说如果完全不强制吧，没人愿意买；你如果强制推销呢，第一，我要自己出钱，做个表率；第二，如果逼得急了，没准乡里士绅就会向京里本籍的言官通气，到时候参劾奏折上来，既得罪士绅，还要想办法应付朝廷的责难。没人愿意平白受这种气。所以你看张之洞，他江苏省虽然收到了 230 万两的借款，但其中 220 万两是上海道和江苏布政使借到的，他的直接下属——江宁布政使只借到不足 10 万两。所以但凡能顶得住户部的压力，地方督抚一般不愿意揽这个活。

参与借款的商人则多是省城或通商口岸的金融商家，例如票号、银号、典当行。他们出于维持生意的需要，同时也因为自己政治地位的限制，在朝廷发下借款或者捐输上谕的时候，不得不捐款表示自己“激发天良”，拥护朝廷。但这种变相勒索谁又会真心接受呢？他们只能敢怒不敢言。

至于地方的绅士富户就不同了。这些人分布在基层，有着社会身份和地位，甚至在北京有人，因此，他们不像商人那样惧怕衙门。如果“劝借”超出了他们的容忍限度，他们甚至可以让同乡的言官参劾本省的长官。所以这些人参与借款就不会太积极。张之洞在息借商款即将叫停时统计说，江宁布政司当时只收到绅士富户的款项 7.2 万两，其中，捐款 6.1 万两，借款只有区区 1.1 万两。

东方历史评论：当时清政府募资举动的正当性、合法性从何而来？清廷又运用了哪些方式（如修辞）来使之更易被社会各界接受？

李文杰：我们讲“无债一身轻”，传统社会中，个人、家庭不喜欢借债，朝廷也同样如此。黄遵宪就说，“中国未闻有国债”，他解释说，周赧王筑台避债，随后东周灭亡，这是一个让后人耻笑的典故，“高筑债台”是亡国的表徵。所以，有道之君不干这种事。另一方面，“普天之下莫非王土”，历史上，朝廷向人民借用钱谷，最后往往不会去还。借就沦为了捐，成了一种义务。所以，人民也不喜欢朝廷借债。但晚清时期，因为战争需要，清政府屡次向外资银行借款，取得了成效。

为了减少金银比价上升带来的损失和避免过大的折扣，清政府想到了借内债。在商言商，这个事情用商业的宣传就可以了；但是，清政府却使用了一些别的词汇。户部奏折说，“因思中华之大，富商巨贾岂无急公之人？”他们说，被劝借的商人纷纷表示“食毛践土，具有天良，朝廷现有要需，敢不竭力设措”？后来办昭信股票的时候更夸张了，建议者黄思永在奏折里说：“大抵乡间通缓急，集腋乞邻，视为常事，况在军国之重，君父之尊，苟有天良，安忍推诿？”也就是说，你如果不拿钱出来，就是让君父忧心，就是泯灭天良了，用今天的话来讲，这有点道德绑架。

可是，宣传毕竟只是宣传，当人们有权自行选择的时候，就能见分晓了。就上我们上面说的，省城和通商口岸从事金融的大商人不得不借，稍微有点社会地位的士绅富户消极观望，握有实权的地方大员也不积极。

东方历史评论：在发行国债的过程中，有无体现出西方元素？清朝又是如何处理的？

李文杰：这个过程中，并没有西方人出借钱款，但是西方元素还是有的。首先，息借商款是在西方因素刺激下产生的，就像户部奏折所说的那样，近年国用不够，往往找外国银行息借洋款，因为金银比价，折耗太多。所以，他们干脆仿照外国银行的借款模式，自己来办。细节上，清政府印制了债券，另附利息小票，在广东还使用抽签债之法，这些都是在模仿外国银行发行政府公债的做法。另外，广东布政使司与粤海关税务司签订代办合同，将借款委托给外籍税务司办理；而税务司使用的是西式的财务管理制度，这个制度很好地保障了广东息借商款的本息偿还，这个算是最明显的西方元素吧。

日清韩关系19世纪末的转变：以袁世凯为中心

撰文：冈本隆司

翻译：黎又嘉

前言

从十七世纪到十九世纪前期，日清韩之间一直关系安定，东亚保持区域和平。究其原因，除三国政权各自都较安定之外，与日清、清韩、日朝的关系两两独立，相互分离，关系颇大。

当时的日清关系，并不是政治上的正式邦交，只是华商往来长崎大陆之间的贸易关系。而清韩之间，是所谓的朝贡、册封的关系，在此不加赘述。日朝之间则是通过对马进行日常的交通和通商，同时不定期有朝鲜通信使被派遣到江户幕府。朝鲜国王与德川将军之间是“敌礼”，即对等的关系。

然而19世纪后半以降，西洋列强将近代国际关系强加于东亚之上，迫使东亚改变了从前传统的国际关系。这也相应引发了日本的幕末维新和西洋化。

随着日本的主政者和政权的更迭，国内体制的变革，日本开始寻求改变日清和日朝的关系。于是，原本持续安定的三国关系开始动摇。

十九世纪七十年代

首先，清朝对日本一直抱有极强的戒心。从倭寇时代和丰臣秀吉出兵朝鲜时起，国力变强的日本若对朝鲜半岛行使武力，就会使东三省陷入危机，从而威胁北京。清朝对此早有所察，自 19 世纪 60 年代以来，清廷朝中就意识到，日本出兵之后，一定会威胁到自身的安全。

其二，是日本的举动。日本明治维新成功之后，马上同邻国，即朝鲜和清朝缔结条约，开始在构筑近代国际关系的道路上摸索。由此，就与想要维持旧体制的清、朝两国发生了摩擦。朝鲜担忧传统的对等关系遭到威胁，因此连交涉都难以进行，而同清朝缔结的日清修好条约由于对条款的解释不同，也遗留下诸多问题。

这些问题从十九世纪七十年代中期开始在台湾出兵、江华岛事件中显现出来，两起事件都是由于对条约的认识相左而导致日清韩之间产生对立。虽然彼时日清通过《北京专约》、日朝通过缔结《江华岛条约》暂时解决了问题，然而却愈加激化了其间摩擦。

清朝便着手推进朝鲜政府与西洋列强和美国，缔结条约，意欲以一石击二鸟。其一，是想通过欧美牵制日本在朝鲜半岛的行动。其二，是想将传统的清韩关系写进条约中，以博得西洋诸国的正式承认。具体而言，就是要在条约中白纸黑字地写下“朝鲜素为中国属邦,而内政外交向来均由国王自主”这句话。下文略称之“属国自主”。

壬午军乱

1882 年春，清朝北洋大臣李鸿章与美国海军提督薛斐尔（Robert Wilson Shufeldt）于天津开始进行条约交涉。谈判中最大的难题就是上述清廷的第二个目的。美国维持一贯态度，认为清韩这种传统关系与条约精神不符，独立国家之间的条约中,不应有“中国属邦”这样的表述,所以拒绝在条约中明记“属国自主”的字眼。

对此，清廷也并未忍气吞声。虽然放弃在条约正文中记入“属国自主”这一表述，但仍以朝鲜国王写给美国总统的亲笔文书的形式，将“属国自主”的宗旨明文化。这样1882年5月下旬，《美朝条约》正式缔结。不久英国、德国也仿效此行，与朝鲜建立条约。

促成这一切的是李鸿章的幕僚马建忠。他斡旋于朝鲜当局者之中，看穿了他们轻视清廷的态度，于是制定了以名为“自主”、实为“属国”的策略来维持“属国自主”这一原则。然而接下来，于首尔勃发的壬午军乱，却对这一原则发起了挑战。

壬午军乱是同年7月末发生的朝鲜军队政变事件。由于国王生父、主张排外的兴宣大院君掌握了政权，而日本公使馆又遭到实质袭击，原本的朝鲜内乱导致了日本的出兵和外交干预。

清廷对这一事态履霜坚冰。事已至此，朝鲜恐怕被日本压制，自19世纪60年代以来，清廷头悬之剑很可能要落下。因此清廷也马上出兵对抗，而在其阵中，就有正值壮年的袁世凯。

在平息壬午军乱中功绩显赫的是担任折冲的马建忠。他一方面先行于清军潜入朝鲜，把握情势，力阻日军诉诸武力，又与朝鲜政府内的要人连横，排挤已经掌控政权的大院君，并协助清军击灭作为大院君后盾的“乱军”。另一方面，他又与日本方面联络，将日朝两方拉到谈判桌来。这样，1882年8月30日，《济物浦条约》缔结，平息了壬午军乱。

这一过程正是马建忠自己定义的“属国自主”方针的最好体现。清朝把朝鲜当作实质上的从属国，排挤大院君，又出兵讨伐，但同时朝鲜又以“自主国”的身份与日本谈判并缔结条约。在这之后不久，马建忠落马，但他制定的对朝方针并未改变。清廷这一方针的最佳证据，就是壬午军乱中被派来镇压朝鲜“乱军”的三千清军仍留在首尔。而其中，袁世凯也作为驻军参谋留了下来。

甲申政变

然而这并没有保证军变之后朝鲜政情的安定。打倒大院君的政变政权之后，虽然朝鲜政府恢复了闵氏当权的旧局，但政界分开为两派。随着以首尔驻军为代表的清廷势力的急剧扩大，朝鲜政府陷于两难境地。

朝鲜对于清廷派军帮助镇压内乱，自然应是多加感激的。然而清廷迫使大院君下台，对朝鲜进行了前所未有的内政干涉，这绝不是朝鲜希望看到的。许多朝鲜人士都有此矛盾，国王高宗也不例外。

但对此朝鲜政府却一直没有明确的态度。朝中有倾向依附清朝的声音，也有强烈反弹的声音。最终政局终于走向党派对立。但党派的划分刚开始也并非黑白分明，毕竟壬午军乱结束后不久，恐怕谁都对清军都是好恶参杂的。

由于在货币发行和大规模借款等改革事业上受挫，朝鲜的少壮政治家愈加焦虑了起来。金玉均、朴泳孝、洪英植等人属于急进改革派。他们认为妨碍改革的正是消极保守的亲清派以及他们背后的清朝势力。这样，党派对立的局面愈加不可收拾。最终，金玉均等人恃仗日本势力，鼓吹要夺取实权，这就是1884年末的甲申政变。

在这一时机策动政变其实与中国周边的军事情势大有关联。此时正值中国和法国在越南北圻发生势力争端，双方在河内附近发生了军事冲突，最终引发战争状态。此即清法战争。

先是1884年4月末，清朝加强在北京周边的防备，并将壬午军乱以来驻扎在首尔的部队召回本国。对于朝鲜的改革派来说，这时正是减弱清廷军事压力的千载良机。

更何况清法战争中，法国海军在南方连连取胜，清朝的军事情势不断恶化。不难想象金玉均等人会认为不可错失良机，应当机立断实行政变。

袁世凯的登场

然而清军并非全数从首尔撤军。有一半约1500兵力仍留在现地，而且还要训练和指挥在地的朝鲜军。而其中一人便是时任参谋的袁世凯。

1884 年 12 月 4 日，在洪英植任总办的邮政君开局祝贺晚会上，拉开了政变的帷幕。改革派利用日本公使馆一个中队的兵力近水楼台，先将国王移至景祐宫，并杀伤守旧派的政府要人，宣称成立新政权。

到此为止，局势与金玉均等改革派以及支持他们的日本方面的想法应是并无二致的。然而密切注视这一形势的袁世凯并没有袖手旁观。他拒绝简单妥协，决然要与日军作战。

袁世凯收集四方情报，确认朝鲜国王的安泰，接受政府的出军请求，说服上官吴兆有，亲自率领 1500 名部队攻向王宫，与 150 名日本军对阵枪击战。清军在宫中保住了国王，又袭击了还没有来得及逃往日本国使馆的 40 多名日本人。

这一敏速的军事行动引起了政变方的恐慌和混乱，这一政权未到三日便崩溃了。12 月 7 日，金玉均、朴泳孝、徐光范、徐载弼等主谋者乘坐汽船逃出仁川，与一把火烧掉日本公使馆逃亡长崎的竹添进一郎公使同行，亡命日本。洪英植被杀，他的同党也遭禁闭。这样，清廷的势力在朝鲜半岛独步一时，而袁世凯对此功不可没。

英俄

甲申政变实质上是清朝与日本的武力冲突，因此善后不管采取何种形式，也都要在中日两国之间讲和解决。于是 1885 年 4 月 18 日，清朝全权代表北洋大臣李鸿章与日本全权代表伊藤博文缔结了《天津条约》。

这一条约中定下的只有三条。首先，日清双方在朝鲜的军队“以四个月为期，限内各行尽数撤回”；其次，朝鲜的军事教官要从日清以外的国家派遣；最后，如果朝鲜发生内乱，“中日两国或一国要派兵，应先互行文知照，及其事定，仍即撤回”。

这样简单的条款，被称之为“条约”，可能都有言过其实之嫌。然而双方从 4 月 3 日开始在天津前后开了七次会议才最终达成共识。造成这种交涉难局的原因，是清朝希望保留向朝鲜派兵的权利，而日本却坚持“相互主义”不愿让步，两者之间难以调和。

无论如何，甲申政变还是以这种方式得到了解决。清朝虽看似占了优势，但其实却和日本在条件上变成了大致对等的地位，可谓让步不少。负责谈判的李鸿章认为当务之急是要尽快对甲申政变进行善后。中国国内的舆论虽然一贯强硬，但是鉴于中国仍与法国胶着对战，是不可冒两边作战的危险的，也因此要避免与日本完全决裂。再加上就朝鲜半岛本身而言，事态也已极其严峻。在天津日清谈判过程中，朝鲜政府内部已出现向俄罗斯靠拢的动向。暗中策动的是朝鲜政府的外国人顾问穆麟德（Paul Georg von Möllendorff）。他计划从俄罗斯招募军事教官，并秘密与俄罗斯接触，已经达成了一定共识。他的目标并非仅在招募军事教官，而是要将朝鲜纳入俄罗斯的保护之下，以俄之力与清朝势力对抗。

话说穆麟德本是受雇于清朝的德国人，是李鸿章为了防止日本的势力扩大特别任命并派驻首尔的。他与金玉均等人敌对，在甲申政变中也依照李鸿章的意思极力打压金等人的党派。

然而穆麟德本人却并不赞同清廷的做法。他对清朝过度干预朝鲜而深感不快。他认为把朝鲜从清朝势力中解脱出来才是正当且有利的举动，因此策划与俄罗斯密约。这对提拔他的李鸿章来说，颇具讽刺意味。

1885 年 7 月，清朝发现了俄罗斯军事教官招请计划并意识到其中的利害关系，震怒于穆麟德背信弃义之行，穆麟德下台。这是所谓俄朝密约事件。在此之前围绕朝鲜半岛的国际情势实质上还只是日清两国之间利害关系，俄罗斯的登场使局面变得更加复杂。但问题所在并不止步于俄罗斯。英国在中亚问题上与俄罗斯水火不容，也一直警惕着东亚的动向，所以他们先发制人占领了朝鲜的巨文岛。这件事自然是没有跟朝鲜政府联络的，连招呼也没有打一下。这就是巨文岛事件。这样看来，朝鲜半岛事态已不仅是日清对立了。

至此，虽说清朝还占整体优势，但已绝不是可以袖手不管的乐观事态了。首先，安定朝鲜政局至关重要。要知道壬午军乱和甲申政变都是政府内部党派纷争导致的，而且又与外国武装有千丝万缕的联系。为了防止这种情况发生必须要施加外部压力。而客观具体的来看，除了清朝没有别人能施加这种压力。

提拔

在此情形下天降大任的正是袁世凯。他是甲申政变中不可争辩的功臣。作为时年才二十出头的年轻参谋，他采取果敢卓绝的行动，决定了对清朝至关重要的对外关系的走向。在李鸿章看来，他也是毫无疑问备受瞩目的人物。

李鸿章决定把壬午之变时绑架来华、暂居天津的大院君送还首尔。大院君是国王高宗的生父，清廷希望把他当作筹码来遏制朝鲜政府的蠢动妄为。这一归还计划其实原本就是袁世凯的提案。1885 年 9 月 22 日清廷正式做出了归还大院君的决定。

袁世凯在甲申政变后不久，就从首尔回国归乡。粉碎政变并挫败日本野心大抵都是他一个人的功劳。也正因如此，同僚的嫉视和来自日本的非难也一时集于他一人身上。李鸿章深谙此理，表面上也并未回避对他的斥责。在周围的人看来，他如果此时失意隐退也并非怪事。

但李鸿章对的他信心并未改变。现在日清之间暂且达成了谅解，归送大院君的决策一经做出，李鸿章就将护送的重任交给袁世凯，提拔并派遣他再度前往朝鲜。这位第二次来到首尔的 27 岁青年，已经不再只是派遣驻军的一名参谋了，他已经成了“上国”清朝的代表。

袁世凯于 1885 年 10 月 3 日抵达朝鲜，三日后谒见国王高宗。被护送回国的大院君先在故居安顿下来。但是朝鲜政府的首脑对这位曾经发起政变的政敌依旧心有余悸。大院君的党羽的人身受到限制，大院君自身也被软禁起来。

大院君本人回国后，到底有多少政治意愿，是很难说的。但不管怎样，他已无法扩张和施展自身的影响力了，所以清朝意图利用他来抑制朝鲜政府轻举妄动的期待也落空了。

看清这一切的袁世凯选择了暂时回国复命。这样的结果对提拔自己的贵人来说想必是有些许不快的。小至其个人，大至整个清廷的面子都有所损。

送还大院君一举对于清廷来说是失败的。但是像李鸿章这样的政治家不可能不知道做成此事的把握能有多大。这一举措的深意还在于，特意将这一难以成功的任务委任于这一策略的提案者，年轻有为的袁世凯，好让他积攒实地的经验。而完成任务之后不久、回国复命之后的袁世凯马上又被委以重任。

领命

袁世凯于1885年10月30日被委命于“总理朝鲜交涉通商事宜”。这自然是有赖于李鸿章的推举。在李鸿章的推荐信中，首先以“袁世凯胆略兼优，能知大体”等字眼称赞其能力与资质，接着阐明当时情势并略述对他的职能安排，称“今则口岸渐增，贸易日盛，各国公使麇集汉城，一切相机因应，尤赖该员从旁赞划，似宜优事权”，“略示与闻外交之意”，最后将他的派遣比作“泰西派员出驻属国”。

于是，袁世凯领命赴任朝鲜，而他名片上的头衔是用英语标明的“Resident”。这相当于英属印度权限最大的“驻留官”。

清廷委任袁世凯赴命朝鲜从一开始就有干涉朝鲜内政外交的意图。袁世凯本人对此心知肚明，从上任开始贯彻实行这一方针。这也许就是所谓的岗得其人、人尽其用。

李鸿章特别提拔袁世凯并赋予他这样的使命，是因为他的危机感已达顶峰。收紧他最后一根弦的正是俄朝密约事件。他对俄罗斯一直抱有很强的戒心。这种戒心针对的并不仅仅是俄罗斯，而是反映清朝对韩政策的最根本的症结。

袁世凯将大院君送抵首尔时，曾写给朝鲜国王高宗一份意见书。这篇题为“摘奸论”的文章，主张要将奸恶人物揭发并驱逐，这不仅是袁世凯个人政见的体现，也直言了清朝的立场。

首先，文章称“夫保护之权，唯上国有之。壬午、甲申两次战乱，是其明征”，主张朝鲜的“保护之权”应由“上国”的清朝独占。他又进一步论述道，“中国之待属邦，内政、外交由其自主，泰西无之，唯岁给廪俸而已，内政、外交不得自主，征收财赋，归诸上国。名曰国君，甚于守府”，罗列清朝的“属国”与西洋的属国之间的不同，质问朝鲜究竟想选择哪条道路。

在这里值得注意的是“保护”和“属国自主”之间的关联。自称“上国”的清朝理应“保护”作为“属国”的朝鲜。然而，这并不是朝鲜“自主”寻求的关系，不要说朝鲜自己，其他国家也未必对此心悦诚服。

但是当时的清朝危机感已愈加严重。袁世凯的“摘奸论”虽然剑指俄罗斯，但醉翁之意不在酒。甲申事变中，朝鲜就已有依赖日本的倾向，不久，又有美国登场。也就是说除了清朝之外，这一“属国”已有异心要请其他国家作为对其施加“保护”的“上国”。事已至此，清朝决不能听之任之。

在这种情况下被委降大任的是袁世凯。他作为青壮军人，深谙事态，不论思考还是行动都直接彻底。以他的能力气魄处理通常的外交事务应该也不会有什么障碍。这对于当时清朝和李鸿章的对朝政策来说是不可或缺的。因此，他们便选中了袁世凯。

摩擦

袁世凯位居此职，直到日清战争爆发的这十年来，都并无变动，这是清廷和李鸿章这一策略奏效的最有力证明。

在这期间，袁世凯积极推动对朝鲜的高压政策，这也表现在他日常态度和行为举止上。他目无国王，在王宫中乘轿而行，对韩国朝廷百官施以威压，又与外国使节划清界限，社交态度常常很强硬，在各种外交仪式上屡屡与他人对立。他的言行招致内外非难之声甚嚣尘上。

一言概之，这是要向朝鲜和外国展现所谓“上国”的权威。这种态度不仅体现在日常社交以及惯例外交场合中，也展露在重要政治外交事件上。其中一例就是与朝鲜政府的外国人顾问德尼（Owen Nickerson Denny）之间的冲突。

德尼是美国法律家，曾在上海出任过总领事一职。李鸿章为了配合袁世凯的赴任，选择德尼作为穆麟德的后继者派往朝鲜。

德尼（Owen N. Denny）

李鸿章的计划是让德尼与袁世凯合作，推动清朝的对韩政策。他选择德尼这位法学家兼外交官，就是看中他与西洋列强之间的密切关系以及他丰富的国际法知识。

然而事与愿违，德尼不久就开始严厉批判袁世凯的言行。和他的前任穆麟德一样，德尼背叛了他的使命。

德尼与袁世凯两人完全对立的决定性事件是1887年国王的废立计划和翌年的汉城教案事件。前者策划废除国王高宗，改立新王，并让大院君摄政，后者是首尔的基督教徒和教会受袭事件。这两个事件中都没有决定性证据证明袁世凯直接参与，因而不了了之。但是德尼却深信袁世凯是幕后黑手。客观来看，他这样想也并非空穴来风。

德尼盛怒。他认为这些做法是否定自己效忠的君主，也是在威胁包括自己在内的首尔外国人的生命财产安全。他将这一观点公之于众，用英文写了一个题为“清韩论”(China and Korea)的小册子，同时也剑指李鸿章的朝鲜政策本身。他在文中论述道，朝鲜在国际法上是实质上的独立国家，而清朝和袁世凯是明目张胆地弃这一原则而不顾，蹂躏朝鲜的独立地位，干涉其内政外交。

《清韩论》(China and Korea) 就算德尼对清朝朝鲜政策的解读和主张可能有失偏颇，他的主张在朝鲜和其他外国人之中还是多少有共鸣的。朝鲜

CHINA AND KOREA

BY

O. N. DENNY,

Adviser to the King, and Director of Foreign Affairs.

在德尼发出这样的声音之前，就已经向欧美国家派遣过常驻的外交使节。袁世凯对此曾执拗地多次抗议，后来又强加了这样那样的条件对派遣使节一事多加干预，朝鲜政府和美国当局都对此有过激烈反弹。

除了俄罗斯，袁世凯本就对美国有所戒备。不管怎么说，美国都曾通过派遣军事教官的形式，意图威胁“上国”清朝的“保护”地位。现在，又加上朝鲜向欧美派遣使节一事以及德尼事件的爆发，这种对立愈加尖锐化。而外国列强在这些事件中，把对袁世凯行为的不满扩大到清朝当局身上，朝鲜政府也忍无可忍，要求清廷将袁世凯召回。

成果

然而李鸿章的信念并未因此动摇。这是因为袁世凯忠实地落实了他的计划。

> 韩事日就败坏，不易挽回。执事在彼三年，苦心调剂，随宜补救，非止一端。局外或不深知，鄙人岂不洞察。所以迭奉箴规者，特

虑神锋太隽，亦吕侯戒元逊十思之义也。近读来示，深稳有识度，进而益邃，至为快怍。

以上是1888年8月李鸿章写给袁世凯书函中的一节。在同一文书中，李鸿章斥责德尼为“区区小竖”，更批判他的“诬罔之词”“邪说”根本说不通，还鼓励袁世凯“于执事持大体，得众心处，自不能掩”。

四年之后，李鸿章在进一步推荐袁世凯的奏章中写道：

袁世凯先正藩属之名，以防其僭越，复筹外交之法，以杜其侵欺。凡体制所系、利害所关，或先事预筹，或当机立应，或事后补救，无不洞中窍要。

虽尽是溢美之词，也言未过之。当时袁世凯年仅34岁，就已显得大有所为，李鸿章对此应是心满意足的。

然而，袁世凯自身仍深陷泥沼。他越忠实于完成自己的任务，与朝鲜政府和外国当局的关系就愈加恶化。但是袁世凯并未因此打退堂鼓。在政府交涉这边无法打开局面，他就从王室礼仪、通商、金融等方面入手，力证朝鲜是清朝“属国”的地位。

凭着这股劲儿，从19世纪90年代开始，情势开始向有利于袁世凯的方向发展。朝鲜政府的反弹之势减弱，也形成了与袁世凯之间的交流渠道。他孜孜不倦的奔走活动，终于开始结成果实。

优势

这一点的最好证明就是防谷令事件。防谷令是由朝鲜地方官发布的暂时禁止谷物出口的命令。这一命令常常颁布于凶年之时。而1889年10月咸镜道的防谷令就是沿袭这一惯例颁布的。

但是日朝之间的通商条款中规定，若要实行防谷令，需要提前一个月通告日本当局。这是因为日本的主要输入品就是米谷。而这次，朝鲜事出紧急并没有提前一个月通告日本，所以遭到了日本方面的正式抗议。

1890 年 1 月，防谷令被撤回。然而在施行禁令期间，从事大豆输出生意的日本贸易商因利益受到损害，要求朝方赔偿。由此，日朝之间就需要进行外交谈判。这件事情原本与清朝和袁世凯并无关联。

1893 年，日本政府派遣大石正已为驻首尔公使。这次任命暗示着事态已扩大化。大石在自己的著述中常常主张要在国际会议中把朝鲜“保护国”化，并坚定反对清朝“属国”论，对清朝和袁世凯都抱有极强的戒心。

日本和西洋诸国联合起来支持朝鲜的“自主”和独立，但最可怕的是，朝鲜自己也对此深有共鸣。大石一人不足为惧，但是除他之外仍然有人会积极策动事态向此发展。在防谷令的赔偿交涉中，袁世凯为朝鲜当局者帮腔，并利用这样的机会介入交涉当中，意图反间日朝，使之对立。

大石也粗暴地无视外交惯例，一直采用恫吓等无礼的谈判态度，朝鲜政府对之也日益生厌。于是，袁世凯不费一兵一卒就使日朝对立激化，最终大石进言要诉诸武力，对朝鲜提出最后通牒。

最终规避这一危机的是日清两国政府，总理大臣伊藤博文和北洋大臣李鸿章出面联络协调，达成共识。基于李鸿章的劝告，朝鲜政府支付了赔偿，防谷令事件也得到了解决。

对于凡事都要做得彻底的袁世凯来说，本国上司李鸿章与伊藤博文妥协，可能并不能让他心悦诚服。但即便如此，日本在这一事件上算是失败的。事件解决之后不久，大石卸任，由驻北京公使大鸟圭介兼任，就是一个旁证。而日本的失败意味着袁世凯的成功。他的成功不仅在于大石的退场，也在于他与赴任以来关系交恶的朝鲜政府之间的关系好转，朝鲜也进一步加深了对清朝的依存。

东学

但随着东学运动激化，事态又有了新的变化。东学这一名号与西学（基督教）对立，是整合儒教、佛教、道教以及民间信仰的朝鲜新型宗教。教祖崔济愚于19世纪60年代前后开始传教，但很快就被镇压并处以正法。之后东学通过秘密结社继续扩大影响力，并持续开展各种运动，力图恢复教祖名誉并争取政府认可教团。

东学的教徒们于1893年5月在忠清道报恩郡召集大会，批判政府，主张排外，并无视当局的解散命令。朝鲜政府害怕的是东学将排外行动付诸实践，因此即使动武也要阻止事态恶化。朝鲜兵力原本不足，光靠自身力量可能无法有效镇压东学党，因此有人提出向外国军队求援，并试探袁世凯的态度。

对袁世凯来说，派遣援军求之不得。因为这正是保护朝鲜的“属国”地位的力证。于是他开始紧锣密鼓地部署军队。

东学的运动并不止步于报恩郡的集会。全琫准率领的教徒于翌年三月在全罗道起义，很快就变成了名副其实的叛乱。被派去的镇压军根本不是对手。5月31日接到全州陷落的通报之后，已无法坐视不理的朝鲜政府因循“壬午、甲申”的先例，向清朝请求援军。

袁世凯驻守首尔的十年间，来自朝鲜的援军请求与清朝期望给予的援军保护之间从未有过天衣无缝的契合。所以他赴任以来，也一直在与这种矛盾做斗争。而现在，这一矛盾总算得到了解决，能对“属国”施予军事保护的，依名依实都要回归到身为“上国”的清朝身上。清朝向朝鲜派遣援军的名义是“保护属邦”，终于名正言顺了。而为此奋斗良久的袁世凯似乎品尝到了极大的成就感。

接到联络的李鸿章马上派遣两艘巡洋舰前往仁川。6月8日到12日，又派2400名陆军在牙山登岸，同月25日又增援400人。

然而还未等清军调整好布局，朝鲜的内乱就已平息了。东学和政府于6月10日缔结合约，政府大体上接受了叛乱方的要求。

若照此发展下去，清朝的撤兵可能就只是时间问题而已了。然而6月10日当天，事态却迎来了出乎意料的变化——日军也入驻了首尔。袁世凯的处境立转，陷入了巨大的困境之中。

出兵

1885 年日清之间缔结的天津条约只包含三条简单的条文。而其中最重要的一条就是第三条，“将来朝鲜国若有变乱重大事件，中日两国或一国要派兵，应先互行文知照”。

从当时的情势来看，这意味着日清不管哪方出兵，另一方都会自动派兵。而出兵若不相互照会就很有可能造成武力冲突。一手打造北洋军队的李鸿章，虽然手握军事实力但是并没有足够的自信，因此也一直克制着不对朝鲜行使武力。

袁世凯是不可能不知道这一内情的。但在 1894 年，他做出判断，认为日本因为政府与议会的长期对立疲于内政，应没有余力向朝鲜出兵，所以他策划清朝出兵。但这却变成了一个致命的误断。日本的出兵之迅速远在预想之上。

当时在日本公使馆中代替获假归国的大鸟圭介公使的是一等书记官杉村，他察知了朝鲜政府对袁世凯的出兵请求，马上向日本发出急报。

日本政府接到电报后，于 1894 年 6 月 2 日的内阁会议上决定如果清朝出兵，就派遣一个混成旅团赴朝。6 月 5 日，日本成立大本营，大鸟公使也出发前往朝鲜，10 日抵达首尔归任。同日，430 名海军陆战队也紧随其后进入首尔。陆军动员准备就绪，6 月 16 日约四千名混成旅团登陆仁川。这距离清军进入朝鲜仅是四天之后。

双方履行天津条约中的“行文知照”是在 6 月 7 日。正是此时，清朝宣称自己出兵是遵照“保护属邦之旧例”。而日本称自己出兵根据是济物浦条约中派兵保护在外使馆安全的条款。

很快内乱平息，日清双方从理论上都丧失了出兵的依据。于是袁世凯与大鸟交涉，达成暂时共同撤兵的共识。然而，这一共识却成泡影。

开战

借日本外相陆奥宗光的话来说，日本出兵的本来目的是要维持在朝鲜半岛的“势力均衡”。这次尤其要防止因为清朝出兵，使得局势向有利清朝而不利日本的方向发展。日本当局担心，若日清的同时撤兵，仍会使清朝势力增大而不利于己。这种判断并非全无道理。清朝在这之后一直坚持要以同时共同撤兵为先决条件而绝不让步，这是可以说明一些问题的。

日本以今后要杜绝会引发外国出兵的内乱为由，向朝鲜提出内政改革的方案。而清朝坚持共同撤兵才是当务之急。陆奥外相断然拒绝撤兵，并在 6 月 22 日通告了这一决定。

在朝鲜政府内赞成内政改革的势力很微弱，而支持清朝、袁世凯的势力则占了压倒性的优势。他们依靠驻扎的清军，所以日方必须使日军留在首尔而拒绝清军驻扎，才能扩张日本势力而进行内政改革。

在这种情况下，大鸟公使采纳了杉村书记官等人关于清韩宗属关系的进言。他们宣称，以“保护属邦”为由进驻朝鲜的清军，实际上违反了 20 年前日朝江华岛条约中第一条，即规定朝鲜“自主”的条款。因此他们反过来拒绝共同撤兵，并意图制造冲突挑起战争。

7 月 20 日，大鸟公使向朝鲜政府下了最后通牒，以朝鲜“自主独立受侵害”为由要求清军撤兵，如果朝鲜方面无法做到，那么日军将代替朝鲜驱逐清军。在仁川首尔间驻扎的日军南下，7 月 25 日爆发了丰岛冲海战，29 日爆发了成欢、牙山战役。

战争、讲和、干涉

日清两国于 8 月 1 日宣战。胜战连连的日军北上。不论是 9 月 16 日陆上的平壤战役，还是 17 日海上的黄海海战，日军都取得了压倒性的胜利。清军在平壤溃走，渡过鸭绿江后撤退，海上则连失 5 艘军舰。

日军追击败走的清军，10 月 24 日，跨过鸭绿江进入清朝内，11 月 21 日，占领北洋海军的根据地旅顺军港。1895 年 1 月，日军在山东半岛登陆，占领北洋海军第二军港、威海卫的炮台。2 月 11 日，北洋舰队领军丁汝昌提督自决，舰队在翌日投降。担任清朝内外防卫的淮军和北洋海军就这样溃灭了。

从军事上来看，日军因以为跟清军势均力敌而强行制造战争，而一旦战争开局清军又太过脆弱。日军出乎意料的大胜，彻底改变了日清韩的整体关系。

中日战争在美国的斡旋下进入调停阶段，休战讲和的谈判于1895年3月20日在下关进行。清朝方面的全权代表是李鸿章，日本方面是伊藤博文和陆奥宗光。3月30日，双方首先达成了休战的共识，4月17日，双方在讲和条约上盖章。

条约的第一个条款，就是要承认作为中日战争发端的朝鲜的国际地位是“完全无缺之独立自主”，否定清朝将朝鲜纳入“属国”以及朝贡关系。第二条是要将辽东半岛、澎湖列岛和台湾割让给日本。第四条规定清朝“将库平银二万万两交与日本，作为赔偿军费”。而第六条是日本获得最惠国待遇，开放沙市、重庆等新口岸，允许“在中国通商口岸、城邑任便从事各项工艺制造”。这些条款，使中国成了列强的建设工程以及资本输出之宝地。

列强的态度也在战争当中起了变化。英国本寄希望于清朝和李鸿章作为俄罗斯南下的屏障，但在这之后开始向日本靠拢。而俄罗斯因忌惮清朝和李鸿章而迟迟未行的南下政策终于开始进入实施阶段。

条约签订的6天后，俄罗斯、法国、德国公使对日本政府提出抗议，称日本占领辽东半岛威胁到了清朝首都，朝鲜的独立有名无实，从前“极东的和平”会遭到威胁。这就是所谓的三国干涉还辽，当然在其中主导的是有深切利害关系的俄罗斯。这三国并未克制使用武力，他们在下关条约预定的批准交换地点烟台集结了三国军舰。于是日本只能屈服，以3000万两赔偿金为条件，还付了辽东半岛。

中国的“瓜分”

中日战争中完败的李鸿章为了牵制日本势力不向朝鲜和东三省扩张，决定拉拢俄罗斯。三国干涉就是他计划中的一环，而他在翌年1896年6月签订的中俄密约也是出于这一明确的目的。这一密约是以日本为假想敌的中俄攻守同盟，东三省自不用说，其适用范围也包括朝鲜半岛，同时允许俄罗斯的西伯利亚铁路通过东三省。根据这一条款俄罗斯得以建造中东铁路。这最终造成了俄罗斯的势力急速向东三省渗透。

列强此时已处于帝国主义阶段，侵略弱小国家的目的已不仅仅是扩大通商和市场，还在于资本的输出。中国并非例外。1895 年到 1898 年之间，中国已经累计交出了 3 亿两借款。此外，列强直接投入资本发起制造业，还铺设了铁道和开发矿山。俄罗斯的中东铁路就为一例，其他列强也在竞相争夺利权。

1897 年 11 月，以山东巨野县德国传教士被杀为由，德国派遣军舰占领了胶州湾。翌年 3 月，更将此地变为了租界。就是理应是清朝同盟国的俄罗斯也于 1898 年 3 月租借旅顺和大连。英国为与此抗衡，将其对岸的山东省威海卫、以及香港的新界纳为租界。就这样列强以租界为中心，在中国划定了自己的势力范围。中国陷入了被“瓜分”的境地。

日本的挫折

另一方面，取得战争胜利的日本，在战争当中就开始在首尔扶植亲日政权，根据自己的要求进行改革。但三国干涉还辽却迫使这一计划踩下了急刹车。

屈服于三国的日本威信尽失。原本强行进行的改革也垮台了，朝鲜政府中一直心怀不满的一派又集结在闵妃一侧，仗着俄罗斯的势力意图收复失地。朝鲜政府内的亲俄派抬头，而日本方面的政策又处处被俄罗斯当局掣肘，已没有可以回旋的余地。

1895 年 9 月 1 日，陆军中将三浦梧楼赴任驻首尔公使。一个月后，他采取了难以想象的蛮行。10 月 7 日晚上到 8 日黎明，日本使馆职员、守备队、顾问官等人侵入景福宫，袭击闵妃寝室，将其杀害，并将遗体付之一炬。闵妃暗杀事件又称作乙未事变。随着这次暗杀，日本马上着手改造朝鲜政府，扫除亲俄派，再次扶植亲日派政权。

然而这一政权很快就崩溃了。翌年，趁军队离开首尔的间隙，亲俄派发动了政变。他们在入京俄国水兵的帮助下，把国王高宗父子从景福宫中转移到贞洞街上的俄国使馆里，成立了新政府。这是 2 月 11 日，也就是所谓的俄馆播迁事件。

这一事件意味着日清开战以来，势力肆意扩大的日本遭受了重创。仅就朝鲜事宜而言，在日清战争中取得的优势已经消失殆尽。1896 年 5 月在首尔签订的《小村 – 韦贝备忘录》，6 月在莫斯科签订的《山县 – 罗拔诺甫协定》正是这一事态的证明。前者是关于维持朝鲜政府现状以及日俄军力配置的条约，后者规定了日俄在朝鲜的利益和权利，日本被俄罗斯步步紧逼、处处牵制的形势一目了然。

从势力均衡到日俄对立

俄馆播迁一年后的 1897 年 2 月 20 日，朝鲜国王高宗离开俄国使馆，回到了王宫里。8 月，宣布了新的年号“光武”，10 月 12 日，皇帝即位，国号改为“大韩帝国”。

大韩帝国标榜“独立自主”。朝鲜通过日清战争摆脱了清朝的“属国”地位，战后日本的势力也逐渐减退。此时，俄罗斯又忙于经营新修建的铁道和刚刚到手的东三省租界，也无暇认真顾及朝鲜半岛事务，更不会派军进驻与之接壤的东三省。于是此时的状态是，日本在政治上撤出朝鲜半岛，俄罗斯也不会对东三省进行实质上的军事进出。支撑大韩帝国的“独立自主”的，正是从朝鲜半岛到东三省范围内的军事空白和国际势力均衡。

但是到了 1900 年，这一局势又分崩离析了。义和团事变爆发，俄罗斯趁机占领了东三省。俄罗斯之前就通过中东铁路和旅顺大连的租界掌握了许多利权。但是这次大规模的军事占领已从本质上改变了事态。占领之后，俄罗斯对东三省寻求自由支配的权利，并向清朝施压，还将朝鲜半岛也纳入自己的野心之下。这与之前清朝为了确保东三省安全而必须将朝鲜半岛纳入从属国家的思路是大同小异的。

自从在俄馆播迁事件中受挫以来，日本对朝鲜半岛的积极态度已渐冷却。对日本来说，如果势力均衡的状态得以持续也未尝不可。然而，俄罗斯占领东三省使得这种均势状态被打破，此一时已非彼一时。

如果朝鲜半岛上的敌对势力被俄罗斯握在手中的话，对日本列岛来说将是一个重大威胁。这是明治维新以来日本人的共识。1900 年以后，日本愈加关注朝鲜半岛政治军事上的利害关系，也已经在对俄作战的前提下开始军备扩张，开始走向第二次战争。而在这前方，便是合并韩国、侵略中国的道路。

结语：历史的宿缘

就这样，因争夺朝鲜半岛势力而勃发的日清战争一步一步引发了东亚势力地图和秩序体系的重大转变。而这一切的发端，就是1894 年驻守首尔的袁世凯。那么，彼时他本人是怎样的情况呢?

袁世凯在日军出现在首尔之后就极力回避局面破裂，一直在与日本当局谈判，做朝鲜政府的工作。但他对时局的判断也是十分准确的。早在 1894 年 6 月末，他就向清朝上书，称朝鲜政府已不再认为清朝是他们的“上国”，因此清军也就失去了驻守首尔的理由，他请求清朝将自己召回，最终于 7 月 19 日踏上回程，把朝鲜留在身后。而大鸟圭介公使对朝鲜政府下最后通牒正是在这之后的第二天。

袁世凯之后再也没有踏上过朝鲜的土地。自赴任首尔以来，他在朝鲜苦心经营的十年的果实，也随着日清战争的溃败而所剩无几。

但是对他来说，充满挫折的年轻时代的经历没有白费。驻首尔期间，他与列强屡屡交手，积攒下来的权力和政治智慧，尤其是他自己重视的军事力和外交力的积累，都会让他在将来大有所为。

袁世凯把在小站上的新陆军建设作为出发点，在义和团的时候又卷土重来，被委命为直隶总督，继承李鸿章的衣钵，不久又凌驾其上，把握了辛亥革命的主导权，就任中华民国大总统，最终登上了中国政治的最顶峰。

然而，等待他的是，在日俄战争中取得胜利、获得东三省利权、积极策划侵略大陆的日本之间的新一轮的对决。1915 年 1 月签订“二十一条”。在这之后日中关系急速恶化，走向了众所周知的决裂局面。

就袁世凯个人来说，中日战争之后时隔 20 年，第二次与日本对决，是绝不会再次屈服的。话说起来，袁世凯与日本的之间的每次的恩怨，都将会引发改变东亚秩序体系的大事件，这也许就是所谓的历史的宿缘吧。

甲午战争日本对世界的看法

作者：乌尔斯·马蒂亚斯·扎希曼
翻译：陶小路

中日关系

正如我们所看到的，一旦公众对战争的热情被唤醒，他们对自己的敌人中国人的污蔑有时达到令人咋舌的程度。然而，如果对这些战争沙文主义的表达信以为真、并把它们当成对中日关系所做的理智判断的话，就非常幼稚了。如果我们仔细去看的话，我们会发现在甲午战争后，日本对中国的态度仍然远远比预期要更为暧昧不明。

当然，尽管困难重重，但日本还是打败了中国这样的大陆大国，这让日本人感到十分欢欣鼓舞。报纸将此事与英国或普鲁士击败法国这些历史事件作比，并对此赞叹道，“一个四千万人的国家打败了一个拥有四亿人口的大国似乎完全不合逻辑。”此外，日本观察家很快给中国起了个新绰号“东亚病夫”，将中国与奥斯曼帝国进行比较。在甲午战争期间，这两个国家都被视为“世界共同的敌人”。

日本国内当时所表达的情绪并非都是对中国不利的。例如，1895 年 1 月（当时正处战争期间），10 年多前就曾预测中华帝国必定会崩溃的立宪改进党政治家尾崎由纪夫（1858—1954）在Taiyo杂志的创刊号中表示，中日两国应该在战后结成盟国（尽管两国的地位不完全平等）。此外，中国的惨状很快就第一次引起了日本人居高临下的同情。因此，1895年The Nippon宣布“我们必须加快援助中国”。文章认为，日本是一个公正而仁慈的国家，“投我以桃，报之以礼”，对别的国家的鲁莽行为则进行“劝诫”：中国是“朋友”，中国已经为自己对日本做出的无礼行为悔罪了。日本现在应该发挥它的力量帮助中国这个朋友克服它身上存在的问题。我们会看到，战争结束以后，随着中国的国际地位和国内情况变得越弱、越是不可逆转，在中日关系中这种有关中日友谊的表达就更占主导地位。

然而，从当时的情况来看，中国真正实力究竟怎样这个问题仍然有些让人难以捉摸。诚然，这场战争已经证明了中国的军事实力远不如日本。然而虽然有些人将“三国干涉还辽”解读为中国在外交上的全面崩溃，但是至少它让中国处在了一个胜者的位置。这给人制造了一种虽然日本在战场上赢了，但是中国在谈判桌上做出了补救的印象，这在一定程度上挽回了中国作为一个值得尊敬的对手的形象。The Nippon的联合主编三宅雪岭这样写道：

> 了解来自中国外交的技能！
>
> 中国的作战能力很弱，我以前也想过，但是，他们这样的表现是我所不敢想的。
>
> 中国的外交能力都很强，我以前也想过，但是，他们这样的表现是我所不敢想的。
>
> “中国猪尾奴（chanchan bo-zu）非常弱”
>
> 这句话绝对是真实的，但是
>
> “中国的李鸿章是个相当愚蠢的人”
>
> 这句话肯定是骗人的。
>
> 因此，如果我们可以教他们作战的技能，难道我们不应该向他们学习外交的技能吗？

此外，甚至有关中国潜在的军事力量仍然存在争议。在1897年著名的海军专家阿尔弗雷德·赛耶·马汉（Alfred Thayer Mahan）（1840—1914）在享有广泛读者的《哈珀斯》（Harper’s）上发表了一篇题为《20世纪的展望》的文章。他在文中预言西方和东方文明之间会爆发最后一战。马汉非但没有将中国排在亚洲各国的末尾，他认为刚刚觉醒的中国凭借其巨大的人口和丰富的自然资源有比日本更大的潜力，可以展现出更强大的活力。因此，在他对“东西方最后一战”的设想中，中国和日本的地位相当。福泽谕吉也于1898年承认中国拥有巨大的军事潜力，并且认为中国如果有合适的人训练、指挥士兵的话，中国会有足够强大的军队。讽刺的是，他所做的设想和马汉的完全相反，他认为西方列强会利用中国的潜力建立一只庞大的军队并生产武器和军舰，对日本构成威胁。

最后，即使人们没有认真对待这一类幻想，而是认为中国作为一个国家已经穷途末路了，这从某种意义上让中国人对日本的威胁加剧。如我们已经看到的，有关中国移民的问题是围绕着“混合居住”进行的公开辩论中最有争议的问题之一。1871年签订的中日友好条约因这场战争而被废止，其结果是：中国的治外法权被废除，但根据新的日本法律，针对中国人居住和迁徙的限制仍然存在。因此，即使在战争结束后一直到1899年，在日本的所有外国群体中是否应当只拒绝给以中国人混合居住权利的问题仍然饱受争议。原敬在他的指导性著作《新条约实施准备》中表示，1898、1899年的大多数日本人仍然坚决反对给以中国人混合居住的权利，即使在严格的限制下也不同意，他们宁愿日本没有中国人也不愿意让中国人融入进日本社会（原敬对此表示不同意）。日本人这种对中国人的恐惧在许多方面都类似于欧洲当时的反犹情绪，这种恐惧甚至因为日本人看到了中国的脆弱而加强了。1899年，德富苏峰在一篇赞美中国人的文章中称中国人身上的品质是日本人所没有的，但是在文章的结尾加上了一段预言，中国人身上所有的品质也因此都变成了威胁：

> 如果中国被瓜分，中华帝国从政治版图上被抹去，那么从那时候开始，中国人这个种族在世界上的影响会进一步增强。一旦中国人像

犹太人一样失去自己的国家，那么他们会像犹太人一样寄生在世界上的每一个国家，时而以工人，时而以金融家、商人的身份对他们暂时居住的国家施加压力以及行善事。

如果用数字来说的话，中国人比犹太人优秀50倍。不必说他们这个种族所具有的会让世界为之颤抖的品质！

日本政府最终在1899年取消了对中国人自由迁徙和居住上的限制，不过“外国工人”（指中国人）还是必须得到官方许可才可以在日本居留和工作。

以上情况应该足以说明，无论是在国际上还是在日本国内，日本对中国和中国人的态度即使在甲午战争结束后仍然是不明晰的，其中混合着必胜的信念和焦虑感，这种情况至少在一些年中都是如此。

日本的全球化地位

战争的辉煌战果让许多日本观察人士对自己国家作为世界强国的未来产生了希望。因此，在1895新年Taiyo的第一期中，中西牛郎对日本的国际地位做了设想，他所设想的国际地位放在今天就是所谓“超级大国”所享有的国际地位：

我们作为一个国家的责任在于让日本全民族团结起来，让日本成为世界各大国的中心，激发各大国的活力，保持大国之间的和平；制服当中强大且暴力的国家，帮助弱小的国家，带领其中的无知者，促进和推动尚未获得启蒙者的发展，这乃是我们的职责。

虽然中西牛郎的天真设想会引人发笑，但毫无疑问的是，他的同时代人意识到这场战争无论在日本国内还是在国际上都给日本带来了“刺激”，也意识到了这场战争所带来的“国际化”效应。《国民新闻》在1895年以其特有的警句式语言刊登了这样的话：

> 我国国运重要转折
>
> 此次与中国一战令我国为之一振，令我国国民始有民族意识。
>
> 此乃非常时刻，我国正处历史分水岭。我国国运之最大转折即是现在。

因此，虽然事后来看中日战争，人们常常会说日本将中国从自欺欺人的鸦片幻梦中惊醒，但是其实是日本通过这场战争在战后迅速成熟起来并且意识到自己在国际政治中的作用。内村鉴三以及其他对战争持反对意见的人可能会对战争的间接后果存在疑虑（他们觉得日本才醒来便变得和其他基督教强国一样“堕落”了，他们在这个意义上对战争的间接后果存在疑虑）。然而，他们也从来没有否认这场战争的益处，是终于让日本真正地向世界敞开了国门（反过来说，世界也真正地接受了日本）。战争结束五年后，文学评论家、汉学家和记者田冈岭云（1870—1912）这样来评价这场战争所带来的影响：

> 即使我们没有因为1894年到1895年的这场战争获得台湾或者巨额赔款，它也让世界承认了我们，与此同时，日本民众原来的心态很狭隘，这场战争令他们的视角拓宽，使其成为世界视角。中国虽然遭受了惨重的打击，但是正因为此，它现在必须争取自强并且要意识到改革是不可避免的。

日本的全球地位也让日本人在战后对日本在海上的地位抱有了更高的希望。因此，1895 年 1 月，日本贵族院议长近卫笃麿认为，鉴于势不可当、迅速发展的交通网络已经蔓延到了世界最偏远的角落，日本现在必须利用其天然的地理优势争取日本在东亚的“海洋权”：

> 在未来，等到西伯利亚铁路全面连接，尼加拉瓜运河修筑完成之后，西方和亚洲之间的贸易将比以往任何时候都要蓬勃，日本所处的

地理位置难道不是正好在这条主要的交通干道之上吗？等到那个时候，如果我们没有将太平洋、日本海和中国海的航运权抓在手中，如果我们没有成为东亚的海上霸主，那么我们就等于扔掉了大自然赐予我们的优势，将其拱手让人。

不幸的是，甲午战争也扩大了西方列强的视野，它们对东亚的野心再次被唤醒，它们不愿让日本轻易地在东亚获得权力（更不用说对东亚的主导权）。三国干涉还辽便是第一个例证。我们前面已经说过，可能是由于后来的事态发展影响，公众对这一事件的反应往往被片面地解释为对干涉还辽的三个国家所做的不公正行为的强烈抗议。政府也因此受到严重谴责，尤其是因为它严重低估了战争的国际化影响。1895 年 6 月，陆羯南将“国际干预”视为权力关系全球化的正常结果：

国际社会对一国国内政治的干预不合乎常规，但我们要承认，国际干预在国际政治领域是件相当常规的事情。我们这个时代有陆地和水上的交通工具，贸易通道贯穿于东、西方之间，世界上所有国家的利益自然相互关联，从这些相互之间的关系中产生了相当混乱的权利和义务。如果主动开放的确是我们的外交政策，那么我们从最初就应该明白，我们对外开放也就是允许了其他国家对我国所有外交事务的干预。如果我们因此也介入到其他国家的外交事务中，这难道不是因为我们意识到这种介入是对我国利益的延伸吗？

因此，从积极的角度来看，三国干涉还辽也可以被视为日本新近在世界所获得的地位的证据，另外它也为将来日本为自身利益要求对外进行干预创造了一个先例。

联盟与合作

东亚的"全球化"让许多日本观察家相信日本需要结束孤立，与一个西方强国结盟。这是在公众舆论上发生的一个根本变化。在此之前，日本人曾经短暂地有过与西方强国结盟的想法，然后很快因为这个想法不切实际而选择放弃。日本在战后逐渐放弃了凭借一国之力参与国际竞争的想法，因为这种做法会给日本带来很大风险；与此同时，日本也开始认真考虑结盟问题，这一方面也反映了日本对自己上升的国际地位的意识增强。

三国干涉还辽的消息公开后，日本国内即刻发出要求结盟的呼声，当时报纸也可以再次出版了。1895年5月29日的《国民新闻》注意到了近期的现象："我国民众呼求我国必须与外国结盟。"不过，是否应该结盟以及与哪个国家结盟仍然存在争议。1896年，《朝日新闻》这样描述当时的论证：

> 我们可以把讨论我国外交政策者大致分为两派：主张英日同盟者和主张俄日同盟者。自日本将辽东半岛交还中国以后，许多人意识到日本仅靠自身力量无法维持东亚和平，因此，他们相信日本必须与一个强国合作。他们在选择合作的国家上有不同看法，有人选择英国，有人选择俄国，但是他们都认为继续孤立下去是不可能的，从这个意义上可以说他们的看法是相同的。但他们难道不是一些病好后却依然无病呻吟之人吗？

这篇登在《朝日新闻》的作者主张第三条道路，也就是继续奉行传统的孤立政策。

从很早开始，多数日本人视英国为结盟的最佳选择。但是，应该指出的是，即使是英日同盟最热心的倡导者在战争结束初期仍然对此有所保留，这主要是因为他们认为两个国家之间的文明程度存在差距。例如，《时事新报》一贯倡导与强国结盟，因而支持外交部中有影响力的如林董（他本人也为《时事新报》

撰稿）或加藤高明这样的倡导结盟者。然而，福泽谕吉很清楚地表示与英国这样一个超级大国结盟是日本未来的希望。现在的日本还不够强，因此日本现在要做英国的合作伙伴还不合适，因为英国当然也会想从同盟关系中受益。福泽谕吉认为日本还达不到世界最文明国家的标准。1895 年 7 月的《国民新闻》也对英国是否能成为日本的盟国持怀疑态度，并且刊发了一个英国作者对此的意见，这位作者给出了否定的答案。然而，到了 1898 年，由于远东危机的影响，《国民新闻》成了英日同盟最热心的支持者之一。

真正的在文明之上的竞争开始

日本对自身的实力和地位的认识有矛盾之处，从某种意义上看，这种矛盾与战后西方国家对日本的评价相似。一方面，西方观察家仍然对日本采取居高临下的态度，不承认日本所取得的成就与西方国家相当。另一方面，因为日本的胜利，一种反日的种族主义在欧洲兴起，无论这种种族主义背后的动机怎样政治化以及存在多少谬误的地方，它们都暴露了欧洲国家对日本近期国际地位的上升所存有的潜在的焦虑。这两种态度，反过来向日本观察家表明“真正的文明之上的竞争”才刚刚开始，日本必须更加努力来证明自己和欧洲国家一样文明，或者最终证明自己比欧洲国家更文明。

有人认为，日本因为在甲午战争中获得胜利，所以西方马上就把日本视为“它们中的一员”，视其为文明国家和世界大国中的一个。然而，这样的表述有些夸大。尽管我们可能要承认西方国家中的一部分公众对日本的胜利不吝赞颂之词（这与战争刚开始时人们对日本的贬低、有时甚至带有敌意的言论形成了鲜明对比），然而这并不意味着它们认为日本与西方列强同样强大。毕竟，日本仅仅是“赢得一场与一个瘸腿之人的比赛”。《北华捷报》便是持这样的看法：

> 因此，虽然我们可能会承认或者完全愿意承认，日本这样一个30年前还处于异常残暴的封建体系奴役下的国家，却在此次战争中展示了其作战策略，展现了作为一个东方强国的实力，从这个意义上说，

日本的表现非常出色。日本肯定是具备征服当下中国的实力的。然而，征服一个无力反击的国家只是徒有其名。在一场赛跑中赢一个瘸腿之人可能也是获胜，但是这样一种胜利所给人赢得的赞誉很难让人感到骄傲和满意。奇怪的是，这样一个事实似乎被日本国内的报纸所忽视……

《北华捷报》在战争初期持极端反日立场，它对日本所取得的成功的贬低多是因为这种反日情绪。然而，即使是阿尔弗雷德·赛耶·马汉也表示，事后来看，日本的胜利没有给他留下太深刻的印象。他在前文所引述的文章中这样评述道：

日本人显示出了强大的力量，但他们遇到的阻力很小；要管理、控制一个有四千万人口的岛屿国家比在中国这个拥有辽阔土地和十倍之多的人口的国家要容易。

如果如马汉这样公认的权威人士表达了这样的观点，我们可以肯定许多人都会认同这个观点。

另一方面，日本所展示的力量导致了欧洲反日的种族主义情绪上升，这种种族主义情绪表现为“黄色人种威胁”或对“黄祸”的恐慌。日本很早就对欧洲国家这一新变化很了解。1895 年 7 月的《国民新闻》就已经刊登了下面的新闻片段：

黄种人的崛起

……着实让一部分欧洲人感到惊恐。Chuiiru将军【这是一个具体姓名不明的匈牙利将军——译者注】还指出：“日本用了25年取得了其他国家用几百年才取得的进步。最重要的是，如果中国也从沉睡中醒来，那么欧洲肯定再也无法安然入睡了。难道欧洲国家真的有时间窝里斗来削弱各自的实力吗？”

描述“黄祸”最著名的是克纳科弗斯（Knackfuss）的绘画，这幅画是由德皇威廉二世于 1895 年令克纳科弗斯按照他的要求所绘制，随后他将这幅画的副本送到欧洲各国以及俄罗斯的统治者和政治家手上，并将其在德国军舰上展示。这幅画的题词是“欧洲各民族联合起来，保卫你们最神圣的财产！”，日本很早对这幅画很熟悉。《国民新闻》早在 1896 年 1 月就刊登了这幅画的草图（相比之下，俄国沙皇收到这幅画的一个副本已经是 1895 年 9 月以后的事情了，俾斯麦则是在 1895 的圣诞节才收到）。

日本观察家当然不同意反日的种族主义，我们将在泛亚主义的背景下再来讨论这种反日种族主义的影响。然而，许多日本评论家确实同意这样一个观点，即：战胜中国并不意味着赢得文明上的竞争，这场文明上的竞争才刚开始。福泽谕吉警告他的同胞“不要因为这场胜利所带来的虚荣而自傲”。他认为，打胜中国“也就不过是击溃了一个老旧、腐朽的东西”。即使是明治维新后的现代化时代也是没什么太值得骄傲的。毕竟，在这场战争以前，日本需要处理的外交关系一直比较简单，日本当时还处在一个受庇护的位置。如今情况不同了，在这个全球化时代的东亚地区，日本将不得不面对西方列强强大的竞争力量。

选自《明治晚期的中国与日本：对中政策与日本国民身份话语》，China and Japan in the Late Meiji Period: China Policy and the Japanese Discourse on National Identity, 1895—1904。

interview | 访 谈

佐藤慎一

1945 年生于日本千叶县，1969 年毕业于东京大学法学部，1972 年任东北大学法学部副教授，曾任东京大学文学部学部长，现任东京大学大学院人文社会系研究科教授。主要译著有柯文的《在中国发现历史》。主要论文有《演论以前的进化论》（《思想》第 792 号，1990 年）、《康有为与和平思想》(《日本政治学会年报》，1992 年)、《模仿与反驳》(《中国—社会文化》第 4 号，1989 年) 等授。

晚清中国知识精英的图景：佐藤慎一访谈

采访：许知远、李礼
翻译：马宏健
整理：叶亮、王君妍

观念的变革是社会变革的前奏，转型前夜最能感受到山雨欲来之冲击的群体，无疑是对时局敏感而感怀伤时的知识分子。近代中国更是如此，每一次政治变动都由知识分子的推动而引起，经世致用而洋务兴、自强保种而变法行、三民主义而革命起、民主科学蔚为“五四”狂潮。

佐藤教授自 1964 年进入东大伊始即怀着对中国社会的好奇，将中文作为第二外语。在求学过程中，他深受丸山真男和岛田虔次的影响，浸染于东亚思想的世界，并从东亚思想的深层结构中把握中日近代思想家的脉络。在他的笔下，王韬、何启、郑观应、严复、康有为、梁启超被赋予重塑中国世界观的历史定位，打开了近代中国思想研究的另一种认识途径。本刊就知识分子在近代中国的作用、中日知识分子的比较及各自在本国的影响专访东京大学佐藤慎一教授。

东方历史评论：您是从什么时候，又因为怎样的原因开始关心中国近代知识分子的呢？随着研究的进行，中国近代知识分子的形象是否在您心中有所变化？如果说中国近代知识分子具有共性的话，那您觉得这是什么呢？

佐藤慎一：首先我来自我介绍一下吧。

我生于 1945 年，1964 年四月开始就读于东京大学。那时候日本经济正开始迈入高速增长的道路。我记得那年秋天，东京举办了奥运会，并且还开通了东海道新干线。当时的东京大学的外语教育制度是：每个学生在必修英语的同时，还要从法语，德语或者中文选出来一门语言作为第二外语来进行学习。当时我从中选择了中文，说明了我对中国历史或社会的关心程度应该要高于同时代学生的平均水平。我之所以这么说，也是因为在那一年进入东京大学学习的 2660 名新生中，只有 42 名新生选择了中文作为他们的第二外语。顺便提一下，日后成为朝日新闻记者的船桥洋一，也曾是我中文班的同班同学。

这里我想多说几句，随着中国的发展，选择中文作为第二外语的学生越来越多了，2011 年的 3000 名新生中，选择中文的学生相比过去已经大大增加，人数超过了 900 人（大约占全体的三分之一）。但是近来受到中日关系恶化的影响，之后选中文的学生每年都会大约减少一百人。到了 2014 年，大约只有 600 人选择学中文了（大约占全体的五分之一）。总的来说，现在的学生在可以选择西班牙语、意大利语、俄语、韩语等更多语言作为第二外语的情况下，仍然还会有大约五分之一的学生选择学习中文，这一方面说明了中国依然享受着较高的关注度，但另一方面近期急剧的减少趋势也让人担忧。

在日本的学校里面，绝大多数对中国历史、文学或者文化感兴趣的学生都会选择攻读文学部，而我却选择了在法学部攻读政治学。而其中研究日本政治思想史的丸山真男老师的讲座对我产生了决定性的影响，并成了我日后下定决心致力于学术研究的契机。丸山老师作为一名学者，在对荻生徂徕等江户时期的儒学学者的思想进行分析后，清晰地总结了如下的转变过程：把将政治视为“自然”的世界观，到将政治视为“人的作为”的世界观。而如果用这样的方法（既区别于马克思主义也区别于实证主义）来分析近代中国思想的话，或许能总结出跟以往不同的近代中国思想史的形象。我在发生“东京大学事件”[1] 的 1969 年从东京大学毕业，就直接留在东大法学部当助理，并开始进行中国近代史研究了。我在思想史研究过程中，虽然也有对民众思想的研究内容，但由于受丸山老师的影响比较大，所以一开始就理所当然地将研究知识分子思想作为研究对象。

在当时的中国思想史研究中，士大夫被认为是一个“过时的存在”，“需要被克服的存在”，但是我并不认同这种说法。如果跟我们 20 世纪后半段的知识水准进行比较，他们所写的内容乍一看确实显得陈旧且迂腐。但是在分析他们所说内容时，如果能考虑到他们所处的环境的话，就可以发现他们所说的内容中根本就不存在“陈旧”的成分。我想把他们思想中的可能性重新挖掘出来。

我是无法同意这样的观点的。我虽然承认革命思想史具有描绘中国思想史的“一种可能性”，但是其他可能性也是应该存在的。而我自身更愿意去追求其他的可能性。

我的第一部作品是写于 1972 年的一篇论文《清末启蒙思想的形成——以世界观的转变为中心》（清末啓蒙思想の形成—世界像の転換を中心に），该文以中国和西方的接触作为思路的立足点，分析了六位对克服中华世界观（将中华文明视为世界上唯一的文明，并把中国作为其中心的一种世界观）和重塑新的世界观有贡献的知识分子的思想。这六位分别是王韬、郑观应、何启、严复、康有为、梁启超。在当时的中国，他们就被归为“变法派”或“改良派”，虽然相对于“革命派”而言，都是属于“落后的存在”，但是我对他们在为转变世界观上所做出的贡献给予了高度的评价。

东方历史评论：很多人都非常关注中国的知识精英从传统的士大夫转变成具有近代意义的知识分子。您对这个过程有什么看法呢？或者相对于

[1] 编者注：日语为“东大纷争”（とうだいふんそう），1968 年夏至 1969 年初，由东京大学学生发起的一场学生运动。当时的东京大学半数以上学生参与了这次运动，并构成了日本全国学生运动的一个重要组成部分。其中最著名的是“东大安田讲堂事件”，1969 年 1 月 18 日、19 日，东京大学本乡校区遭全学共斗会议占据，之后被警视厅解决。此次事件也被称为东大安田讲堂攻防战。因为这事件的影响，次年东京大学的入学考试终止办理，没有人能入学。

这种观点而言，您是否有不同的见解呢？

佐藤慎一：英文当中，把中国的士大夫翻译成Scholar—Official（学者—官僚）。也就是说，对王朝体制下的中国而言，原则上能做官的人只局限于有学问（儒学）的人士，而做学问的目的就是当官之后的经世济民。这两者在双重意义上将学问和政治结合到了一起。然后将学问和政治结合起来的制度就是科举。

我认为科举是一种非常优秀的发掘人才的机制。首先，科举所看重的是个人的文化能力，而跟父母的家族背景或者地位无关。其次，该机制是一个非常开放的机制。只要是男人，不管是家境贫寒的农民之子，还是朝鲜人或者是日本人，都可以参加考试。对贵族制持批判态度的欧洲的知识分子曾经称赞过科举制度的公平性，而英国在19世纪50年代左右推出公务员考试制度时，据说也是将科举作为其模板的。科举之所以能持续上千年以上，还是要归功于其优秀的机制的。

20世纪初期，士大夫失去了其存在所需要的政治和社会条件：王朝体制的崩塌，科举制度的废除，儒教也失去了其权威。就在这个时候，士大夫开始了向近代知识分子的转变，在这个转变过程中我认为有两个对称轴。

其中的一轴代表了有关如何与政治保持距离而产生的对立。一方面认为，知识分子有经世济民的责任，应该积极参与政治并尽力完成知识分子所负的责任。另一方面认为，知识分子的任务就是专攻学术，且知识分子应该超越现实的政治，潜心专注于学问当中。

另一轴代表了关于思想自由的对立。一方面认为，在知识分子用真理来引领人们的前提下，知识分子自己需要将其所视为真理的思想体系唯一化，并排除跟该真理所对立的其他所有思想体系。另一方面认为，思想自由才是社会发展不可或缺的条件，拒绝给予特定的思想体系以特权，坚持贯穿多元主义思想。

中国近现代知识分子的转变过程，可以被视作这两个对称轴复杂地相互作用而产生的结果。我们把认为知识分子有责任治国平天下，且以为马克思主义是唯一真理的人们称作“革命的知识分子”，而人们的关注点一度也仅仅局限在了“革命的知识分子”的诞生过程。但在我看来，其他各种各样的可能性也同样值得我们关注。

东方历史评论：大多数人会用“激进（急进）”一词来评价清末的中国知识分子中的精英。您的著作《近代中国知识分子与文明》指出他们特别受到了“法兰西革命观”的影响，我们对此产生了浓厚的兴趣。在您看来，中国的知识分子们对于革命有着怎样的理解呢？又是什么样的因素引发了辛亥革命的爆发呢？

佐藤慎一：“革命”这个说法源于《易经》，本是属于中国传统的概念。但是因为在明治维新时期日本人曾将French Revolution翻译成了“法兰西革命”的缘故，“革命”一词就有了推翻陈旧而落后的制度并建立起全新的政治秩序这样的新含义。清末，志在推翻清王朝的中国人一开始将自己的企图称为“起义”或者“造反”。直到日清战争后，他们才开始用“革命”一词来说明自己的思想或者行动。

中国人在接受新事物的时候，习惯于在思想上用“实际上其在中国原本已存在”这样牵强的逻辑进行一番解释后再接受。这是因为中国人认为中华文明或许必须要以具备“所有”有价值的事物为前提的。在接受佛教时是这样的，而在接受科学技术时也是这样的，接受“革命”这一概念时依然是一样的。在1905年著有《中国革命史论》的革命派人物陈天华就认为，革命的先驱源自秦末的农民造反，并曾主张中国具有应当被继承的革命历史。而另一方面，在1903年著有《革命军》并对宣传革命思想做出了巨大贡献的邹容认为，像法国革命这样创造了近代社会的革命才属于“文明革命”，而中国历史上存在的以专制君主替代提专制君主的行为只能属于“野蛮革命”，故主张中国不存在应当被继承的革命历史。

之后的历史中，认为革命在中国历史中存在先例与否的争执也会以不同的形式出现。而中国共产党最终做出的解释也具有双重性。也就是说，一方面，在把中国革命看作新民主主义革命时，这就属于在中国历史上（甚至在世界史上）没有先例的尝试。而另一方面，在把中国革命看作农民造反的延续时，这就属于继承了中国历史上应当被继承的先例而进行的尝试。

在甲午战争败北（1895）后，改革思想开始在中国人中间产生影响。而在义和团事件（1900）后，革命思想开始在中国人中间产生影响，这两者之间的间隔非常小。对于“被瓜分”的恐惧是革命思想急剧传播的原因之一。当时欧洲列强正在对非洲进行分割，如果任由事态发展，中国很有可能像非洲一样被瓜分，在这种恐惧下产生了改变现状的强大动力

另一个原因可能在于，清王朝是由满族统治的。清末的革命运动，虽然既有以驱逐满族为目标的排满革命的一面，也有以打破皇帝制度，树立全新的共和制为目标的共和革命的一面。但是在革命运动扩大的过程中，易于被人理解的排满革命为凝聚多数中国人做出了巨大的贡献。而当时革命派知识分子对于关于打倒封建君主制度后如何建立共和体制这一问题的想法，还是非常不成熟的（在二十世纪初期，列强中采取共和制的国家只有美国和法国，而大部分国家还是君主制国家。不但是对于中国人，对于整个人类而言，关于共和制是否是优秀的政治制度这一问题都是无法进行回答的。直到第一次世界大战结束后，才出现了君主制全面瓦解的局面）。虽然“假设”在历史研究中是一大禁忌，但是如果清王朝是汉族的王朝的话，中国的近代史有可能会走向完全不同的道路。

有人认为辛亥革命是一场由中国同盟会领导的革命，且其指导思想遵循了孙文的三民主义，我不赞成这样的看法。辛亥革命前夕，同盟会还处在分裂的状态，而且孙文的边境革命路线也不停地遭受失败。在同盟会中，也只有兴中会的人赞同孙文的三民主义，且辛亥革命在武昌爆发时，孙文还在美国，直到看了报纸才知道发生了起义一事。

1911 年 10 月 10 日武昌新军起义后，各省相继脱离清朝并宣布独立，独立后的省份的代表相聚后成立了中华民国临时政府，由此实现了辛亥革命。从武昌起义到 1912 年 2 月 12 日清朝灭亡，仅仅经历了 4 个月的时间。而且各省走向独立的过程基本上没有发上流血事件。1909 年，为了响应强化地方自治的要求，清政府在各省新设了咨议局，咨议局的议员大部分来自乡绅阶层（地主阶层），而议长等领导阶层大多是拥有留日经历的改革派人士，正是这些人物宣布了各省的独立，他们绝非革命派人士。他们之所以放弃清朝，是因为认为如果清朝继续存在下去的话，就会有发生真正意义上的革命的危险。他们非

常清楚法兰西革命造成了多么巨大的政治混乱。如果在面临“被瓜分”的处境下发生这样的混乱，中国一定会陷入非常危难的处境。所以他们选择了在打到清朝后迅速恢复秩序的道路，而为了恢复秩序则拥护了强硬派统治者袁世凯的上台。所谓的辛亥革命，我认为是一场为了提前防止真正意义上的革命的爆发而进行的一场革命。

东方历史评论：众所周知，日本对于近代中国知识分子的诞生具有重要的影响。但是大多数人认为在这个过程中日本是他们学习西方的现代思想的一种媒介，从而忽略了少数日本思想家对于当时流亡在日本的中国知识分子造成的直接或者间接的接影响。您对这点有什么想法吗？

佐藤慎一：我认为日本对于近代中国知识分子造成的最大影响在于，日本将西方思想翻译成和制汉语后大量传入中国。从幕府末期一直到明治时期，日本在学习西方思想与学问的过程中，用汉字制作出来了许多翻译词。而在甲午战争结束后，与日俱增的中国留学生们学习并接受了这些翻译词。人类是用语言进行思考的，也就是说，连作为“思考的工具”的语言都彻底被这些翻译词所替代了。这件事情的重要性再强调都不为过。这说明了中国人不再使用由儒家经典赋予了一定含义的语言体系来思考问题，在这个层面上，和制汉语的大量涌入，在传统的知识分子转变成近代的知识分子的过程中起到了重要的作用。

关于各个日本思想家对于中国人造成的影响这方面的研究，在日本并不是十分发达。在日本，日本思想研究和中国思想研究之间存在之隔阂，其现状就是日本思想研究者基本上不知道同一时期中国的思想状况，而中国思想研究者也基本上不知道同一时期日本的思想状况。为了突破这个隔阂就需要中国思想研究者和日本想研究者共同进行研究了。作为该领域的成功案例，京都大学人文科学研究所曾以狭间直树先生作为牵头人，进行过有关梁启超的共同研究。作为共同研究结果出版过《梁启超——近代西方思想的接受和明治时期的日本》（みすず书房、1999）一书，而在该书中就明确指出了福泽谕吉和德富苏峰的思想对于梁启超的影响。

但是受影响和为之倾倒还是有差异的。严复在英国留学时就倾倒于斯宾诺莎的思想，然而我认为很少在中国留日学生中会出现有人倾倒于日本思想家的现象。

东方历史评论：很多的读者都认为，在您的研究中，特别强调“文明”这一角度，这属于比较新颖的研究方法。虽然我认为这样的视角是对于以往政治色彩过重的思想史研究的一种修正，但是您发表研究思想的时候是怎样的心境呢？有很多人认为思想史研究这一研究领域过于虚无，那您一直以来是以什么样的心态来做这门学问的呢？

佐藤慎一：上面我也提到过，我的处女作是一篇叫作《清末启蒙思想的成立》论文，而第二部作品则是《文明和万国民法》，大概是 1970 年代的作品了。虽然绝不是什么“新”作品了，但是可能在中国读者们的眼里，文明这一观点还是比较有新意的。

文明和文化两者相区别是我的一个前提。相对于文化涉及的是民族等不同团体所表现出来的个性而言，文明是超越个别民族而具有普遍性的东西。另一方面，帝国也是一个超越民族或者国家的一个概念，所以帝国和文明两者可以非常密切地结合起来。近代以来，随着中华帝国的土崩瓦解，儒教也遭受了猛烈的抨击，在这种情况下我对于中国的知识分子如何探索新的普遍性一事产生了兴趣。这是因为知识分子的作用就在于，将自身置身于个性之外，用普遍主义的思维思考共性。

像以往那样的大思想家的时代已经过去了。在日本也一样，即使有评论家和学者，也不存在具有巨大影响力的思想家了。我认为在中国情况也是差不多的。在这样的环境下，年轻人对于思想史的关注度也可能变得小。

但是，思想史的研究对象不仅仅局限在大思想家的思想。就比如说，我认为分析安倍的“思想”是一件既有可能性也有必要性的事情。安倍是以怎样的思路来理解国际关系的，或者是以怎样的思路来理解近现代历史洪流的，这些问题都应该会影响到他的政策的深层次部分，所以我认为无论对他的好恶（我不喜欢他）与否，都应该把他作为研究对象。

在构想思想史之际，我认为重要的是要去追溯思想家当时所处的环境，然后尽可能从内在的角度去理解其思想的意义，而不要从结果出发去进行推算，或者把现代的价值观映射到过去后，并以此进行评判。

例如，就关于1880年代中国建设铁路的正确与否产生了争论。从现代的价值观来看，谁都知道铁路有利于提高社会的便利，很多研究者把这样的观点投射到过去后，把铁路建设推进派归为进步派，把铁路建设反对派归为反动派，我认为这样随意地扣大帽子的行为一点意义都没有。我这么说是因为当时的中国已经处于人口过剩的状态，劳动力的佣金价格低到令人吃惊，所以大量使用劳动力比投入使用机械化产业的成本更低。再者，一旦铁路建设完毕，运输业中的大量劳动力会就会面临失业。运输劳动者中的多数是秘密团体的成员，可谓在当时的条件下最具组织的劳动者。所以大量的运输劳动者一旦失业，那么发生叛乱的可能性就会急剧增高。实际上，之前就有类似的先例。鸦片战争结束后上海被迫开港，长江沿岸的物资都堆积到了上海，并在此装船后向外国进行出口，因此鸦片战争之前的广州航线开始衰落，并造成了在这条航线上工作的大量运输劳动者失业。他们日后成了太平天国军的核心。19世纪后半段的中国政治家的基本想法就是，预防类似于太平天国运动这样的大叛乱的再次发生，所以如果政客认为建设铁路会再次引起大叛乱的话，那他当然会反对铁路的建设。有不少像这样今天看来不合理的行为，其实在当时的情况下是十分合理的。我认为思想史有趣的地方就在于可以复原这些事物。

东方历史评论：您长期关注中国的学术界以及有关中国知识分子历史的研究，您认为在这个研究领域中有哪些事物能启发人们思考，然后又有哪些不足之处?

佐藤慎一：我之前也写到，我不赞同把中国近现代思想史描绘成以毛泽东思想为目标的革命思想史的做法，所以中国研究者在“文化大革命”及其延续时期内所发表的研究成果对我没有造成任何的影响。

直到读到李泽厚所著的《中国现代思想史论》时，我才觉得“这是一本有意思的书”。其中我觉得特别有意思的是一篇叫作《启蒙与救亡双重变奏》的论文。在这篇论文中李泽厚先生描述了中国现代思想在面向“启蒙”时动态和面向“救亡”时相互交错的过程。李泽厚先生主张，之前被混为一谈的五四新文化运动中，五四运动应该被理解为“救亡运动”，从而与作为“启蒙运动”的新文化运动相区别。我认为这简直是一针见血。

李泽厚先生认为，在此之后中国思想发展的趋势可以被看作“救亡”把“启蒙”压倒的一个过程，一方面充分承认了必须优先“救亡”的必要性，一方面又指出因忽视“启蒙”而产生的问题，从而主张现在中国应该采取措施优先实现“启蒙”的复苏。马克思主义也好，毛泽东思想也好，在中国都共同属于“救亡”思想的范畴，且因为都是成功的“救亡”思想的缘故，从而拥有了巨大的影响力。

东方历史评论：您上丸山真男的课，对他的印象是什么？他个人的教学风格是什么样的？

佐藤慎一：他特别擅长和人交谈，不会把自己的想法强加给你，而是会在交流中做一些准备。比如我们谈完自己的体会后，他不会说你的想法不准确，而会问从另一个角度怎么看。他常常从另一个角度来引导你，让你有新的体会。我从丸山先生那里学到的是一个事物肯定不会只有一个结论，特别是思想史这方面。

思想史研究的责任和视角必须要确定，然后要把看到的东西明确化。但是选择哪一个视角是学者的责任。丸山先生最强的专业是思想史，最开始研究的是江户时代思想史的现代化和合理化，后来他又从另外一个角度“被压抑的武士精神”焕发出新的东西。这并不是矛盾的，我也是从他那儿学到这些。

中国人写的是革命的思想史，革命思想是正确的，结论是毛泽东思想。换一个角度，还有另外一种看法，这是我当初的出发点。蒋介石是反动的吗？他也做了很多现代化的努力，对他应该还有另外的看法。我也愿意在这方面做一些研究和探讨。

东方历史评论：丸山先生会在课堂上谈到中国思想对日本的影响吗？或者说他会谈到中国吗？

佐藤慎一：基本上没有。非常遗憾的是，丸山先生在1968年生病，辞去了东大的教职。当时正是中国发生“文化大革命”的时候，日本的大学充满纷争，大学生也对丸山先生进行攻击，所以他就住院了，没有回到东大。我作为研究者，到他家里开一些私人的学习会，向他学习。在中国的“文化大革命”中很多知识分子受到迫害，在日本像丸山先生这样的自由知识分子也被逼问“你站在学生这一方，还是敌对那一方”。中间的人反而受到攻击和迫害。

东方历史评论：您当时选择站在中间，当时的革命气氛对您有什么影响吗？

佐藤慎一：这很难说。首先，有左派和右派，民主主义青年还有新左翼，这就是当时所谓的左派；另一边是改良派，我可能在这个位置。

新左翼带着头盔拿着棍棒，开始发生暴力了。我是不喜欢暴力的，从心底里接受不了，不想去伤害别人也不想被别人伤害。

东方历史评论：您的研究兴趣是如何产生的？是因为当时中国革命形势对您的影响，还是读到什么样的书、碰到什么样的事情，让您真正开始研究中国？

佐藤慎一：1964 年我进入东京大学，“文化大革命”是 1965 年。我对中国当然是感兴趣的，所有对中国感兴趣的日本人对“文化大革命”的爆发都非常惊异，因为以前的中国领导人是精诚团结的。所以进行了革命，或者朝着国家建设这方面一直推进。但是突然分成了两派：革命派和走资派，到底是怎么回事，大家都理解不了。

这些日本人分成三组。一组是相信中国的，“文化大革命”是正确的、了不起的运动，大部分的研究者是第一组；从世界史的角度来研究是第二组关心的问题，因为中国已经发生了革命，共产党建立政权，在革命成功之后再进行革命，世界史上没有前例；第三组相信这就是在中国发生的权力斗争，虽然有各种意识形态，但核心的是权力斗争。我是第二组，我不是马克思主义者，也不认为毛泽东是神，但是对中国发生的事情非常感兴趣。为什么发生这些事？当时很难理解，现在也同样。

东方历史评论：为什么当时的研究选择从晚清的中国开始呢？

佐藤慎一：我当然对现代感兴趣，但是现代的形成有一个过程。中国人的说法是一条路，我想回到历史中探讨是不是还有另一种路径。所以当时引起了我的浓厚兴趣。从分析现代中国入手的话材料太不够了，因为你当时接触的只有“文革”的好的消息。19 世纪的中国材料很多，特别是台湾也有很多。

东方历史评论：最初您选择的六个人，王韬、郑观应、何启、严复、康有为、梁启超他们这些人，您个人最欣赏谁？您觉得谁的思想最深刻？

佐藤慎一：梁启超。

东方历史评论：为什么呢？

佐藤慎一：作为知识分子，他具备知性的变化。知识分子的作用是什么？在这个混沌的世界，在漫长的历史中具有什么意义？在广袤的世界中，中国存在于什么样的位置？构建这样宏大的地图，中国应该从什么样的方向走？这是知识分子的作用和责任。以前的中国知识分子描画的世界地图都崩溃了，描绘新地图是由梁启超完成的。

东方历史评论：您认为在日本历史上，什么样的人和他的作用类似呢？是福泽谕吉还是德富苏峰？

佐藤慎一：我认为是福泽谕吉，当然对福泽的评价也是多种多样的。丸山先生对他的评价非常高，马克思主义历史学者认为他是一个资产阶级思想家。我之所以高度评价福泽谕吉，是因为丸山高度评价他。另外，他跟梁启超起到了相似的作用。但是福泽和梁启超生活的时代相差 30 年，这 30 年意义很大。梁启超的时代已经进入帝国主义的时代，国际形势完全不一样。如果我再能活三十年，我希望把他们俩做一个比较的研究。

东方历史评论：说到比较就非常有趣了，其实福泽谕吉跟王韬是一代人。中国在 19 世纪中叶试图自我变革，一直到康梁的百日维新。在日本的维新成功了，但在中国却失败，您认为原因到底是什么？

佐藤慎一：还是中国文明太伟大了吧，比如科举是一个很了不起的制度，英国在 19 世纪开始通过考试选举公务员，这是借鉴了中国的科举制度。中国的制度作为 19 世纪英国的样本，已经持续千年。可能中国人对自己的文明非常有自信，不到无路可走的情况下不会打破这种文明。我也在书中写到，日本有文明开化，中国没有，中国人相信自己就是文明。欧洲虽然产业技术发达，但是中国没有把它们当成文明。王韬 1870 年已经看到了英国，了解欧洲的文明，福泽在同样的时间去了美国和欧洲，所以他写了文明概论。他领导了日本的文明开化，但王韬不敢说欧洲是文明开化。更悲催的是，他晚年参加了科举考试，而且还落第了，严复也是。相信自己国家才是文明的清朝政府没有接受王韬和严复这样的先进知识分子。如果他们被政府认可的话，中国的体制是持续不下去的。儒教思想的知识分子才符合他们的体系，西洋式的知识分子进入官僚体系，政府就会崩溃。

东方历史评论：根据您的研究，抛弃掉体系和思维方式的不同，单纯从个人能力来比较，严复、王韬、梁启超康有为和日本的福泽、伊藤博文有可比性吗？哪边对世界的理解能力更强一些？

佐藤慎一：我觉得有可比性，但是十九世纪末期大家用的语言不同，日本人把欧洲的概念翻译成了汉字“和制汉语”，然后用和制汉语思考，十九世纪末期的中国还是用传统的中国话进行思考。梁启超完全接受了和制汉语，所以梁启超和福泽谕吉的比较非常简单；但是严复、王韬和福泽的语言不同，所以要先把他们放在同一个平台上。严复和福泽虽然共同使用汉字,但是语言不同，他们到底是怎样思考的？如果没有充分的想象，这就像跟把日本人和英国人放在一起比较一样。

东方历史评论：1898 年康梁失败后流亡者在日本获得的生活经验和支持对他们的影响有多大？

佐藤慎一：我觉得是决定性的。很多中国人已经有危机感，认识到了必须改变中国，受到帝国主义的压迫，中国再继续下去就会灭亡。那么以谁为榜样，或是什么方向？大家到日本找到了这样的东西。当时日本已经对西洋书籍很熟悉，法国革命、美国独立战争，关于英国、俄国的知识，都可以在日本找到书籍，对世界的知识都集中在了日本。另外日本明治维新以来发生了巨大的变化，如果学到日本的成功和失败，可以在更短的时间使中国发生变化。

东方历史评论：当时的日本已经是明治维新的晚期，明治维新中日本人最失败的地方是什么？当时中国的知识分子看到了明治维新失败的一面吗？

佐藤慎一：这是一个很难的问题。日本在文明开化之后，抛弃了过去优秀的东西，对这部分的批判是有的。失败的部分我没有什么印象。明治后的日本在国际事务上进行了非常巨大的改革，如果从日本人的角度来看，失败和负面的东西是日俄战争。日本人自此之后开始入侵中国大陆，把朝鲜纳为殖民地，所以从二战回头看，日俄战争是一个起点。当时的日本人是批判明治政府的，它是一个反动政府，独占了权力，没有让更多民众参政，所以有了自由民权运动。但是好像听到的对日本其他批评的声音不是太多。

东方历史评论：对中国来说有两个时间点非常重要，一是 1895 年甲午战争失利，二是 1898 年百日维新失败，日本的知识分子和政治人物对这两件事是什么样的反应？

佐藤慎一：日本人对中国的看法开始分裂，一方面想支援中国的革命，像宫崎滔天这样的人想帮助中国，另一方面觉得中国的混乱对日本是一个机会。当时更多的日本知识分子同情中国，康有为和孙中山在日本更多是得到帮助的。中国古典知识对他们来说是学术教养，1879 年，东京也开设了清朝的国子监。当时很多日本的知识分子都去了。

东方历史评论：在哪里？

佐藤慎一：现在查可以查到。大家笔谈，互相写诗，就在首相官邸。大家对中国的文人墨客都很尊敬，像康有为。当时的知识分子是多数。和他们不一样，孙中山不是知识分子，他没有接受传统教育，他是医生，所以帮助支持孙中山的是日本的民间人士，知识分子并没有太多，比如宫崎滔天是武士，这是有不同的。但是百日维新，日本更多是对中国知识分子有一种亲切感。从那开始具有古典教养的日本人大量减少，在中国具有西洋思想的年轻人越来越多。在新文化运动的时候，连接和中国和日本的共同基础开始变化，西洋思想或马克思主义思想成为纽带。这就是 20、30 年代的状况。

东方历史评论：在东京中国知识分子的改革派和革命派分裂明显，最后他们导向了革命派，您认为这个变化和东京的思想环境直接相关吗？

佐藤慎一：我认为没有太直接的关系。

东方历史评论：还是中国内部的变化有直接关系。

佐藤慎一：我想是这样的，我想革命派壮大最主要的原因不是思想，中国的危机状况越来越深，梁启超这样的知识分子改良救不了中国，这种危机感的发展是更直接的原因。其实当时支持改良派的中国乡绅是很多的。我想辛亥革命不是革命，是防止真正革命的革命。如果中国各地发生革命的话，帝国主义就会乘虚而入瓜分中国，就像非洲一样，这必须要避免。如何去避免？首先推翻满清，为此各个省独立，这是辛亥革命的本质。

东方历史评论：您最欣赏梁启超，但是您认为他的思想最大的缺陷是什么？

佐藤慎一：他太聪明了。他的文章可以从理智上去理解，但是不能打动人们的心灵。打动民众的心，得抓住民心，否则历史是改变不了的。梁启超的文章当中不具备这种力量，但是孙中山的演说中具有。

东方历史评论：您是否曾对汪精卫感兴趣？

佐藤慎一：我没有查过他，但是上坂冬子写过汪兆铭的传记，重新认识汪兆铭。我回想起来大约三十年前丸山先生好像曾经感叹过，当时人们认为汪兆铭是反革命是叛国，真是这样吗？我不这么认为。丸山先生曾经在交谈中透露过汪兆铭要和日本携手以外的考虑或战略，但是没有更深地谈论过。当时对中国历史人物的评价只有正负两种，这很微妙。中国共产党认定为正确的，台湾都说是坏人。汪兆铭是个例外，台湾和中共都认为他是坏人。在说他是绝对的坏人的时候，丸山先生画了一个问号。我也有一些疑问，辛亥革命之前，汪兆铭是一个恐怖主义者，时间在变化，30 年后他那么简单地背叛中国。当然他意志比较薄弱，胆小，和孙中山和毛泽东比起来不是那么有气魄的人。

东方历史评论：他仍然属于您的这本书《中国近代知识分子》的逻辑吗？

佐藤慎一：我没有想过这个问题，汪兆铭可以算是一个有教养的政治家，算不上知识分子。两者兼有的人有，但是最后这两者还是分开的。政治应该是在利害冲突中摆正优先顺序，政治需要妥协，没有妥协的政治家是不合格的。知识分子不能妥协，对真理和信念妥协了就不算合格的知识分子。具备知识的政治家有，关心政治的知识分子也有，但是最后二者还是分开的。如果分开来看的话，汪兆铭属于政治家，但是他根基部分还有知识分子的要素。当然这有可能不正确。

东方历史评论：您在书中提到，王韬、严复这些人毕生追求的是中国富强，如果他们看到现在的中国在某种意义上已经实现了富强，他们会喜欢现在的中国吗？

佐藤慎一：他们会对此感到高兴。19 世纪到 20 世纪所有的中国人也认为他们应该走向富强、国民的团结和凝聚。如果专制体制和满洲统治推翻了，现在国民的凝聚力和 19 世纪比较的话，是不是加强了呢？我想这是他们评价的分歧点。有可能现在中国的贫富差距比19世纪还要厉害，可能有这样的声音吧。过去的中国大家都很穷，现在贫富差距太大。大家认为 19 世纪的中国是一个平等的社会，为什么平等？康有为说，只要是男人都可以参加科举，而欧洲社会的差别太多，所以进行了法国革命。在中国，父亲做官，儿子不一定可以，和欧洲比较就平等得多，所以中国不会也不需要发生法国革命。康有为是这样主张的。如果从康有为的眼光来看，现在的中国是非常不平等的。

东方历史评论：坦白地说，现在的中国对普通人的控制甚至比清朝要强大得多。但是对这些近代的知识分子来讲，他们首先关注的是国家富强，对个人自由、民主权利并没有那么重视，是这样的吗？

佐藤慎一：孙中山是典型的。他说，当时的中国人自由太多了，所以像一盘散沙，比起个人的自由，凝聚力更加重要。为此，过渡期需要独裁，即使压抑自由也要独裁。过渡期的独裁一直延续，凝聚大家的手段越来越强大，孙中山的理想是实现了还是过度实现了？我想孙中山也会吃惊的。

东方历史评论：近代的知识分子面对的是强大的日本和过度衰弱的中国，现在情况似乎发生了变化，中国也开始逐渐强大。您认为两个都非常强大的国家会如何影响日本和中国现在的知识分子？

佐藤慎一：这是一个很难的问题，首先大前提是现在日本年轻人对中国的反感非常强，非常令人担忧。反过来亦如此。两个国家的民族主义都很强大，这是很危险的。知识分子有责任理性地思考问题，就像梁启超一样，应该在很长的历史中、更大的世界范围内看现在。现在中国和日本有很多对立和摩擦，但是哪一方正确不是绝对化的问题。中国有正确的一面，日本也有正确的一面，所以大家需要相互走近，用大的眼光看到双方各自的问题或正确的地方。如果知识分子不发挥这样的作用，在紧张冲突比较多的时候，民众就会拥抱民族主义，政治家会利用它。知识分子会发现日本和中国的结点，理性地告诉大家，这是知识分子的责任。两国应该培养更多互相了解的知识分子，现在日本的年轻人都不想关心中国，也不想去中国。如果这样下去，将来就不会产生共同的基础，所以需要在两个国家产生更多理解对方的知识分子，加强交流。政府做不了这样的事情，但是笹川基金会在做这样的工作。

东方历史评论：从某种意义上讲，康梁的时代是中日知识分子最相互理解的时代，可以这么认为吗？

佐藤慎一：可以这么说，他们是先驱者吧。

东方历史评论：从康梁算起，过去一个世纪，中国知识分子最明显的特征之一是作用越来越边缘化，越来越不能对社会变革起到重要作用。您觉得这种边缘化会继续吗？

佐藤慎一：从大的角度来看，知识分子的作用有两种类型，第一种是像过去的梁启超那样，有很多的知识，为将来指明方向，去搜集很多信息，成为设计者、战略战术家。当然在社会的高度发展中，设计者的类型作用更大，特别是在摆脱计划经济之后。在这个变化中，知识分子应该做什么？这不光是中国的问题，日本也一样。日本知识分子的作用越来越小和边缘化，但是在法国是相反的，知识分子的作用越来越大。现在中国知识分子的作用还是比日本大，中国社会将来面临的变化要比日本还大，因为中国面临的问题更多。当然今后的中国社会知识分子应该会更多。我是这么认为的。

东方历史评论：我们还想问您日本研究中国的传统，当您在60年代开始研究中国的时候，日本的中国研究者的思维方式是什么样的？

佐藤慎一：日本一直有中国研究的传统，中国历史研究的中心是京都大学。京都大学中国史创立者就是内藤湖南。但是，“二战”前日本传统的中国史学研究特点是从古代开始到鸦片战争，鸦片战争之前是重点研究对象。从这之后，我感觉中国的近代从鸦片战争开始，对鸦片战争之后中国的历史或者叫革命的历史，研究非常少。我1960年代开始从事这方面的研究，作为榜样的研究者很少，或者说几乎没有。

东方历史评论：美国的研究者比如费正清，会对您产生影响吗？

佐藤慎一：这自然不用说，我受到影响最多的是美国学者，比如说本杰明·史华慈。美国的中国研究是二战之后开始的。日本的研究领域大多在鸦片战争之前，而美国的研究领域多在鸦片战争之后。他们的先锋人员就在费正清研究所，这里产生了众多优秀学者，特别是在思想史这个领域。我开始研究的时候，是从学习他们开始的，所以78年我有一次研究的机会，我没有去中国而是去了美国。但是现在非常后悔，如果当时去中国就好了。

东方历史评论：过去四十年里，日本的中国研究最主要的变化是什么？

佐藤慎一：1976年“文化大革命”结束以后，以前的中国研究没有意义了，必须重新去建设。这是非常大的变化，在新的情况下，如何去研究中国？

这时候一个大的特点是资料和信息如洪水般涌来。中国的教育体系也发生变化，产生了很多优秀的学术成果。要保持同样水准的研究是非常困难的。简单地说，现在日本的中国研究者，对自己应该研究什么东西都非常犹豫。过去最大的一派是马克思主义史观，现在都是无意义的了。从实证主义开始处理洪水般的资料和信息，超越不了中国的学者。运用大量的资料只能搞一些细致的研究，中国学者都在做。那日本学者应该做什么样的研究呢？大家都非常彷徨。和中国的研究人员做非常不一样的角度，能有这样的看法可能是日本现在的研究人员能够起到的作用吧。

中国本身的研究是多元化的，不像过去只有一个绝对的分析，中国的研究人员和学者也有多元化的思考，但是还有中国研究者没有注意到的角度。在中国，无政府主义是一个负面的词，但1910年代它比马克思主义更有影响。我想能够分析无政府主义的只有日本人。当然，这是在20年前，现在中国也有学者在做这方面研究。所以中国人没有注意到的，日本人去发现。

赖肖尔重新评价日本的江户时代，以前马克思主义学者都说江户时代是黑暗的封建社会，他说不是这样的。江户时代的教育水平非常高，这才是明治维新的一个基础，也就是说日本的近代化成功是因为江户时代的准备。马克思主义者批判赖肖尔，但是我受到非常大的启发，这是日本人没有注意到的，当时我还是个大学生。我想情况是相似的，向中国人提示他们没有发现的看法，这是日本的中国研究者希望做到的，当然这非常困难。

东方历史评论：最后一个问题，您在研究梁启超，他的影响被认为局限在国内的知识分子，没有对世界产生多少影响，在欧洲很少有人知道梁启超。如果将来的中国越来越强大，他们的思想和重要性会被世界重新认识吗?

佐藤慎一：史华慈的《严复论》是很大的贡献，他认为不是“严复介绍了西洋给东方”而是“严复发现了西洋”，并不是说有一个西洋的前提，中国学者误解他了。他对严复的分析是，他提示了欧洲人没有发现的西洋。这本书对美国那些对中国没有兴趣的人产生了影响。如果康有为梁启超的思想被完整地介绍到欧美，对欧美了解19世纪的中国思想非常有帮助，他们会通过19世纪的思想家了解中国的现在。特别是康有为的思想，我不认为他是过去的思想，现在也具有非常重要的意义。中国的知识分子在变革的时代中描画出新的世界，是一种新的乌托邦的理想，这种乌托邦逐渐消退。但是有可能康有为是人类乌托邦思想的最后发现者，如果他被这样介绍的话，人们可能会重新发现康有为的意义。至少在日本，康有为这样的乌托邦思想家，明治时代没有出现。为什么会这样呢？我想这是一个很有意义的研究。

photo | 影像

图像书里的百年中国

撰文：庄秋水

“中国人的算命先生对我有着奇特的迷惑力。”约翰 · 斯塔德（John L Stoddard），一位美国旅行家说。“在任何地方都可以见到他们，寺庙、门口、路边——他们一成不变地戴着眼镜，通常坐在桌子旁边，上面缀以斗大的汉字招牌。”他因此得出结论，这种服务看来市场需求极大。在约翰 · 斯塔德拍摄的一幅照片里，我们可以非常直观地了解到他的所见：在一块巨石前，放着一张桌子，一位戴眼镜的算命先生端坐其后。桌子前面垂下的布帘，上面写着“李半仙”，说明这位算命先生姓李，还有三列类似于广告词的行业俗语。桌子左侧的条凳上，一位年轻男子安静地坐着，目光低垂，两手放在膝盖上，显示出内心的局促和焦虑。他旁边的男子一只脚踩在条凳上，以一种看客的轻松关注着答案被披露。

拍摄于 1897 年的这幅照片，是约翰·斯塔德中国纪行里众多照片中的一张。他在回到美国后，写了一本书，配以他拍摄的照片，向美国人讲述他的中国见闻。《算命先生》有一种奇怪的魅力。那位寻求命运答案的被算命者，他内心的焦灼似乎穿越时光，进入观看者的内心。我们能够感受到他的压力和期盼。

这可能是理解力的源头，即便隔着遥远的时空，我们仍然对人类处境有一些普世的、深刻的、有价值的见解。

从十九世纪中叶以来，许多像约翰·斯塔德的外国人随着船舰进入中国。传教士、士兵、商人、旅行家、外交家、作家、学者和记者们，以陌生人的眼光打量着这块神秘的土地和这里的芸芸众生。他们在中国居留时间或长或短，以自己的观察和体验，通过照片、报告或游记等形式，描绘中国社会各个侧面。这些海量的历史一手材料由于各种原因，一度淹埋于历史烟尘之中，如今纷纷浮出水面。

某种程度上，约翰·斯塔德和他的同道们，亦堪称为中国提供答案的“算命先生”。他们也许只展示了这个国家实相的裙角，如今当我们回顾陈迹，那些视觉细节，却也可以视作一条通往过去的时光通道。它们提供了一个契机，让我们由此去和最直观的历史画面（或者说记忆）全情拥抱。

本期影像所选照片，皆为中外图像书里的中国，这些内容各异的照片集共同构成了百年中国的形象。(特别鸣谢尤伦斯当代艺术中心提供支持)

A Dragon's Portrait

ACCORDING to popular belief "there are real dragons living in China to-day. These are not the horrible monsters that some have imagined them to be. They are friendly creatures revered by all the people." During the four thousand years and more of Chinese history we find recorded scores of appearances of this king of beasts. It is "connected with the stories of many prominent characters of China's past. Perhaps the most noteworthy reference is one which states that two dragons as guards of honor visited the home of Confucius on the day that great sage was born."

Some idea of the high esteem in which the dragon has been held by the people of China can be had from the fact that the "emperor's most reverential title was, 'The True Dragon'; and in harmony with that idea the word 'dragon' was used in the names of all that had to do with his life and position. As an example of this his throne was called the 'dragon's seat,' his hands the 'dragon's claws,' the pen he used was the 'dragon's brush,' the imperial robes were called the 'dragon's garments,' and the imperial glance was known as 'dragon's eyes.'"

Tradition has it that the bodies of all dragons are divided into three sections of equal length; "these divisions being from the point of the nose to the shoulders, from the shoulders to the thighs, and from the thighs to the tip of the tail." As to its actual length, authorities differ greatly. Some who claim to have actually seen dragons, say that they are two hundred feet long; others, about fifty feet long; while still other accounts would lead us to believe that some dragons are actually several miles in length. The smallest dragon of which we have any record is said to have been about the size of a silkworm. This vast difference in the size of the dragon is accounted for in the *Shuo Wen*, a book written in the days of the T'angs, which says that this wonderful creature has such marvelous powers, that "it may cause itself to become visible or invisible at will, and it can become long or short, and coarse or fine, at its own good pleasure." The huge "Dragon Spirit Screen" shown on page sixty-three, gives one a very accurate idea of the brilliant colors attributed to the mythical monster. Usually they are "differentiated as being red, yellow, blue, white, or black."

According to the records, there are, in all, eight species of the dragon; but the best known, and the one almost universally portrayed in Chinese art, is the Shên Lung, which is beautifully shown in the opposite plate. This graceful dragon, exquisitely cast in bronze, forms a part of one of the famous astronomical instruments set up in the days of Emperor K'ang Hsi. These wonderful dragon-adorned instruments are found in the grounds of the ancient Imperial Observatory, the principal landmark on the east wall of the Tartar City. For a further description of the dragon, see pages 76 and 134.

Page 136

Dragon Lore

EVERY true dragon, according to Chinese folklore, has nine sons, each of which is different from the others in physical characteristics and in disposition. Besides these, which are such by birth, we find another class of dragons that become members of the "Lung" family by transformation from fish of the carp species. "The transformed variety become dragons," so the story goes, "by leaping up the waters of a certain cataract upon a western mountain stream. Large numbers of carp swim once each year to this waterfall known as the 'Dragon's Gate.' Here under the cataract they flounder about, jumping and springing up out of the swirling waters; a few of them succeed in getting over the falls to the higher waters above. Those which are successful in this effort become dragons."

The sketch below shows a representation of the "Dragon Gateway," from a painting on the "spirit wall," which formerly stood in front of the main entrance to Nanking's Examination Hall. This painting depicted a carp changing into a dragon. "A Bachelor of Arts, according to China's ancient system of education, upon becoming a Master, was congratulated by his friends as having passed through the 'Dragon Gate.'" The implication was that it was as difficult for a Bachelor of Arts to become a Master as for an ordinary carp to be transformed into a mighty dragon.

Will the belief in this creature pass away with the changing times or will its influence remain? Mr. Hayes, in his monumental work, *The Chinese Dragon*, answers the question in the light of fifteen years' study of dragon lore. He says: "There is a feeling among many friends of China, and even among a few Chinese as well, that the effect of the revolution and the passing of the Dragon flag will very shortly kill the dragon idea. This the writer believes is impossible. A belief that has gripped the nation for over forty centuries is not to be shaken even by a great revolution, which, though cataclysmic in itself, yet in relation to the ages which have passed, is little more than a ripple upon the surface of the sea of time. The dragon is neither a symbol of the Manchu dynasty nor a type of absolute monarchy, and has nothing to do with either. The idea is distinctly a heritage of the Chinese race itself, and as such it will probably live as long as the people. It will survive for at least a generation after Western science has permeated and dominated every seaside village, every mountain hamlet, and every inland city, to the remotest bounds and limits of this vast Republic."

Our plate shows one of the former officers in the Empress Dowager's Court, clothed in his gorgeous official robes. Thousands of these officials and eunuchs, once wealthy, have actually come to want since the downfall of the dynasty. However, a few managed to escape the general ruin; and one, a notorious palace eunuch, got away with 80,000,000 taels, and now lives like a king within the protecting boundaries of a foreign concession.

Page 130

《北京美观》 1927 封面

A WATER BUFFALO
The farmer's boy is bringing the animal home after a day's work. They are not only used for ploughing and harrowing, but in some parts draw wagons.
WOMEN TRANSPLANTING RICE

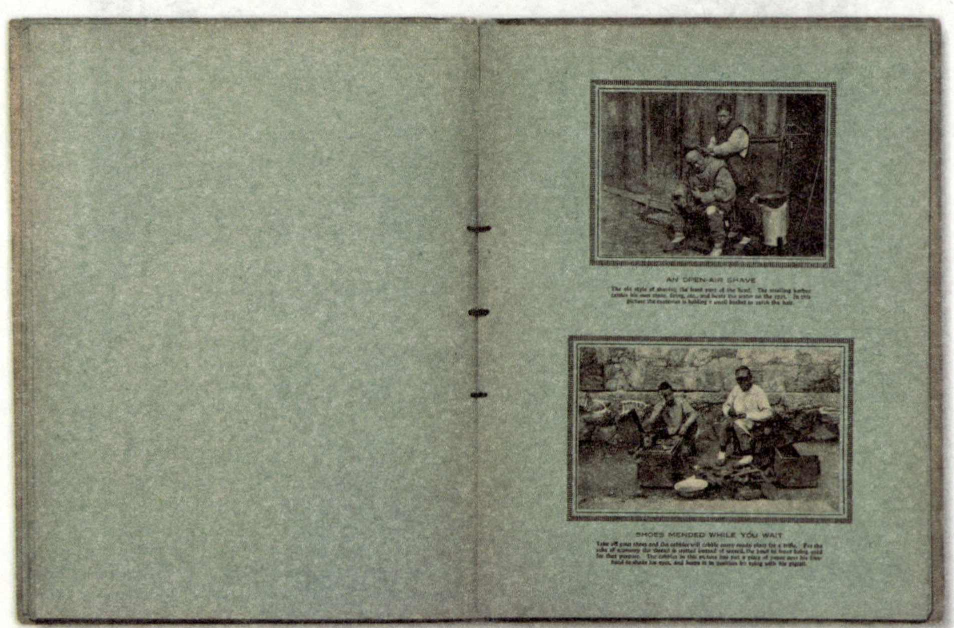
AN OPEN-AIR SHAVE
SHOES MENDED WHILE YOU WAIT

《常见之华人容貌》 1910 封面

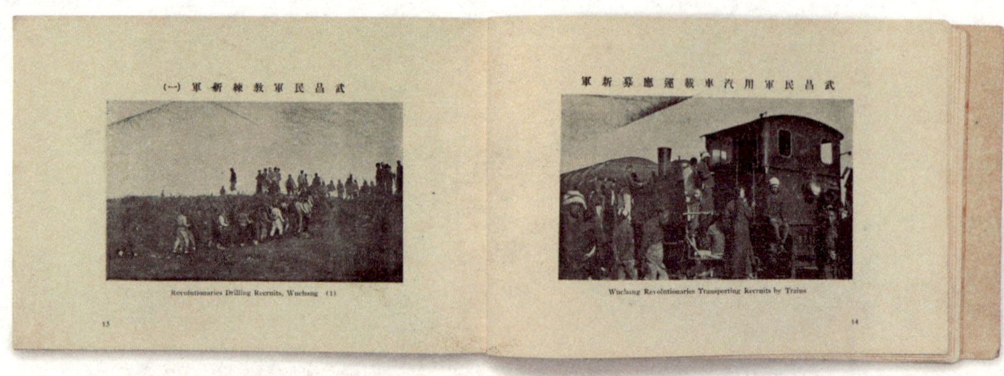

武昌民軍教練新軍(一)

Revolutionaries Drilling Recruits, Wuchang (1)

13

武昌民軍用汽車載運應募新軍

Wuchang Revolutionaries Transporting Recruits by Trains

14

鎮江民軍出征江甯(四)

列隊登車

Revolutionary Troops of Chinkiang Starting for the Attack on Nanking

(Entering the Train in Military Order)

23

鎮江民軍出征江甯(三)

運送輜重

Revolutionary Troops of Chinkiang Starting for the Attack on Nanking

(Transporting Impediments)

22

第一集
大革命寫真畫
War Scenes
Chinese Revolution
上海商務印書館出版
翻印必究

第二集
大革命寫真畫
War Scenes
Chinese Revolution
上海商務印書館出版
翻印必究

第三集
大革命寫真畫
War Scenes
Chinese Revolution
上海商務印書館出版
翻印必究

第四集
大革命寫真畫
War Scenes
Chinese Revolution
上海商務印書館出版
翻印必究

《大革命写真画》 封面

《国人 2000》 封面

47

46

5

4

《静山集锦》 1948 封面

ONCE AGAIN WITH JAPAN, MANCHOUKUO HAS
BUILT A STATE OF RACIAL HARMONY,
AND ESTABLISHED A LAND OF SECURITY AND
HAPPINESS OF THE PEOPLE

JAPAN AND MANCHOUKUO ARE ONE
IN SPIRIT AND VIRTUE

《满洲国》 1943 封面

LA CHINE
A TERRE
et
EN BALLON
PARIS
BERGER-LEVRAULT & Cie, ÉDITEURS
1902

《热气球下的中国》 包装

essay | 随 笔

一个真正日本人的中国心：实藤惠秀

撰文：谭汝谦

只有真正爱自己祖国的人，才可能爱其邻邦。这一心情，打从战时开始，直至战后钓鱼岛（尖阁列岛）主权争议，都频频在实藤惠秀的身上显现。实藤氏是个真正的日本人，又是中国真正的朋友。

实藤惠秀 (1896—1985) 不是一个伟大的历史人物，他只是一个实实在在的日本知识分子，一个生活在“脱亚论”“暴支惩膺”“政冷经热”风行的日本，但对中国人和中国文化情有独钟的学者。他在近百年来中日关系极度恶劣的语境中，埋首浩瀚的故纸堆中，同时不断与中国人、留日学生和中国白话文学亲密接触，带头爬梳中日文化交流的实录，检视中日两国的文字改革、国民教育、翻译、留学、出版、革命思想等具体而微的点与线，勾画在杀戮战争或“非友好”的环境中中日人民交流互助的实情，揭示未来中日和睦友好的光明前景。不过，他在日本军国主义疯狂侵华期间（1931—1945）也受到很大的冲击，虽然从心底里反对军国主义，但长期受到战时环境影响，实藤的对华思想也曾一度紊乱，执笔粉饰日本侵华政策使他后悔不已。因此，他在战后深刻反省，多次公开向中国人民道歉，自动返还在中国掠夺的文化财产，积极推动中日友好，成

为中日文化关系研究的先行者，亦诚心诚意协助中国人研习中日关系史实，备受国际学术界尊崇。本文旨在简要介绍实藤惠秀成为近代中日文化关系史研究拓荒者的心路历程，并借此从侧面反映近代日本社会中沉默的大多数人的中国观。因篇幅所限，本文对实藤众多的学术著作，只能摘要评述。

弁言

我与实藤惠秀先生初次见面是1969年春季的事了。1968年夏天，承蒙我在美国印第安纳大学的硕士论文指导教授（原日本京都大学教授）阪仓笃义先生推荐，我去京大留学，攻读日本文学和日本历史。课余之暇阅读一些中日关系的日文著作；其中最令我着迷的是实藤先生的《中国人留学日本史》（东京：1960年）（以下简称《留日史》）。读完这部近600页的学术著作后，深感它不但是一部甲午战争(1894—1895)至抗日战争(1931—1945)的中日文化关系史，同时填补了中国和日本在近代化过程中一些鲜为人知的空白，于是我着手翻译。翻译了一些章节后，由于无法找到若干引用的原文，也发现原著一些汉语解读上的问题，很想认识作者，以便当面请教求证，可惜苦无机缘。在一次偶然的场合,我把心事告诉京大人文科学研究所岛田虔次教授。承岛田教授介绍，1968 秋开始与实藤先生通信论学。那时他刚从早稻田大学荣休，可能是比较清闲，我每次去信，一两天后便收到他的回信。先生总是有问必答，答必详尽，有的复函洋洋数千言。最初我用日语去信,他用汉语回信,大家都使用“敬语”，非常客气。不久，先生提议两人都用自己的母语写信，以便更能畅所欲言，坦诚相见。他还说，留学日本的中国人为数甚多，但是专注于日本文化及中日关系史研究的华裔人士并不多见，因此虽然比我年长四十多岁，却乐意与我结为忘年之交。当时我才 20 多岁,一个在学研究生,能与日本著名学者结忘年之交，当然喜出望外。1969 年 6 月，我首次去东京拜会实藤先生，相见甚欢。令我特别惊讶的是，见面时他双手给我送上一份礼品：一支 Pilot 牌墨水笔，在笔杆刻上“谭汝谦先生东游纪念”字样，又在礼品纸上用毛笔写下“东游纪念”

实藤给作者的见面礼品，1969 年仲夏，东京

四个大字，并用日本假名签署自己的名字さねとう　けいしゅう。

接过这份礼品后，万千思愫涌上心头，使我茫然一阵子，竟然连“谢谢”都说不出来。首先，我被称为“先生”，在十分讲究礼仪的日本是头一遭，而且是来自一位学术界的大先辈，真使我受宠若惊。对我来说，“东游”二字更有当头棒喝的作用。这两个字经常在实藤先生的著作中出现，立马提醒我一些熟悉的“东游”例子，打从1898年康梁亡命东瀛起，乃至后来赴日逃难的孙中山和章太炎、留学日本的陈独秀、鲁迅、秋瑾、蒋介石、李大钊、周恩来等，不管旅日时辛酸还是甜蜜，都被史家称作“东游”。他们“东游”回国之后，就为中国、为他们的信念鞠躬尽瘁，功载史册。想到此情此景，“东游”二字的含义就非同小可。先生无声的期待，让我惊呆了。先生还送了不少他的著作和论文抽印本，连孤本《东京都立日比谷图书馆实藤惠秀文库目录》（精装）都送了给我。先生谦恭诚敬，令人感动。此后，我们鱼雁常通。那时候还未使用文字处理机或计算机邮件，信函必须手写。直到1985年1月先生逝世前两三个月，我们的通信论学都没有中断。现在保存下来的大小信函估计近千封。

实藤先生广交中国朋友。我从很多方面得知，已故中国科学院院长郭沫若先生、已故“中国民俗学之父”北师大钟敬文教授、已故中国社科院世界史研究所汪向荣先生、新加坡学者郑子瑜先生、广东省梅州市黄遵宪纪念馆的梁通先生、中日关系研究者郑海麟先生、《留日史》共同译者香港浸会大学林启彦教授等，都与实藤先生鱼雁常通，交流不断。通过一次偶然的机会，我得到一张实藤先生在1983年手书的“中国朋友”通讯录[1]，惊讶地发现他们的通讯地址除北京、上海等大城市外，还包括黑龙江、新疆、广东等地，遍布大江南北。我相信即使在中日邦交最恶劣、学术语境最艰难的时刻，实藤都与中国朋友保持着联系。难怪他多次告诉我，在写作《留日史》期间，他那颗炽热的“中国心”不停地活跃、跳动。

实藤一生笔耕勤奋，出版著译专书80多种，发表大小论文800余篇。作

[1] 通讯录是1983年初北京三联书店编辑秦人路先生给我的。秦先生是林启彦和我合译实藤原著《中国人留学日本史》三联版（1983年）的责任编辑。这是译本出版后，实藤先生请求北京三联寄赠中国好友的名录。名录的排列次序，好像是反映实藤认定的与这些中国好友的亲密关系。

为日本著名的“中国通”，他很少议论时政，却积极对日本读者介绍中国文化，探讨近代中日之间的文化互动，尤其专注中国人留学日本史的研究。其《留日史》影响特别深远；美国学者费正清（John K. Fairbank）和日裔学者蒲地典子（Noriko Kamachi）、坂野正高（Masataka Banno）等人，都给《留日史》很高评价，认为这本书乃“资料及例证极为丰富之作”，嘉誉著者视野宽广，做了大量先驱性的拓荒工作。

近年，中国学者也纷纷评价实藤的贡献。中国社会科学院外国文学研究所研究员兼北京大学出版社《留学史丛书》主编叶隽先生，指出自舒新城 1928 年出版《近代中国留学史》以来，尤其是 1980 年代改革开放之后，国内对留学史的研究不断进步，也察觉国内的研究“往往更多关注留学生归国之后的影响与贡献。”叶先生认为这样做并无不妥，但是做得不够。他主张“留学生之所以重要，就在于其留学背景，舍却对其留学经验的深入考察，则异质文化碰撞的具体镜像无以呈现。而留学生在现代中国的角色的呈现又是如何与其留学背景（兼及学术与整体）产生深层的思想关联，更是值得具体探讨、很可能生发出思想史研究新义的最佳命题之一。”[1] 叶先生进而列举实藤的《留日史》为例，说“可喜的是，外国学术语境里对中国留学史的兴趣与贡献也同样令人刮目相看。”北京大学历系王奇生教授更直截了当地说：“从历史学的角度研究留学，其实不大可能有颠覆性的方法与视角之创新，仍在脚踏实地的资料积累与实证研究。而国内学界的相关研究，问题不在视角方法创新不够，恰是实证功夫没有做到位。在这方面，日本学者实藤惠秀树立了一个很好的标杆。”[2]

实藤树立标杆的过程，不是一帆风顺的。他一生经历日本近代史三个重要的时代：明治（1868—1912）、大正（1912—1926）、昭和（1926—1989）。不幸的是，他 89 年人生大部分都是在中日关系极端恶劣的日子中度过的。特别是 1930 年代日本大举侵华期间，实藤已在学术界崭露头角，被认定为亲华分子，

[1] 实藤惠秀著，谭汝谦、林启彦译：《中国人留学日本史（修订译本）》，第 3 页，北京大学出版社 2012 年版。

[2] 王奇生：《留学“史”研究与留学史丛书》，见《留学生、现代性与资本语境小型学术讨论会会议手册》，第 10 页（2012 年 6 月，北京，主办单位：中国外国文学学会德语文学研究分会、中国社会科学院外国文学研究所、北京大学出版社）。

身陷险境，从相熟的街坊邻里到经常帮衬的理发店，乃至自己任教的校园和课堂里，用他自己的话说，“周围都是敌人”。他几乎每天都得参加欢送参军人士的出征仪式，跟随大伙三呼“天皇万岁”，高唱军歌，歌颂他们“替天行道”，崇拜他们为“忠勇无比的军队”。但是，他回家后便在日记写下当时的心境：“虽然也张着嘴，念念有词地跟着唱，可是，怎么也没有发自内心的真情。要是要他一个人唱，一定是哭泣之声。”实藤因为经常与中国人来往，曾被“特高”（战前从事特务或情报工作的“特别高等警察”）监视和盘问。不过，他还是冒着“里通敌国”的危险，继续和中国人来往，并且出手协助有困难的中国留学生。

实藤（左 2）欢送中国留学生归国，1938 年，东京

此外，他积极参加由日本进步人士竹内好等人组织的抵制日本军国主义的“中国文学研究会”，憧憬中国新生和美好的未来。不过，实藤未能完全摆脱日本军国主义的操控，曾经对中国人说过一些违心的话，做过一些后悔莫及的事，但骨子里却始终保持着对中国人和中国文化的诚敬，因此不时自言自语“我为生在日本而感到痛苦！”[1] 战后，他积极从事学术研究，参与社会活动，推动中日友好，重写《留日史》等学术著作，矫正战时的错误观点。

[1] 本段引文来自实藤《留日史》的后记，参见实藤惠秀著，谭汝谦、林启彦译：《中国人留学日本史（修订译本）》，第 403—422 页，北京大学出版社 2012 年版。

困乏中成长

1896年5月13日，实藤惠秀出生于日本广岛县一个边远贫困的山村，幼名“嘉一”。就在嘉一出生这一年，亦即中国甲午惨败翌年，清廷派遣13名学生赴日留学，这是破天荒的行动，因为绵连二千年的中日文化关系史开始逆转。自汉唐以来，都是日本学生和“学问僧”历尽千辛万苦乃至冒生命的危险，来华留学。华夏文明在日本被奉为至宝。如今，甲午一役使中国人痛定思痛，放下二千年老大帝国的身段，愿意派遣留学生赴日取经，寻找现代化的奥秘。大清帝国的学子前来日本留学这件事，使日本朝野上下惊喜不已、自豪不已、欢乐不已！但是，中日关系的逆转，尚未引起嘉一家族的注意，因为他的祖父是佛教净土真宗的和尚[1]，在贫瘠的岛根县传道[2]，备受当地民众尊崇。实藤家族诚心礼佛和务农，没有关注彼岸中国的事情。小小年纪的嘉一，亦以实藤家族出现知书识礼的佛教僧侣为荣，经常要求比他年长十岁的大哥及其他长辈一起玩“我是和尚”的游戏，由他向他们循循讲经说教；很明显，这个小孩子的智商有点早熟。其实，嘉一很早便成为家乡广岛县本愿寺派长善寺的信徒，经常独自前往长善寺诵读佛经，向往极乐净土的佛教世界，希望摆脱贫困郁闷的山村生活。小学毕业后，嘉一没有升读普通国民中学，毅然前往长善寺受戒为僧，接受僧侣的教育，取法号为“惠秀”，而该寺对聪敏的惠秀寄予厚望[3]。

在长善寺经过几年的僧侣修行，思想早熟的实藤惠秀还是忘怀不了寺外风云变幻的大千世界，特别是第一次世界大战后的日本，民主思潮澎湃，政党政治兴起，明治时代的藩阀专制开始式微，“大正德莫克拉西”活跃起来，全国各地兴建铁路、学校、公共图书馆，报章杂志如雨后春笋，国民的物质和文化生活大大提高。反观邻邦中国在辛亥革命后，社会则异常动乱，内有军阀割据，

[1] 日本佛教净土真宗容许和尚结婚生子饮酒吃肉。

[2] 岛根县，古称隐岐国，北临日本海，南接广岛县，人口稀少，经济落后，但是享有丰富的文化遗产。日本最古老的史书《古事记》（712年）和《日本书纪》（720年）就记载了不少在隐岐国发生的神话故事。

[3] 实藤远：《父——けいしゅうを语る》（《谈谈我的老爸惠秀》），实藤惠秀：《日中友好百花》，第248—249页，1985年。

外有帝国主义不断入侵，生灵涂炭，民不聊生，不少中国知识分子在痛苦中摸索前路，为建设新的中国而努力。中日两国的情势变幻，引起了惠秀的兴趣，于是他决定破戒还俗。当时，实藤惠秀领悟到学海无涯，佛法无边，但是面临人生哲学的一大问题：作为一个人，如果没有确立事业基础，就只能沿门托钵，俯仰由人，在世上就不能安心立命，这个人拿什么对人说教传道呢？[1]于是，1919年实藤毅然离开广岛县长善寺，前去数百里外的东京，入读高轮中学初中三年级，那时实藤已经二十三岁，比同班同学年长约七八岁。1921年实藤入读刚成立的早稻田大学附属第一高等学院（以下简称早大一高），接受高级中学和大学预科的教育。在早大一高读书时，实藤原本打算主修日本文学。一位老师告诉他，“要学好日本文学，首先要学好支那语（汉语）。不懂支那语，无论如何也学不好江户文学的。”因此，除英语之外，实藤选修“支那语”为第二外国语，开始学习汉语。

1923年实藤在早大一高毕业，考入早稻田大学文学院刚设立的中国文学系（“支那文学专攻”），成为早大中文系最初的学生之一。当时日本国势如日中天，而中国苦于内忧外患，国力衰弱，中国文学在日本的高等院校成为冷门学科；早大也不例外，与实藤同系毕业的同学只有一人。1926年，实藤毕业后，早大当局感到中国研究学系生源奇缺，索性撤销该系，不再招生。早大的决定使重视学统的实藤感到失落，因为在早大中国研究的学统中，他既是第一届毕业生，也是最后一届的毕业生，在“二战”前处于“前不见古人、后不见来者”的境地，失落之情可以想见。但是，实藤并不感到难过和失望。他说：“在大学的三年间，我虽然学习了中国文学，但和我起初的愿望多少有些不一致。除了音读部分是青柳先生担任的《红楼梦》以外，其他则全是古代作品的训读了。”他回忆说：“我的毕业论文题为《支那志怪小说所表现的命运观》，看上去范围很广，其实不过是以《聊斋志异》为中心，旁及六朝神仙小说而已，可以说是名实不符的。”

[1] 见Mikiso Hane, Modern Japan: A Historical Survey (Boulder, Colorado: Westview Press, Inc., 1986).

在早大中文系三年里，实藤还是获益匪浅的。他“起初的愿望”是什么呢？就是不但认识传统的中国，也要认识当代中国，特别是中国人的苦难、奋斗，以及中日友谊互动的实况。三年下来，虽然艰辛，但得到名师的课外特别指导，这些愿望多少还是达到了。实藤在回忆“两三件难以忘怀”的事时，第一件是片上伸[1]教授让他读到《语丝》——一本来自中国的、刚出版的白话文杂志。

《语丝》创刊号

当时日本的主流社会，若是喜好中国文学的，就必然偏重古典文学，特别是古代的诗词歌赋和文言文；对很多日本人来说，五四以来的中国新文学是不值一顾的。但是，实藤的想法完全相反。他十分看重《语丝》这本杂志，认为这本杂志启发了他对中国的新思维。他说：“对一般中国人来说，读到《语丝》虽然是件小事，然而对我以后前进道路影响却是巨大的。”从此，实藤不但从中国古典文学的渠道认识中国，而且通过白话新文学去了解中国和中国社会文化。第二件是片上教授送给他很多中国新文学的译著。他回忆说：“其中有：鲁迅译的《一个青年的梦》、《爱罗先珂童话集》，周作人译的《现代小说译丛》、《点滴》，胡适的《中国哲学史大纲》、《尝试集》、《胡适文存》第一集，此外还有《文学研究会丛书》等。在这些书封面上，大部分都署有‘片上先生惠存’字样。我当时虽然年轻，但要搬这么多书也着实费了很大的力气。”这些白话文的读物，在当时的日本是不容易得见的。实藤认为这些读物给了他一个重要的渠道，可以更确切了解中国实况，尤其是当代中国人的心路历程。第三件使实藤难以忘怀的事，就是早大一高校长中岛半次郎的一席话。这位中

[1] 片上伸（1884—1928）是日本著名的俄国文学研究者和文艺评论家。据葛胜华新近研究，鲁迅也十分尊敬片上伸，“鲁迅是在他（片上）来北大讲演时认识的，对他很佩服，后来一直很注意和重视片上伸的著述，并不断搜求片上伸的作品，鲁迅的藏书中就有不少他的著作。”见葛胜华，“鲁迅，从藤野先生的身影里走来，”http://nyzy.lwjy.net/czpd/kczy/xia/yw/2/01/rj-kebiao/1/kzzl3.htm，2013年11月1日。

岛校长，曾在1906年到1909年任教于天津北洋师范学堂，由于与中国人多有交往，同情中国当前的困境，以及了解中日关系的危机。中岛校长对实藤说："听说你在学习支那文学，不过请不要只是研究，还要创造出以支那为题材，特别要创造有日本人和中国人登场的文学。"实藤承认"这句话对我以后的成长也是很有启发的……在我以后研究留学史的过程中，逐渐有所领悟"。实藤知道自己没有小说家或诗人的才情，但作为学术研究者，编写一部波澜壮阔的中国人留学日本史，不就是中岛校长所指"创造有日本人和中国人登场的（广义上的）文学"吗？

当然，实藤对苦难中的中国的兴趣越来越浓，不顾恶劣的语境，逆流而上，除了恩师的开导之外，还有自身因素。他解释说，"其所以被中文的魅力所吸引，除了从内心喜欢中国和中国人之外，可能和我在高小毕业之前就常去寺庙照本宣科地念经书有关。"也就是说，血气方刚的实藤一旦立定认识中国的决心后，就像一个入定禅僧，哪怕"上穷碧落下黄泉，两处茫茫皆不见"，他还是迈步向前，永不言退，亦永不言悔。

1926年早大毕业后，实藤受聘为母校高轮中学的教员，立马趁暑假之便赴中国游学。他到沈阳、北京、天津、济南、青州、青岛等地，拜会一些老师宿儒，更重要的是亲自选购了一些中国新文学的作品，例如鲁迅的《呐喊》（第四版）、张资平的《飞絮》、徐祖正的《兰生弟的日记》等，都是1926年刚出版发行的。实藤是个非常勤奋、实事求是的人，因而对他自己的汉语水平，要求甚高。他坦言，"在这次旅行中，我第一次讲中国话就能使人听懂，感到十分高兴。不过，觉得中国人讲话很快，我还是听不懂。"于是，在北京旅游的三个星期里，聘请了两位中国老师给他补习汉语，同时学会了汉语注音。由此可见，身为早大"支那文学专攻"毕业生的实藤，不再沉迷于四书五经和日本传统汉学的研究，开始研读中国的白话文学，要求自己能够与当代的中国人沟通交流，立志从全方位角度认识中国的历史和文化[1]。这些行径和思想取向，在当时的日本是个异数。

[1] 实藤惠秀：《文学革命以后》，《东华》第3号，东京：1927年11月。

从中国旅游回国后，实藤继续在高轮中学任教，每周上课41节，忙得不可开交，依然抽闲自修汉语，研读中国新文学作品，并开始收集中国留日学生及中日文化交流史料，计划起草中国人留学日本史。1928年实藤受聘为早稻田大学附属第二高等学院讲师，授课时间减少，每天下午三时后便可放学回家。于是，入读东京外国语学校的夜校，专攻“支那语”，1930年毕业。那时，实藤已经33岁，而且在学术界崭露头角。1935年晋升早大附属第二高等学院教授，1949年改任早大法学院和教育学院教授，直到1967年依例从早大荣休，他与早大的关系，如果连五年的学生时期也计算在内的话，长达46年之久。

战时思维紊乱

诚如余英时先生所说，“史学、史家与时代，都有密切的关系，没有一个历史学家可以完全脱离时代。”[1] 实藤惠秀在他三四十岁青壮年期间，正值日本军国主义疯狂侵华时期（1931—1945），虽然怀有一颗善良的心，保持对华友好的态度，但也未能完全逃脱军国主义的荼毒和控制，更不能超越时代的影响，其思路变得紊乱起来。

在谈论实藤紊乱的思路之前，让我们了解他原来是如何看待学术研究的。在1931年日本大举侵华之前，他一直认为学术研究是一门科学，而他自己向往科学家的实事求是的态度。他在日记记录了如下的信念：

“因为自己是日本人，自己的中国研究，首先是为了日本，同时也是为了世界。对日本有利的东西，并不一定是从出发点开始就考虑‘为了日本’才产生的。即使是两国间的事，倘若不是用极冷静而科学的立场来对待的话，就不可能得到真实的知识；若不是真实的知识，就不能对自己的国家有益。……从这个观点出发，展现在（我）眼前的任何事件都应该是研究的对象，而不应该有好恶的感觉。”[2]

---

[1] 余英时：《历史与思想》，第257页，台北：联经出版事业公司，1976年版。

[2] 实藤惠秀，谭汝谦、林启彦译：《中国人留学日本史（修订译本）》，406页。

我们检视实藤的著作，即使有关中日两国比较敏感的课题，也大都显示了这种学术态度。

不过，1931 年“九一八”事变（“卢沟桥事变”）后，日军大举侵略中国东北，此事给实藤带来十分重大的冲击，日本政府和媒体发动的宣传也铺天盖地而来，极尽颠倒是非黑白之能事。对此，实藤这样慨叹：

“数十年来，人们总是说‘日支亲善’‘同文同种’‘唇齿相依’等等，然而事变一发生，却又突然改变说‘贪婪暴戾’‘鬼畜支那’了。……令人感到过去几十年讲的尽是骗人的大话。称之为‘敌’，却不发布‘宣战公告’，又说以‘军阀’‘共产势力’为敌，不以百姓为敌——这是战争的进步还是退步呢？武士道又是进步还是退步呢？……从这次事变看来，不能不感到武士道精神被糟蹋了，甚至也不能不怀疑古时武士道是不是也是这样（糟糕）。”[1]

实藤不满日本军国主义的侵华行径，敢于直斥他们糟蹋了武士道精神，这是战时日本十分罕见的事。但是，在强大的国家机制面前，作为一个知识分子，他又感到回天无力，于是决定封笔。“这段时期，有些杂志请他（实藤）写点东西。但有关事变的，他一概都不想写。”不过，有些由军国主义政府摊派下来的任务，还是不得不做的，例如带领学生充当“勤劳仕奉”志愿工作者，为政府的工程无偿劳动，表示“忠君爱国”。

实藤戴上军帽和臂章（后排右 1）带领学生“勤劳侍奉”，1945 年

1937 年夏天，实藤最终还是顶不住来自上头的威逼利诱，经不起早大出版部门的催劝，他写了《支那与教育》一文，刊登于《早稻田春秋》第 9 卷第 4 号（1937 年 8 月）。他在这篇文章中检讨中国当代教育状况，对于过分热衷西化而不普及爱国教育，提出尖

[1] 实藤惠秀，谭汝谦、林启彦译：《中国人留学日本史（修订译本）》，第 406 页。

锐的批评：

“从整体教育来说，不能不说是变态的、病态的和不健全的。看来，国家的强弱大体上建立在教育的基础上。北支事变（1937 年 7 月 7 日卢沟桥事变）爆发后的 7 月 19 日，蒋介石在庐山发表的声明中，有四次提到‘我们是弱国’，这是很自然的。在这点认识上，我认为日本国民应该感激我国的普及教育，今后也必须努力使其永不衰退。”[1]

实藤的逻辑是：清末民初的中国，一味追求西化，淡化爱国教育。于是中国人变得不爱国，结果使中国沦为“弱国”。言下之意，这是自作自受、活该。

从发表上述文章开始，随着时局变迁，特别是用糖衣包装的“大东亚共荣圈”和“大东亚新秩序”等政策出台后，实藤也就结束自我封笔的行动，发表时论文章，反映出其对华的思路越来越紊乱。引用他自己的话，从这个时候开始，“以后就慢慢地、逐渐地掉进了自己欺骗自己、自己说服自己的泥淖中。”最后，他不得不坦诚忏悔“我自问曾做过一些对不起中国朋友的污秽事，为此我必须向中国人诚心道歉。”

实藤所做第一件污秽事、必须向中国人诚心道歉的事，缘于 1938 年 9 月接受庚子赔款的资助，成为“外务省文化事业部特别研究员”，到中国沦陷区调研，为期一整年。他以北京为基地，先后前往天津、大连、沈阳、哈尔滨、南京、上海、厦门、汕头、广州和香港等地考察，目的是收集有关中国人留学日本的史料，以便完成其《留日史》一书。在这一年内，他搜购了四五千册图书，运回日本。不过，除了收集学术研究资料之外，他奉命以日本政府“特别研究员”身份，整理汉奸组织“新民塾”图书馆内的“危险书刊”。这一大批中文期刊和洋装书籍，都是日军联同伪军从各大学

实藤头戴瓜皮帽身穿灰布长衫来华收集留日史资料，1939 年，北京法源寺

[1] 实藤惠秀，谭汝谦、林启彦译：《中国人留学日本史（修订译本）》，405 页。

图书馆查禁得来的。按照当年日本侵略军在沦陷区的管理条例，凡是有反日言论或共产主义思想的书刊，一律被列为禁书。实藤没有详细交代如何“整理”这些“禁书”，这些“禁书”的最后命运，大概也不是实藤一人说了算的。值得一提的是，实藤却因利成便，完成了《中国杂志年表（1）》（斋藤秋男合编）[1]及《中译日文书目录》[2]。据实藤的回忆，“对我来说，我只是为了编写中国杂志创刊目录而做整理和摘录而已。不过，自己越想越觉得做了件对不起中国人的事。还有许许多多使我感到内疚的事。”

还有一件涉及私德问题的污秽事，更令实藤惠秀内疚不已，二三十年来一直耿耿于怀，立意向中国人诚心道歉。事缘 1939 年至 1940 年间，实藤特派员趁在中国沦陷地区的“新民塾”图书馆调研时，为撰写《留日史》和其他有关研究之用，取出不少书刊，包括：

1．中国人的日本游记；

2．中国人学习日本语的课本；

3．日文书的中文译本；

4．西方人用汉语编著的图书；

5．其他有关中国现代文化的书刊，特别是中国的期刊杂志。

这些借书，实藤用后大都归还。但是，其中有 29 册，他私自带回日本，据为己有；后来这些书刊成为东京都立日比谷图书馆“实藤文库”的藏书。连同实藤从中国购买的四五千册图书，使“实藤文库”成为研究近代中日文化关系史的宝库[3]。但是，实藤一直没有宽恕自己偷窃的失德行为。

最令实藤惠秀难过和后悔的是：他在战时发表了一些中日关系的言论，间接直接支持日本军国主义倡导的大东亚共荣圈。这些言论收集在下列三书：1.《日本文化の支那への影响》（东京：莹雪书院，1940 年）；张铭三译《日

[1] 见《中国文学》第 74 号，东京：1941 年 7 月。

[2] 由东京国际文化振兴会于 1945 年 2 月出版。

[3] “实藤文库”是实藤惠秀在 1945 年 5 月之后，为了逃避盟军空袭，保存他从中国带回的有关中日文化关系的书刊，与东京都立日比谷图书馆协商而设立的，成为研究近代中日文化关系的重镇。从 1980 年代初起，“实藤文库”改属位于东京港区的东京都立中央图书馆。

本文化给中国的影响》（上海：新申报馆，1944年）；2.《近代日支文化论》（东京：大东出版社，1941年）；3.《明治日支文化交涉》（东京：光风馆，1943年）。

实藤的时论被认为是对中国人所做的“文化工作”，其论据大都十分浅薄，没有说服力。例如，他曾站在专家学者的高度，说：“现在我们日本的总文化，处在中国的上位，唯其如此，所以自明治二十九（1896）年以来，中国不断派遣多数留学生渡日。”[1] 至于所谓“日本的总文化”是什么，他含糊其词。还有，中国留日学生大都具有留学救国情怀，他们忍辱负重，身处恶劣语境中努力学习，实藤是最清楚不过的。至于中国传统文化的魅力及其对日本的影响，实藤也是明白的，可是他始终没有客观地说清楚。

战时的实藤认为他的对华主张是温和的、科学的，并非拥护日本赤裸裸的军国主义。他虽然没有刻意炮制和发表侵华辱华的言论，却在日记中流露出自己十分紊乱的思路：

“（中国国内）有热爱这块土地的民族，也有破坏这块土地的民族。……中华民族是如何对待这块土地的呢？很遗憾，不能说是爱护。他们讲‘锦绣河山’；其实，‘荒野’若能耕耘好，应可算是锦绣吧！但中国的‘山’，很可惜多是秃山；‘河’也因此时时泛滥。这样子是自然造成还是人为的呢？现在，只要凭人类的努力，秃山也可以绿化成林，这难道不是科学带来的进步吗？因此，从弥补不足、帮助后进的意义出发，日本向大陆的‘进入’，应可认为是‘天意’吧？”[2]

实藤确实不满有些中国人暴殄天物、肆意破坏生态环境。他恨铁不成钢，以为这种开骂调侃是出于对中国锦绣河山的爱护；更误以为由日本对中国环保事业给与‘帮助’或‘补其不足’，就是一番好意。他进而主张“日本向大陆的‘进入’，应可认为是‘天意’”。如此罔顾中国的国家主权，这不是强盗的逻辑，又是什么？

实藤还妄想通过“辩而明”的方法说服中国人认同他那似是而非的歪理：

“无论是黄河还是长江，从几万年前起就这样地流着，称它们为黄河、长江，

---

[1] 实藤惠秀著，张铭三译：《日本文化给中国的影响》，第3页，上海：新申报馆，1944年5月。

[2] 实藤惠秀，谭汝谦、林启彦译：《中国人留学日本史（修订译本）》，第411页。

也是几千年前的事了。但江、河本身却和这些称呼没有什么关系，因为它们几万年来就是这样流着的。这些（河流）并不是专为哪个民族（而存在）的……平心而论，这些江河既可称为‘富士川’，也可称为‘Long River’，还可以用其他名称来称谓。也许以前就有过江河以外的叫法。……然而，这并不是说以前已经划分好了的地方，现在就可以随便地夺取过来。人类应该像‘辩而明’那样求得进步；(过去）靠武力来夺取，正是因为人类尚处于进步的过程中。”[1]

上述自说自话，实藤假科学之名，为日本侵略中国而辩护。实藤进而推销他的“世界经济学”：

> 地球上的人类应当平等地利用地球上的一切资源。人与物的关系应该科学地进行探测，并且经过理论上的争辩来加以界定。要发展经济学的政治理论，便必要创立“世界经济学”。因为地球是属于全人类的，说从哪里到哪里是属于某一个民族的国土，这只不过是被地图上的颜色所迷惑的近视观点而已。地球上的“动产”（如都市、道路、运河、万里长城等），可以算是属于从事建设的民族，可是土地本身则不然，应该是属于全人类的，越往下挖，这一道理就越清楚。[2]

其实，对于实藤的“世界经济学”，越是向下挖，读者就变得越来越糊涂。不知道当时实藤是否同意把“富士山”改名为“中华山”或“Mt. Korea”，又是否容许外国人打着地球资源共享的旗帜，到东京市中心挖地道、兴建行步行街、无偿经营商铺呢？

对于自己战时的荒谬的言论，实藤在战后感到十分惭愧。他不断认真自我批判，承认“(作为)研究现代中国的人，却不自觉被(当时的)政治口号所迷惑！竟至如此无知！（一心想）成为一个现代中国研究专家的我，结果却和一般日

[1] 实藤惠秀，谭汝谦、林启彦译：《中国人留学日本史（修订译本)》，第411页。
[2] 实藤惠秀，谭汝谦、林启彦译：《中国人留学日本史（修订译本)》，第411页。

本人的见识一样”！[1]

实藤（左 1）与中国文学研究会骨干分子竹内好（中）和武田泰淳（右 1）聚旧，1976 年

参加亲华组织：中国文学研究会

话得说回来，战时思路变得紊乱的实藤惠秀并非与日本军国主义者一般见识。他参加了日本青年进步人士竹内好、武田泰淳、增田涉、千田九一、冈崎俊夫等人在 1934 年成立的“中国文学研究会”，成为中国本土以外第一批热爱中国新文学的中坚分子。研究会成立时，竹内（1910—1977）和武田（1912—1976）等人还是东京帝大文学院“支那文学系”的学生，实藤比他们年长十多岁，而且已经是早稻田大学系统内的教授；日本社会重视辈分，因此在这个团体内实藤备受尊崇。竹内好对实藤的评价甚高，在其日记中曾这样记述：每次研究会的例会上，实藤总是谈论中日文化交流的史料，“即使是鸡毛蒜皮的事，他都津津乐道。事无大小他都知得一清二楚，每每动人心弦，教人感动。”[2]

除在特殊情况下，实藤和这批年青的日本文化人都拒绝跟随日本主流社会称中国为“支那”，坚持使用“中国”这个称谓，表示对中国的尊敬。在日本军国主义加紧侵略中国并加大力度全盘妖魔化中国社会文化的时候，实藤和他

[1] 实藤惠秀，谭汝谦、林启彦译：《中国人留学日本史（修订译本）》，第 417 页。
[2] 《竹内好全集》第 15 卷“日记”，1939 年 12 月 7 日条。

的朋友积极论述和译介中国新文学，给日本读者提供有关中国正面的、有建设性的、充满希望和温情的讯息。例如，在1937年卢沟桥事变前，实藤发表《鲁迅与转变》一文，简介鲁迅的文学思想及其反战的决心。事变后中国展开全面抗日战争，实藤开始翻译谢冰莹（冰心）的《从军日记》，打算分期刊登。正如冈崎俊夫所说，他们希望通过正在成长中的白话文学“去接触新中国的气息”，同时坦言已经实实在在“嗅得了新中国的体臭”。因此，当时在中国本土还是毁誉参半的新文学作家，却备受他们的尊崇，“鲁迅、郭沫若、郁达夫成了我们的歌德、我们的陀思妥耶夫”。[1]

郁达夫欢迎会

“中国文学研究会中，没有一个人是为这场（侵略）战争感到高兴的；有些人对兴致勃勃地谈论战争的人表现出无法掩饰的憎恨。”

实藤和中国文学研究会的朋友，不但对苦难的中国寄予同情和希望，更敢于集体抗拒日本军国主义的统战和笼络。他们拒绝与日本军部情报局指导和监督的“大日本文学报国会”合作，不参加该会召开的三届“大东亚文学者会议”，因为主办者“意图建构以日本‘道义文化’和‘皇道精神’为中心的‘大东亚

[1] 冈崎俊夫：《我们的 < 中国文学 >》，《艺文杂志》第6期，北京：1944年。

文化'，塑造'大东亚'认同，强制规范（沦陷区）各地文学的发展以服务战争。"[1] 故此，生活在军国主义的铁蹄下，身陷险境，实藤等研究会同仁虽然走了一些弯路，思想一度陷入紊乱，还是能够坚持公义，并且巧妙地进行公民抗命，拒绝与军国主义政府合作，从侧面揭穿所谓"大东亚共荣"的假面具。

中日友好的拓荒工作

如前所述，实藤惠秀在战后不断反省自己战时错误的行为和紊乱的言论。同样重要的是通过多种具体行动显示痛改前非，带头推动中日关系史的反思和重估工作，对日本社会发生一定程度的影响。以下略举数例，说明他的拓荒工作。

首先，1960 年 3 月，实藤参加由日本著名诗人、语言学家和日本艺术院院士土岐善（1885—1980）为首的"中国文字改革视察日本学术代表团"访问中国，受到中国语言学界，特别是中国人民对外文化协会楚图南会长、中国的"日本通"孙平化、萧向前等代表中国政府热诚接待。出发之前，实藤说服东京都立日比谷图书馆（土岐善麿兼任馆长），从"实藤文库"取出前述 29 册从中国掠夺的书刊，加上 20 多册从中国非法得来的图书，一共四五十册，分由 64 岁的实藤和 75 岁的土岐二人，从东京拉到北京，终于隆而重之、诚诚敬敬地归还这批掠夺得来的文化财产。在交还仪式中，实藤"两手发抖，全身冒出冷汗"，使中国政府代表（包括北京图书馆一位副馆长）和在场观礼的中日人士为之动容[2]。回国之后，实藤发表文章呼吁日本归还从中国掠夺的文化财产，包括图书、美术品、考古材料等，也呼吁日本送还战时被日本强虏而在日本死难的中国劳工的遗骨，并强调做好这些至关重要的事情，就是迈向"中

[1] 刘晓燕：《文学与政治的博弈——"大东亚文学者大会"在南京》，见《中国现代文学研究丛刊》2014 年 01 期。从 1942 年至 1944 年"大东亚文学者会议"一共召开了三届，前两届在东京开，第三届在南京开。有关详情，参阅尾崎秀树著：《近代文学の伤痕》，东京：普通社，1963 年。

[2] 详见《日本与中国》的报道，东京：1960 年 10 月 21 日。

日友好的第一步”[1]。

1972年9月中日两国政府发表共同声明之后，实藤和小岛晋治（横滨市立大学)、加藤祐三（东京大学）等日本学者在同年12月，公开要求日本最高学术组织“日本学术会议”（日学会）[2]，必须研议日本学术界承担侵略战争责任事宜。他们的具体要求有两大项。

一、更正日学会1972年4月第61届全体会议关于中日学术交流的决议：他们要求日本学术界必须正视台湾是中国的一部分，去除“两个中国”的任何联想，以符合中日共同声明的精神。

二、重视学术界的战争责任，包括：(甲）澄清日学会“南极特别委员会”的“南极考察事业”与“(旧）满州医科大学”用活人做实验品事件的关系，并中止使用日本海上自卫队军舰作南极考察研究之用。(乙）处理从中国掠夺的研究资料问题。

在第一项，实藤等学者指出：日学会有关国际学术交流的决议和一些文件使用“与台湾及中国的交流”之类的表述欠妥，因为“台湾”是“中国”的一部分，不是与“中国”平起平坐的政治实体。他们主张日学会这种表述，必须从速改正过来，因为它违背中日共同声明中强调的“一个中国”的精神。

在第二项甲条，他们揭露“南极特别委员会”（南特会）的军事成分增加，违背设立该会时初衷。原因有二：南特会属下“医学部门委员会”其中一个委员北野正次的背景有问题。从1956年起，北野被委任为委员，官方介绍北野的头衔是“东京血液研究所所长”。其实，北野在二战时是沈阳“满州医科大学”教授，1944年8月至1945年3月继石井四郎中将出任臭名昭著的“731部队”队长，转赴哈尔滨的731部队总部工作，并晋升“关东军军医中将”。即使在满州医科大学任教时，此人已秘密从事以活人为生化实验的不人道勾当。继续

[1] 实藤，《遺骨と文化财》，《日本と中国》，东京：1960年10月21日；《中国文化财の 返还》，《日中》第2卷第12号，东京：1972年11月；《中国图书返还问题》，《图书馆杂志》Vol.74，No. 8，东京：1980年8月。

[2] “日本学术会议”是日本法定的学术专业人员的最高机构，直属内阁总理大臣，具有审议功能和国内外学术研究联络功能。政府如向该会提出咨询要求，该会则需提出审议报告；该会亦也可主动地针对问题提出报告。

容忍此人参与南极特别委员会工作的话，日学会实际上就是利用以中国活人实验得来的“成果”去推进“寒冷地带医学”和“南极观测”的研究。此外，1963年起，南特会罔顾部分研究者的反对，决定使用日本自卫队军舰进行研究。以上两事都大大增加“南极观测”的军事成分。因此，实藤他们提醒日学会，1955年设置南特会时，曾向公众承诺不带任何军事成分。他们呼吁该会必须带领日本学术界肩负侵略战争的责任，不容重蹈前人覆辙。

在第二项乙条，实藤他们建议扩大返还中国文化财产的范围，包括：

1. 立刻没收日本在中国设立的所有公私机关的文物和图书，以便悉数回归中国。

2. 要求日本人立刻返还从中国掠夺而且带回日本的文物。

3. 有些中国的损失今天已无法抵偿时，就必须敦请中国派遣评估委员会去日本，决定掠夺中国文物时的价值，由日本予以赔偿。[1]

上述建议，使返还运动又再迈进一步。另外，实藤先生个人又倡议设立“文化财产返还发起人联谊会”，希望群策群力，在日本全国展开返还运动。他确信即使返还运动使日本一些图书馆空荡清仓、一无所有，也是好事，因为道义至上，更何况“利用从别人偷抢得来的材料去研究别人，该是何等荒唐的事！”

可惜的是，尽管实藤等学者从1960年代开始奔走呼号，高举道义旗帜，努力推进返还文化财产运动，可是日本社会反应极为冷淡。据实藤在1980年8月发表的一篇文章中透露，全日本只有一人（大妻女子大学某教授）公开响应。但是，这位志愿者的身份经过新闻报道曝光后，右翼分子不断打电话骚扰他、威胁他，最后这位有心人只好打消对中国返还文化财产的念头。[2]

---

[1] 见实藤惠秀、小岛晋治、加藤祐三在1972年12月23日于东京共同会见新闻记者时对返还掠夺文物的补充说明。《中国から略夺した研究资料の处理について》，《日中》第二卷第12号，东京：1972年12月。引自实藤，《日中友好百花》，第182页，东京：东方书店，1985。

[2] 实藤：《中国图书返还问题》，见《日中友好百花》，第203页。

帮理不帮亲

实藤对于中日两国之间历史遗留下来的问题，抱着实事求是、明辨是非的态度。在这里我必须报告我和实藤共同合作的一些往事。1970年年末，我在美国普林斯顿大学研究院攻读博士学位，曾与普大中国同学沈平、李德裕等率先发起保卫钓鱼台列岛主权运动，成为全球保钓运动的急先锋。在这几个急先锋之中，我是唯一攻读日本历史的学生，于是由我负责收集和分析日本方面言论和历史资料。这是一项十分艰巨的工作，因为美国各大图书馆很少收藏这类文献，其实当时也没有什么图书和论文值得参考，加上当时留美的华裔师友绝大多数都是学理工的，很少人攻读人文学科，更少人研习日本历史文化。我感到孤独无助，只得向日本师友求助。实藤反应最快，也最热烈。他先后多次寄来大批日文资料，包括冲绳县编印的内部参考文献，即使在日本国内，也很难入手。

实藤给我的信函每每强调，他爱他的祖国日本，也爱真理。他认为钓鱼岛的主权问题，应该由中日两国人民理智地协商解决；互相理解对方的理据就是解决问题的第一步，完全没有必要向对方隐瞒资料。纽约国是研究社社长黄养志先生和我利用实藤寄来的材料，写成几篇长文，交香港《明报月刊》发表。例如《钓鱼台千万掉不得！》一文，有些老保钓认为是“一篇读来令人动容的论述研究”。我们几个人共撰的《日本人为谋夺我钓鱼台做了些什么手脚？》一文，被香港明报出版社和纽约国是研究社多次重印，以单行本方式免费发行，该文成为海内外第一波保钓运动的重要参考文献。

后来，为了更直接地向日本传送我们保钓的理据，纽约国是研究社指示我用日文起草一封公开信，发给全体日本国会议员、日本政府高层官员和日本主要媒体，陈述中方维权理据，并反驳日方谋夺钓鱼台列岛的主张。遇有日本人姓名或地址不详的时候，我便拜托实藤在东京查明后转发。当时，我们都是穷学生，没有能力给他汇钱偿还邮费交通杂费，他不介怀。实藤对我们的请求，总是欣然同意，悉力以赴。实藤如此见义勇为，帮理不帮亲，使与我一起工作而反日情绪高涨的保钓朋友惊奇不已。

先天下之忧而忧

实藤又是个“先天下之忧而忧”的学者。继1972年2月美国尼克松总统访华之后，同年9月日本田中角荣首相访华，中日邦交正常化和中日友好成为事实。眼见夙愿已尝，实藤庆贺之余，却担心日本人善忘历史，于是赶忙整理材料，编写《日中非友好史》，1973年1月由东京朝日新闻社隆重出版。

这本400多页的大书，综述近百年日本侵华和辱华的事实，又从早年留日学生的回忆录、日记、书信中，抄录留日学生在日本受欺凌压迫的辛酸事迹。最后从数十种日本报章、期刊、专著中，抄录当时著名的“支那通”如市村瓒次郎、桑原骘藏、内藤湖南等人的言论，揭露他们是如何误解中国，如何误导日本民众的。实藤编写这部大书，并非存心对中日复交唱反调，而是强调“如果不认清非友好的历史，如果不彻底铲除非友好的根源，真正的友好不会来临。”为了警示世人不要得意忘形，不要满足于田中访华带来短暂的喜悦，实藤如此这般铺陈日本对中国的非友好史实，强调今天的中日友好得来不易，也算是拓荒的工作。

实藤惠秀最为人称道的拓荒业绩是撰写《中国人留学日本史》一书。

《中国人留学日本史》（2012年修订译本）封面

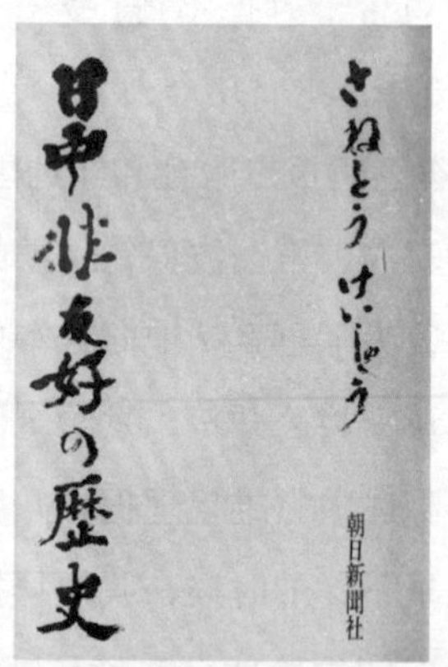

《日中非友好史》封面，实藤题字

这本大书由东京黑潮出版社在1960年出版。这是实藤呈交早稻田大学的博士学位论文的修订本。林启彦先生和我共撰的《译序》这样评介这本书:"《留日史》使用大量第一手资料,包括留日学生的日记、书信、著译书刊、口述史料,以及中日文公私档案文牍等,详述1896年至1937年间留学日本运动的缘起和演变、留日学生就读学校种类及课程,亦论及清末以来留日学界的种种政治组织和活动,又另立专章详细探讨留日学生对中国近代思想、政治、教育、文学、语言、翻译、出版事业等方面的贡献和影响。此书不但取材广博,立论亦颇平实客观,故面世以来,备受国际学术界的重视,被誉为研究19世纪末至20世纪前叶中日关系的重要参考书之一,且被认为对开拓多方面的专题研究,深具启发作用。"[1]直到今天,我相信上述评介还是公允中肯的。

我要补充的是:这部大著是实藤用了至少24年写成的。早在1936年11月,实藤便在《日华学报》发表了《中国人留学日本史稿》首章,接着从1937年1月至1938年12月,分11期在《日华学报》连载。1939年3月,由《日华学报》在东京结集出版《中国人留学日本史稿》;不过,这是"非卖品",不公开发行。

这本"非卖品"的学术书虽然在战时出版,也引起一些中国学者的注意。前北京大学张铭三教授曾选译本书一些章节,分两期在《中国留日同学会季刊》发表。张铭三教授又翻译了实藤战时发表的连载长文"留日学生史谈",以"留日学生史话"为题,刊载北京《日本研究》月刊。此外,实藤关于留日史和中日文化交流的评介,也被其他中国学者争相翻译出版[2]。

值得注意的是实藤在1939年出版《史稿》后,不断加以修订和增补。1960年出版的《留日史》增订版,"不但扬弃了《史稿》中不少偏激和主观的论点,更把《史稿》中原占极大篇幅的留日运动发展史内容浓缩成为一章,又补充不少战后新见资料,另立章节探讨与留日运动有密切关系的历史课题。该

[1] 实藤惠秀,谭汝谦、林启彦译:《中国人留学日本史(修订译本)》,第2页。

[2] 例如,融通译《中国留学生小史》,《中国月刊》1954年11月号;潘国祥译《中国留日回国学生之分析》,《日本评论》1955年9月号;陶滌亚译《八十年来之中日文化关系》,《日本评论》1956年,等等。

书经改写后，使读者对留日运动的历史及其时代意义有更明确的认识。新著显示实藤先生的匠心与造诣，均已超迈往昔”。

《留日史》出版后，实藤先生还继续修订和增补；1970 年出版该书的“增补版”，使内容更加充实丰富。1984 年 6 月下旬，我去东京探望实藤，当时他的健康大不如前，因而对我提出两项要求：希望我继续他两项未完的工作：整理《大河内文书》和继续增补《留日史》。几个月后，实藤因病辞世。我很惭愧，迄今我还未能达成他的愿望。我不厌其详追踪《留日史》的撰述经历，就是为了反映“作者锲而不舍的治学精神及其对学术的诚挚态度。”实藤用三四十年修订和增补《留日史》，其实亦可视为从侧面反映这段时期变幻无常的中日关系。

实藤惠秀另一项令人瞩目的拓荒工作就是发现和整理“大河内文书”——一座研究清末时期中日文人交往的宝库。在 1930 年代末期，正当日本军国主义疯狂侵略中国的时候，实藤在日本埼玉县的平林寺发现了大河内辉声（1848—1882）与清朝驻日公使及其随员的笔谈遗稿。大河内是江户时代上野国高崎藩最后藩主，一位既积极吸收西洋文明又陶醉于儒家思想、崇尚中华文明、通晓汉诗汉文的日本贵族，他经常与在日中国文人和清廷派驻日本的外交官员如何如璋、黄遵宪等人诗酒唱酬。他们虽然不能用口语交谈，兴之所至，大家挥毫笔谈不绝。笔谈内容从日常饮食到女色、文学、哲理、时政等，无所不谈，话语有时放荡不羁，大家畅所欲言，不拘一格。因此，字里行间透露出大时代转型期中日文人内心世界难得一见的亮丽风景。每次雅聚之后，大河内都把笔谈记录珍而重之，并托人装裱，加以保存，后来交平林寺僧人托管。这些笔谈遗稿的装裱和保存，大河内的中国客人是毫不知情的。这批笔谈遗稿对于研究清末黄遵宪等文化人面临中日关系逆转的心路历程，以及明治初年大河内辉声等权贵对旧时代弥留眷恋之情，极具参考价值。

“大河内文书”由于是即兴的笔谈记录，内容丰富，但是杂乱无章，分量庞大，向来缺乏整理。1964 年实藤在“大河内文书”中选择一些笔谈记录，加上日语翻译和注释，出版了《大河内文书—明治日中文化人の交游》一书，立马引起学术界的注意。不久，新加坡学者郑子瑜应邀去早稻田大学访问，与实藤合作编校部分大河内文书，1968 年由早大东洋文学研究会出版《黄遵宪

黄遵宪葬诗冢初拓本

与日本友人笔谈遗稿》一书，为研究近代中日文化关系史提供难能可贵的参考材料。最近喜闻由于浙江工商大学王勇教授等人的努力，获国家社科基金支持，已复印全套“大河内文书”，纳入“东亚笔谈文献整理与研究课题组”工作范围，成为国科基金“重大项目”，目前王教授汇集国内多位学者，对其进行整理和研究[1]。对于这一喜讯，实藤在天之灵定必莞尔而笑。

[1] 2015 年 4 月 27 日王勇教授在香港中文大学报告“无声的交谈”时，公开披露。

心灵感应

对于实藤惠秀先生的“中国心”，与他交往的中国朋友都有不寻常的心灵感应。1934 年至 1936 年留学早稻田大学的钟敬文先生（1903—2001），认为实藤（时任早稻田高等学院教授）是他最亲密的日本朋友。在留日前，钟氏是浙江大学专任讲师。1930 年，他曾与顾颉刚、董作宾等创立“中国民俗学会”，并主编《民间文艺》期刊，发表好几篇民俗学的论文，引起实藤的注意。钟氏抵达东京后不久，实藤便登门拜访，请教民俗学的事情。

此后，两人过从甚密，经常谈论中日关系及日本的事情。比钟氏年长 7 岁的实藤虚怀若谷，对这位中国青年学者十分器重，曾嘉许其对日本事情的理解比日本人来得深刻。那时候，虽然中日关系变得越来越紧张，日本的“特高”加紧监视中国留日学生的活动，实藤还是与钟氏往来不绝。1935 年春，经实藤安排，“中国文学研究会”邀请钟氏作专题演讲，探讨中国的民间文学运动。为逃避特高的干扰，这场演讲会在东京新宿区一家喫茶店举行，出席者除实藤之外，有增田涉、竹内好等十余人。实藤曾执笔报道此事，交《中国文学月报》发表[1]。钟氏记得实藤曾批评很多日本学者，因为他们战时跑去中国购买大量图书和研究资料。实藤提议他们战后必须归还这些文化财产给中国，道理很简单，趁中国战乱而去搜购，就是趁火打劫，等同掠夺。最令钟氏感动的是：实藤不但动嘴说了，还真的带头动手干起来了。在钟氏心目中，实藤是“一个十分优秀的日本人、没有民族偏见的日本人”。[2]

1940年至1944年留学日本的汪向荣先生（1920—2006）与实藤先生的交往，更具体地反映了类似的心灵感应。汪氏是通过其日语老师松本龟次郎（1866—1945）引荐而认识实藤的。松本是个德高望重的日语教育家，1903 年起便投

---

[1] 实藤：《来朝中の中国文人》，《中国文学月报》第 2 号，东京：1935 年 4 月。又见钟敬文，《寝食を忘れた知识吸收の日日》，竹内实监修，钟少华编著，泉敬史、谢志宇译《あのころの日本——若き日の留学を语る》，140—143 页，日本埼玉县川口市：日本侨报社，2003。

[2] 钟敬文：《寝食を忘れた知识吸收の日日》，第 140—141 页。

身对留日中国人的教育事业，不但编写日语教科书和教材，而且亲自执教，在留日学生心目中成为最受尊敬的师长，经他亲自教导的中国留日学生逾万人，包括鲁迅兄弟、秋瑾、周恩来等，人称“中国留日学生教育之父”。即使在1990年代，亦即与实藤结缘50多年后，汪氏已是中国社科院世界史所的离休资深研究员、创办“中国中日关系史研究会”推手之一，著作等身，并被公认为中日关系研究成果最丰硕的学者，当他回顾自己坎坷的一生时，认为松本介绍他认识实藤，实在是他一生的大事。

根据汪氏的回忆，实藤虽然年长24岁，但总是谦恭诚敬，不耻下问，两人很快便推心置腹，成为莫逆之交。1940年秋，当实藤赠送自著新书《中国人日本留学史稿》（东京：日华学会，1939年）时，按照一般礼数请汪氏指正，并且自谦地说，这本书是站在日本人立场写成的，希望聆听汪氏从中国人的视野做出的评价。由于汪氏已经读过此书，立刻毫不客气地回应，说从中国人的视野来看，这本书没有交代留学的社会背景，不无遗憾。实藤回应说，既然如此，就请你站在中国人的立场另写一本留日史也是件好事。后来实藤和汪氏一起去拜候松本先生时，实藤又再提及此事，松本也鼓励汪氏接受此挑战；于是刚20出头的汪氏就立志以研究中日关系史为终身事业。汪氏回忆说：

“我在中日关系史的研究上，花费了近半个世纪的时间，虽然道路不平坦（日本侵华战争、长期被打成右派），但毕竟还是走过来了，而且还将走下去。其所以能如此，主要当然是在于我自己的意志和决心，从我年轻时代立志以探讨中日关系史作为我终身事业之后，无论经历怎样坎坷，也没有灰心，没有中辍我的事业；但也不能不感谢师友们对我的帮助和鼓励，其中最应该一提的是实藤惠秀先生。”[1]

最令汪氏感动的是三件事：第一，实藤凭自己是早稻田大学附属第二高等学院教授身份，阻止“特高”干扰汪氏在东京从事中日关系研究。第二，为了协助汪氏搜罗清末以来在华日本教习及中国留日学生的史料，实藤陪伴汪氏在东京钻图书馆、逛旧书店、走访不少日本教习及知情者。两人亦经常讨论问题，

[1] 汪向荣：《日本教习》，第6页。

各抒己见，求同存异。1944 年汪氏回国之后，只要向实藤提出要求，必定获得所要的研究资料。对此，汪氏在其学术专著《日本教习》的“前言”中，再三感激实藤的友谊和帮助：

“从四十年代开始，我们（实藤和汪氏）访求书刊资料，一同讨论研习；在我十分困难的时候，他勉励我，要我知道：需要我的时候一定会到来的，要我千万不要气馁；在我书刊、资料（在“文革”被抄家）丧失尽殆的时候，他尽快把我们共同制作的资料、照片复制后送来，还提供我不少其他便利。尽管在战后我们没有再见面，他也看不到（实藤已在 1995 年逝世）他所待望的有关日本教习专书的出版（文章，他是见到了的），但在这本专集有机会和大家见面的时候，我还不能不提到他，作为纪念，也表示感谢。我没有辜负他的好意，也没有违背他的意愿，尽我的可能把有关日本教习的情况、资料介绍给学术界，希望能作为二十世纪初两国文化交流史中一段重要历史，引起大家的重视，不让这一段重要的史实湮没。”[1]

第三件令汪氏感激的事，就是实藤善用他的“好意”和“意愿”，主动与汪氏分工，以便分头完成近代中日文化交流中两大问题的研究。以下两段话，就是汪氏对与实藤既合作又分工的回忆。

“(1944 年）回国以后，在很长一段时间中，（因为政治原因）没有可能发表我在中日关系史方面研究的成果，当然更不必说对近代中日文化交流方面的问题，特别是像日本教习那样比较敏感的专题有所讨论了……1956 年，我希望实藤先生能把这方面的研究继续下去，所以曾把一些在回国后搜罗到的资料，抄了一份给他，其中包括对日本教习名单的补充。当时他正在修订《留日学生史稿》，回信要我在日本教习这问题上下些功夫；他表示，在新的《留学生史》中，不想再详述日本教习的事，这大概就是我和他在研究近代中日文化交流中两大重要问题上的分工。”

“一直到……1978 年（改革开放后），我重新恢复学者生涯，得到实藤先生的信后，才了解到这二十多年来台湾和海外的一些学者，虽然在留日学生的

[1] 汪向荣：《日本教习》，第 6 页。

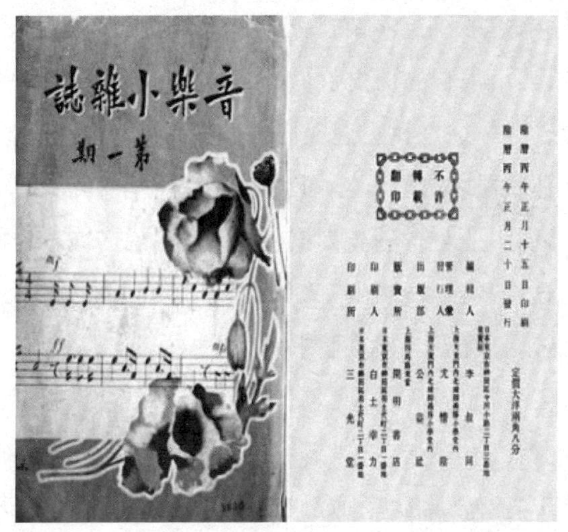
音樂小雜誌
第一期

陰曆丙午正月十五日印刷
陰曆丙午正月二十日發行
定價大洋兩角八分
不許轉載翻印
編輯人 李叔同
管理人兼發行人 尤惜陰
出版部 公益社
販賣所 開明書店
印刷人 白土幸力
印刷所 三光堂

音乐小杂志封面及版权页

研究上，有不少进展，可是在日本教习这问题上，仍然是一片空白。实藤先生重提旧话，要我在日本教习的研究上做些努力，发表文章，作为近代中日文化交流史研究中的一环。他并且说，因为有前约，所以在他的《中国人留学日本史》中，对日本教习提得很简单，不像过去的《中国人日本留学史稿》那样，希望我补充（日本教习这个课题）。”[1]

直到 1978 年后，实藤不但对汪氏重提四十多年前的旧话，还继续给汪氏提供研究资料，又促请正在从事日本教习研究的日本文部省教育研究所研究员阿部洋氏，向汪氏提供日本外务省档案资料。此外，实藤读过汪氏在国内和香港发表的有关日本教习的文章后，一如往昔，向汪氏“很认真地提出了他的不同看法”。经过上述四十多年的验证，难怪在汪氏心目中，实藤惠秀就是“一个真正的日本人，又是中国真正的朋友。”

实藤惠秀的中国心，连与他素未谋面的中国人也能触摸。《音乐小杂志》重返故国的故事或可说明这一点。

事缘 1984 年 4 月，我收到山东济南大学音乐系孙继南教授的信，说从我和林启彦君翻译的《留日史》得知《音乐小杂志》是在日本刊行的事实，要求

[1] 汪向荣：《日本教习》，第 4 页。

我向实藤氏查询，设法找到这本杂志。据孙教授介绍，这是李叔同编刊、中国最早的音乐期刊，“由于它的历史价值所系，多少年来，（在中国）……都无法寻觅它的踪影。……这是我国近现代音乐史研究者……深感遗憾的一件事情”。[1] 其实，在孙教授来信前不久，上海社科院文学研究所的丰一吟女士（名画家丰子恺先生女儿）已经向我查询该杂志下落，说“这个刊物，在我国已无法找到”，如果把这本杂志请回中国，“我国音乐界同人必将十分高兴。”[2] 我见事关重大，不敢怠慢，于是去函实藤求助。

本来，国际友人之间互相帮助、交流研究资料是常见的事，不值得大惊小怪。不过，寻找《音乐小杂志》却不是一件容易的事。这本杂志原来是李叔同在留日期间凭其个人力量编辑而成，1906 年在东京印刷，印行量大概不大，而且只出版了创刊号便无力为继，因此中日两国的图书馆都没有收藏，难怪后来的学者难以寻觅。此外，实藤不是研究中国音乐史的人，他只是在几十年前撰辑“清末在日本刊行的杂志目录”时，在东京文求堂书店见过《音乐小杂志》等中文杂志的创刊号。不过，几十年来他还是惦记这批文物，知道战时为了逃避盟军空袭和保存文物，文求堂把几经辛苦搜罗得来的这批文物，廉价转让给设在日本中部的滋贺县的“日本民族研究所”，因为那里远离东京，很少空袭，比较安全。战后不久，该研究所解散，这一千种中文期刊创刊号又再转让，“凡直排的由天理大学收藏，横排的归京都大学。”实藤记得《音乐小杂志》是横排的，因此推测可以在京都大学见到它。为此，他拜托京大的清水茂教授复印该杂志。清水教授果然不负所托，1984 年 8 月中旬向实藤复命。同年 8 月下旬，实藤从东京以空邮分别寄给济南的孙继南教授和上海的丰一吟女士。收到杂志复印本后，孙教授如获至宝，非常兴奋，撰写《漂泊异乡魂归故土——〈音乐小杂志〉寻访始末及初探》一文，记述该杂志回归经过，鸣谢实藤的帮忙，

---

[1] 孙继南：《漂泊异乡，重归故土——＜音乐小杂志＞寻访始末及初探》，第 243 页，中国中日关系史研究会、北京市社会科学院、《中日文化与交流》编辑部编，《中日文化与交流》第三辑，北京：中国展望出版社，1987 年 9 月。

[2] 这是引自丰女士给实藤函件的话，原意与给我的信函完全一样。见实藤惠秀：《＜音乐小杂志＞和我》，《中日文化与交流》第三辑，第 26 页。

并探讨该杂志在中国近代音乐史上的贡献。与此同时，实藤撰写《< 音乐小杂志 > 和我》一文，寄给汪向荣氏，汪氏翻译成中文之后，交《中日文化与交流》第三辑（1987 年 9 月）发表。1984 年 10 月，孙教授在上海举行的全国高等音乐艺术院校中国近现代音乐史教学会上，报告该杂志回归经过及其学术价值，《寻访始末及初探》一文先后在《山东歌声》（1984 年第 12 期）全文发表和《人民音乐》（1985 年第 3 期）摘要刊载。孙教授对实藤由衷感激，到处表扬，称赞实藤“确实是一位值得我们学习与尊敬的中日友好的学者”。是故，实藤协助中国第一本音乐期刊归国的事，一时成为中国音乐界美谈。实藤自己对此事淡然处之，自谦地说：“对于一个毕生致力于两国文化交流史研究的人来说，为中国做出一些努力，也是应该的，值不得夸赞。”

上述故事的尾声，更令孙继南教授感动。事缘 1984 年 9 月收到杂志复印本之后，孙教授又向实藤查询杂志涉及的几位日本音乐家及刊物尺寸大小、封面彩色等细节。同年 11 月 2 日，实藤回复：“自 8 月以来，我因脚病一直卧床不起，所提问题，已向两个朋友询问，还未接到回信。此信是仰面朝天写的，很乱，请原谅。”“两天后便又来信，告知朋友回答内容，并附来鸟居忠五郎教授代笔的几位明治时代音乐家传略，信尾仍写‘病卧床上、仰面朝天，字不清楚，请你原谅’”。知道实情后，孙教授不由得感叹“老人如此高尚品德与举止，令笔者感动不已”。并感无限唏嘘：“无以回报，遂将珍藏书法家朱孔阳朱砂《寿》字一帧馈赠，未料此后仅 58 天，噩耗传来，老人于 1985 年 1 月 2 日在日本病逝。”[1]

实藤对于中国朋友，可以说感悟深厚，终生未渝。汪向荣回忆以下的事实，可以说明这一点。

“一直到（1984 年）12 月 15 日左右，还收到他（实藤）在病床上写的信，谈的还是文稿上的事，讨论一些近代文化交流史上的问题；那时我收到（广东省梅州市）黄遵宪纪念馆梁通同志的信，说实藤先生把珍藏的《日本杂事诗》

---

[1] 孙继南：《李叔同——弘一大师音乐行止暨研究史料编年，1884—2010》，《天津音乐学院学报》季刊，2011 年第 01 期。

稿冢题字初拓本送给了纪念馆。我想，他可真一辈子把精力付诸中日文化交流工作了，病得这样重，还没有忘记。”[1]

汪氏话说得好，12 月 15 日左右，距离实藤与世长辞只不过两周！我要补充的是，在实藤看来，一个真正的日本人帮助中国朋友做些事，是责无旁贷的。实藤自己就曾这样说 :“这些，在我看来是一个日本人应尽的责任。”实藤惠秀就是这样的一个日本人，他的中国心就是这样的。

结语

实藤惠秀胸怀日本，面向中国，以促进中日友谊和文化交流为己任。这种亲华思想和行为，不管是在战前或战后，经常与日本国策背道而驰，被视作异见分子，也被迫游离于日本上流社会，因而经常感到寂寞、无奈。其实，实藤并不孤独，因为具备良知良能的人毕竟是日本社会的大多数，不过他们是未能掌握话语权的沉默的大多数。这情况一如中国“文革”期间，是非黑白颠倒紊乱。日本侵华时期，在大部分的日子里实藤和竹内好等人被指为日本国内的牛鬼蛇神。他们到底是人还是鬼，历史自有公论。

实藤在推动近代中日文化关系研究、日本文字改革及中日文学翻译和比较方面，都是备受尊崇的先行者。他在促进中日友好、要求日本承担侵略战争责任、向中国人民谢罪赔偿、返还从中国掠夺的文化财产等方面，都有非常独特的贡献。最为难能可贵的是，在中日关系极度恶劣的时候，实藤依然关怀中国，给苦难的中国人民寄予无限温情，憧憬新中国光明的前途。他曾受日本军国主义荼毒，一度思维紊乱，可是很快清醒过来，并作深刻反省，以多种实际行动倡导中日友好。汪向荣氏为实藤的一生作了总结 :“只有真正爱自己祖国的人，才可能爱其邻邦。这一心情，打从战时开始，直至战后钓鱼岛（尖阁列岛）主权争议，都频频在他身上显现。实藤氏是个真正的日本人，又是中国真正的朋

[1] 汪向荣 :《悼实藤博士》,《中日文化与交流》第三辑，第 23 页。

友。”[1] 这番话，我深有同感。

实藤为他的祖国从落后弱小的封建社会转化成政经大国、从文化输入国变成输出国，感到无比骄傲，又为其祖国沦为侵略国加害邻邦而感到惭愧和悲愤。这种骄傲而又惭愧和悲愤的心情，沉淀之后，虽然长期处于恶劣的语境，终于被转化为强大动力，使他成为出色的中日文化关系研究和中日友好的先行者。他为我们后辈披荆斩棘，从社会文化多方面切入，开辟了中日关系研究的新天地。他的《留日史》并非十全十美，还有修正增补的空间和必要，可喜的是继实藤先生之后，一些学者已经开展了细密的研究工作[2]，我们有理由相信在未来的岁月，将有更多学术硕果陆续面世。

实藤（右 1）与 Jansen 伉俪（右 2、左 1）欢聚于谭汝谦（站立）在香港中文大学的宿舍，1979 年 12 月

实藤对西方学术界的影响也是不容弗视的。西方日本史权威及中日关系史研究的先行者 Marius B. Jansen 教授(《日本人与孙中山关系研究》等书著者)，

[1] 汪向荣：《实藤さんを偲ぶ》，《日中友好百花》，8 页。

[2] 例如，黄福庆：《清末留日学生》，中央研究院近代史研究所专刊 34，台北：中央研究院近代史研究所，1975；汪向荣：《日本教习》，北京：三联书店，1988；沈殿成主编：《中国人留学日本百年史，1896—1996》2 册，沈阳：辽宁教育出版社，1997；See Heng Teow, Japanese Cultural Policy toward China, 1918—1931, Cambridge, Massachusetts and London: Harvard University Asia Center and distributed by Harvard University Press, 1999。

与实藤相交甚笃，经常就中日关系史问题交换史料和意见。我在很多场合都听到 Jansen 教授坦言受实藤的启发与影响 [1]。

美国学者任达（Douglas R. Reynolds）和 Carol T. Reynolds 都称誉实藤为中日文化关系研究的先行者，他俩在哥伦比亚大学的博士论文和后来的合著中都深受实藤的影响 [2]。美国加州大学 Santa Barbara 分校教授傅佛果（Joshua A. Fogel）（现任加拿大约克大学教授）在 1988 年创刊的英文半年刊 Sino-Japanese Studies（日中研究），刊登研究中国和日本及中日关系的学术论文，成为西方唯一的中日关系学术期刊，而该刊封面“中日”两字，就选用了实藤的墨宝，以示对实藤先生的尊崇 [3]。

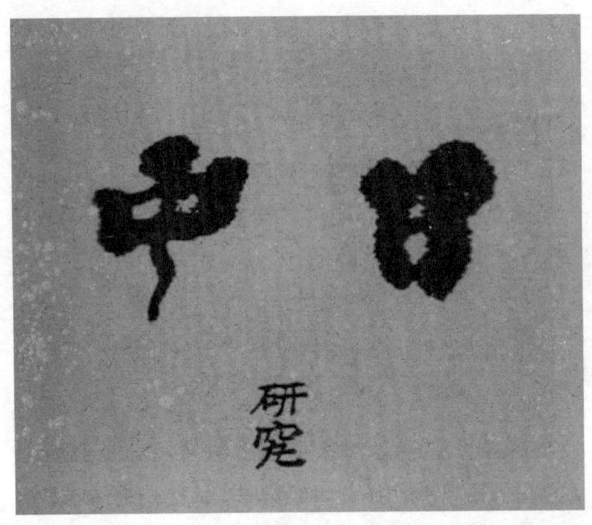

实藤墨宝：《中日研究》封面题字

[1] 实藤和 Jansen 两位先生相交多年，但是直到 1979 年 12 月他们应邀出席在香港中文大学举行的“中日文化关系国际研讨会”，才首次会面。这两位东西方中日文化关系研究带头人在香港聚会，被公认成为大会的亮点之一。有关这个国际研讨会的情况及实藤先生的感想，参见实藤惠秀著，周佳荣译《香港研讨会》，见《抖擞》，香港：1980 年 1 月。

[2] Douglas R. Reynolds with Carol T. Reynolds, East Meets East: Chinese Discover the Modern World in Japan, 1854—1898; A Window on the Intellectual and Social Transformation of Modern China, Ann Arbor, MI: Association for Asian Studies, Inc., 2014. 见该书序文及其他章节。

[3] 该刊封里附封面题字说明如下：“日中”两字取自实藤惠秀著《日中非友好史》实藤氏的题签；他是中日研究的奠基者，备受中日两国学者尊敬。“研究”两字则取自宋濂编《元史》第 140 卷的《铁木儿塔识传》。

近年日本国内刮起历史修正主义歪风，一些政界和学界人士不尊重历史，拒绝深刻反省对外侵略史实，罔顾战后中日友好来之不易的现实，鼓吹“中国威胁论”，大肆破坏中日友好，模糊中日共赢的美好愿景，其所作所为与实藤惠秀所向往的背道而驰。回顾中国学界，近三十年来百花盛开，视野宽广，颇具新时代文艺复兴的势头，至为可喜。可是在世界史，特别是日本史的领域，王奇生教授赞誉实藤那样的“实证功夫”，还是尚未到位。至于叶隽先生所求的“异质文化碰撞的具体镜像”亦未清晰呈现，更遑论“生发出思想史研究新义”了。由此看来，今天重温和检讨实藤惠秀这位日本学者的心路历程，对我们反思中日关系和瞻望未来，也许不无裨益。

1979：大反弹与新时代

撰文：克里斯汀·卡里尔（Christian Caryl）
翻译：林添贵

1979 年释放出来的力量象征着笼罩 20 世纪大半时间的伟大社会主义乌托邦的终结，并作为一个新时代的开端。伊朗革命、阿富汗圣战开始、撒切尔当选首相、教宗第一次回波兰访问，以及中国展开经济改革——把历史的进程转向到极其不同的新方向。1979 年，已经压抑了许久的市场和宗教这两股力量终于释放反作用力，猛烈地回来复仇了。

历史总是有办法开玩笑。当事件在我们周遭发展时，我们透过从前先例的棱镜来诠释我们所见到的东西，然后再惊诧我们的行动绝不会重演。我们信心十足地大谈“过去的教训”，仿佛人间事的混沌可以化约为教室里的秩序。

很少有任何一年比 20 世纪的 70 年代更能产生对未来的误导效应。如果你喜于见到专家狼狈、名嘴惊慌，那 1979 年肯定会是你感兴趣的一年。

1979 年 1 月，伊朗的巴列维国王乘机离国，自此不再回国，巴勒维在位长达三十七年。他是被数百万名走上伊朗街头的抗争者所推翻的。这一由群众组成的抗争浪潮号称有史以来规模最大的一次。可是，仅仅几年前，观察家还在称赞伊朗是现代化的奇迹，并推崇巴勒维国王的经济改革做得漂亮绝伦。巴勒维对伊朗社会的管控几乎无法被撼动，毕竟他主宰着一支世界最大的军队，还拥有残暴秘密警察。但现在他的国民却蜂拥上街头，宣告他们的渴望，希望能为流亡巴黎的年迈什叶派法律学者赴汤蹈火，并以此为荣。

大多数的外界人士无法彻底明白伊朗究竟发生了什么事。几十年前，德国哲学家汉纳·鄂兰（Hannah Arendt）曾经向她的读者保证，革命——一七八九年的法国大革命、一九一七年的俄国大革命——就定义而言，是世俗（secular）现代化的产物。那我们要怎么理解高喊着宗教口号的伊朗抗争群众呢？当然，“伊斯兰革命”这个名词就是个矛盾的词汇。许多西方人和伊朗人都有一样的反应，他们都完全否认有此现象，认为那全是左翼势力为策划“真实”的革命所制造的烟幕弹，他们必须利用宗教来掩饰其真正的用心。也有人拿霍梅尼（Khomeini）来类比甘地（Gandhi）——另一位用信仰进行反帝国主义斗争的领袖。但事件的发展很快地就证实了这项模拟的不当。

当时的美国总统卡特有相当简单的分析。他说，霍梅尼根本就是“疯子”。[1]这是个令人极端失望的评语，但充分反映了外界想要了解伊朗事务的困难重重。霍梅尼并没有疯。（虽然他可能愿意自称有时候会“在真主面前醉了”，因为他是沉浸在“苏菲主义”（Sufism）诗学传统中的人。）[2]事实上他是个精明、有条不紊的人，在处理政治事务上一再展现敏锐的务实精神。

霍梅尼不是那种即兴行事的人。他花了好几年的时间打造对伊朗未来与前途的观点，并相信什叶派的神职人员将主理政事，实际上却对社会的各个层面都进行严密的监管。但是他迈向此一目标的道路却相当曲折。虽然可兰经对社会有十分详尽的伦理与政治蓝图，但它对于治理一个现代民族国家的眉角细节却着墨不多。虽然哲理上、诗学上可兰经的蕴涵非常丰富，但这本伊斯兰圣经对于货币政策、汇率或农业补贴却没有多说些什么。因此，伊朗革命的路途颠簸于深奥的经文辩论、掺杂暴力迸发，并让可能性受到局限——这个历史遗赠

[1] Keeping Faith：Memoirs of a President，Jimmy Carter，458.

[2] 译注：苏菲主义或称苏菲派是伊斯兰教的神秘主义，为追求精神层面提升的教团。他们在生活上十分严谨。他们相信透过冥想和阿訇（mullahs）接触到阿拉。他们把阿拉人格化、伦理化，把对阿拉敬畏之心化为无私的爱。西方学界称苏菲主义为“大众的伊斯兰”（Popular Islam）。苏菲主义和瓦哈比主义（Wahhabism）相互对立。

给新伊斯兰共和国相当怪异的政治安排，使它到今天仍是个十分难以预料的地方。我们不必太惊讶霍梅尼会觉得这条路十分艰巨。就这方面来讲，“伊斯兰革命”不仅对外界人士，就连对其创始人而言，也都是前人未走过的地域。

伊朗的动荡对其余的伊斯兰世界产生爆炸性的效应，这在它的东邻阿富汗最为明显。华府和莫斯科的决策者起初也忽视了宗教在阿富汗的影响。当老态龙钟的苏联领导人勃列日涅夫（Leonid Brezhnev）及其政治局同僚决定一九七九年圣诞节派兵入侵，以对付当地人民针对阿富汗新成立的共产政府之反叛时，西方观察家本能地记起过去冷战的情节。他们说，莫斯科夺占喀布尔（Kabul）只是重演一九五六年入侵匈牙利、一九六八年干预捷克的故事。苏联坦克镇压了反共的动乱，华府的当家者立刻认定是俄国人抓住机会要积极抢入战略地位重要的波斯湾地区。但其实克里姆林宫的老人动机很温和：他们急着要力挺摇摇欲坠、只有二十个月之久的共产政权——它在短短时间几乎已把阿富汗全国上下都得罪光了。苏联情报机关国家安全委员会（KGB）甚至怀疑由莫斯科一手扶植起来的阿富汗共产党党魁有交好西方的秘密计划。

但是华府和莫斯科都没有预料到此次入侵释放出来的力量。阿富汗伊斯兰复兴主义叛军的强悍让观察家大吃一惊。有些评论家想起阿富汗反抗外国入侵者的历史，猜测穆斯林会和俄国人缠斗不休，但是他们脑子里出现的图像是很浪漫的，也就是十九世纪让大英帝国吃尽苦头的部落战士。但是没有人预见到伊斯兰教和二十世纪末期革命政治的怪异融和——在阿富汗最具逊尼派色彩的论述和霍梅尼什叶派追随者所激起的狂热，两者的共同点极大——会燃烧成一种奇异、新型的全球宗教冲突。没错，阿富汗人反共产主义统治的叛变起先是出于传统部落抗争的形式，但事件很快就展现出“伊斯兰主义”（Islamism）此一奇特新现象的力量。仅仅几年之内，这个宗教性的叛变将取代马克思主义和世俗的民族主义，成为中东最强大的反对派意识形态。

这种复兴主义精神并不只局限在伊斯兰世界。也有些西方人士相信宗教该挺身出来对抗世俗化的歪风。一九七八年十月，在罗马集会以推举教宗的枢机主教团撼动了全世界，选出波兰人克拉考大主教卡罗·沃伊蒂瓦（Karol Wojtyła）为新任教宗。新教宗圣名“若望保禄二世”，但即使在那些聚集在圣彼得广场等候选举结果揭晓的信徒中，这位主教也没有任何名气，新闻评论员和梵蒂冈官员也念不出他的姓名。大家之所以会如此混乱，是可以理解的。他是四百五十七年前荷兰人爱德邻六世（Adrian VI）出任教宗以来，第一个被选为罗马主教的非意大利人。

但是真正让沃伊蒂瓦当选教宗意义非凡的是冷战政治。他当选教宗之后的七个月，即1979年6月，新教宗展现出他的改造潜力，回到波兰祖国进行访问，彻底震撼了东、中欧。没错，这件事的影响也需要一段时间才能显现出来。教宗本人也预想不到，他的努力会在有生之年加速苏联帝国的崩溃。

玛格丽特·撒切尔（Margaret Thatcher）一九七九年五月当选英国首相，象征着另一个激烈的中间休止符（caesura）。并不是说她是第一个跃居英国最高民选公职的女性，她出任首相的重大意义远超过性别这个凡俗的事实。如果说教宗和伊斯兰主义者代表宗教意识的上扬，撒切尔的崛起则象征着同样深远的具有全球性影响的新变革：她是市场的鼓吹者，热切地决心拆卸社会主义，要恢复英国人的企业创新和自立价值。[1]上任之初，她对经济政策的观点十分背离传统，以致她在自己的内阁中都居于少数派。没错，撒切尔必须和自己的保守党同志作战，也得和左翼的在野力量斗争，才打造出利伯维尔场的政治议程，并旋即改变了英国及世界的面貌。

当时英国政坛上若是要打赌谁最被看好、谁最可能是二十世纪丘吉尔（Winston Churchill）以来最有影响力的首相，撒切尔铁定排名最后。但是要怪大家无识人之明，恐怕也不尽公平。一九七九年，撒切尔本人也还不敢端出“私有化”（privatization）这个新字词，但是不到几年的光景，这个单字却是她所协助发动的全球市场革命中最响亮的名词。

同一时期，全世界人口最多的国家也在进行一场不是那么显著的改变，而市场在其中扮演了重要角色。1978年底，年逾古稀的中国共产党领导人邓小平上升到领导的高阶地位，往后几个月他和他的同志们推出一系列的经济改革，最后把中国改变到无法辨认的地步。中共领导人仿效新加坡、中国香港和

[1] The Anatomy of Thatcherism，Shirley Robin Letwin，33—34.

中国台湾等东亚成功的故事，并为邀请外国资本及技术进入“经济特区”做足准备工作。他们允许民间创业者开办小型企业，也打开门户允许外界信息汇流进入中国。在极大多数中国人仍然居住的农村地区，邓小平及其同僚开始允许解散毛泽东所设置的集体农场，准许农民恢复他们家庭农作的旧制度。

没有人真正看过邓小平心中构想的整幅蓝图，毕竟从来没有一个共产政权曾经成功地改革自己。因为邓小平依然衷心相信共产党的统治方针，且他也小心地引用毛泽东的口号来支持其改造方案。这一切都将人笼罩在雾里，没法看清这个即将给中国及世界留下深刻印记的宏伟政治经济实验。

今天，我们常常不假思索地就会拿中国的成就和西方先进的工业化国家做比较。然而，当改革在一九七九年开始起步时，大部分的观察家要做国家比较时，都拿南斯拉夫、匈牙利甚至东德来做范例（东德依然被认为是社会主义生产力的典范）。一九七八年前往东京正式访问时，邓小平对双方同意搁置的领土纷争不经意地讲了一句话，让日本的东道主迷惑不已。他说：“过了十几二十年,谁晓得中国会有什么制度呢？”[1] 当时日本人认为他一定是在开玩笑。今天我们总算清楚，他并没有在说笑。

这几个故事都非常精彩，各自都值得单独表述。但是它们真的彼此互相关联吗？当然，英国的第一位女性首相和伊朗激进的什叶派神职人员似乎八竿子打不到一起。罗马主教、阿富汗萌芽中的伊斯兰主义者和中国共产党的领导人，彼此之间又可能有什么联结呢？你或许会说，他们都活在同一个历史的转折点，并不能代表他们的故事就彼此相关。巧合不等于因果。

事实上，它们的共同点比第一印象看到的还要多。一九七九年释放出来的力量象征着笼罩二十世纪大半时间的伟大社会主义乌托邦的终结，并作为一个新时代的开端。这五件故事——伊朗革命、阿富汗圣战开始、撒切尔当选首相、教宗第一次回波兰访问，以及中国展开经济改革——把历史的进程转向到极其不同的新方向。一九七九年，已经压抑了许久的市场和宗教这两股力量终于释放反作用力，猛烈地回来复仇了。

[1] Teng' s Cryptic Remark, Bill Roeder, Newsweek, December 18, 1978.

并不是命运在那一年交集的所有历史人物都必然认为自己是保守派，他们也没有试图倒转时钟以回到神圣的原状。这正是因为他们全都以自己的方式响应从社会民主到毛泽东主义所展现出来的革命狂热。而且很惊奇的是，他们全被左翼敌人抨击为“反动派”“反启蒙主义者”“封建主义者”“反革命”或“走资派”，其最高目标就是抗拒进步。

这些指控也不无几分道理。一九七九年的这些主角人物以自己的方式针对革命进行大反弹。邓小平排斥毛泽东“文化大革命”的失当，改为务实的经济发展——他的动作让市场经济逐渐回归。霍梅尼对伊斯兰国家的前景设定是因为他坚决排斥巴列维国王以国家机关领导的现代化方案（即所谓“白色革命”），以及反对主宰着伊朗左翼反对运动的强大马克思主义。（伊朗国王的确谴责这位什叶派教士为“黑色反动”，以有别于马克思主义者的“红色反动”。）阿富汗的伊斯兰叛军揭竿而起反抗莫斯科支持的喀布尔政府。若望保禄二世运用基督教信仰作为道德十字军之基础，对抗苏联体系中无神论的唯物主义。而玛格丽特·撒切尔想要扭转第二次世界大战之后在英国已根深蒂固的社会民主共识。

同时，我们很容易低估这些领导人实际上从他们乌托邦式的左派敌人那里吸收到了什么。我们可以把保守派界定为想要保卫或恢复旧秩序的人，反之，反革命分子则是从革命中学到教训的保守派。若望保禄二世大半辈子都活在共产主义的制度底下，十分熟悉马克思主义的经典，也积极以知识和教会组织去对抗其论据——知识有助于打造他的道德和文化抗拒的计划。（它也使教宗对劳工阶级的政治产生强烈兴趣，使他支持团结工联运动——也对西方式的资本主义产生深刻怀疑。）霍梅尼和他的教士盟友占用马克思主义的言词和思想，打造出反抗殖民主义及贫富不均的宗教激进主义新品牌，社会主义者的国有化及国家管理的概念，后来在伊斯兰政府后革命时期的经济政策上扮演重要角色。（有位历史学家形容因之而生的综合效应是“革命的传统主义”[1]。）阿富

[1] The Turban for the Crown：The Islamic Revolution in Iran，Said Amir Arjomand，205.

汗圣战者从共产党的剧本中抄袭，建立革命政党和完整的意识形态系统。玛格丽特·撒切尔在牛津大学念书时，马克思主义在政治上风靡一时，她以对运动的论述、意识形态的侵略性及实用主义等最不保守的倾向，打造出保守派的本质。也正是这个原因，一九七九年协助她入主政府的许多保守党战友质疑她究竟有多强烈的“保守派”色彩。至于邓小平，即使他已描绘出远离中央计划、走向市场经济的路线，他仍坚持维护共产党在体制上的最高地位。冷战历史学者文安立（Odd Arne Westad）形容邓小平的改革计划是“经济和政治方向的逆袭，也是世界前所未见的大改造。”[1]

一九七九年四月，撒切尔在保守党的一次集会上骄傲地报告说，她的政敌称她为反动派正完全吻合此一精神。她宣称：“是啊！是有许多东西要针对它们而反动！”[2] 正是这种特殊的反叛精神赋予这一年巨大的改造力量。这些领导人果敢地界定了我们生活的世界——也就是某些思想消退、市场主宰经济思想以及政治化的宗教势力大盛的世界。不论我们喜欢与否，今天身处二十一世纪的我们仍活在一九七九年的阴影之下。

本文选自《历史的反叛：1979年的奇异变革及其阴影》前言“大反弹”，克里斯汀·卡里尔（Chriatian Cary）著、林添贵译，台北：八旗文化出版社，2014年版。

---

[1] Restless Empire：China and the World Since1750，Odd Arne Westad，378.

[2] “Speech to Conservative Rally in Cardiff ，” April 16,1979. http://www.margaretthatcher.org/document/104011

“北漂”张恨水的北京情缘

撰文：解玺璋

1919年秋的一个傍晚，从前门火车站走出一个身穿长衫，一脸茫然的青年。许多年后他忆及此时依然还记得：“当民国八年（1919）秋季到北平的时候，天色已经黑了，前门楼的伟大建筑，小胡同的矮屋，带着白纸灯笼的骡车，给我江南人一个极深刻的印象。”这个青年就是十年后红遍大江南北，家喻户晓，妇孺皆知的小说家张恨水。这一天，是他“北漂”生涯的开始，也是他与北京一生一世之情义的开始。

张恨水是在一个叫王夫三的朋友鼓动下来闯北京的，刚到北京时，人生地不熟的他，只能先去找王夫三。王夫三，又名王尊庸、王慰三，安徽歙县人氏，曾任《皖江报》、《工商日报》驻北京特派员。1933年，在任《时事新报》驻南京记者时被人暗杀。当时，张恨水写了《哀老友王慰三君》一文，透露了王氏鼓励他到北京求学、发展的一些细节：

> 民八在芜湖，与恨水会于某报社（《皖江报》）。时恨水方二十许，好谈革命。王笑曰：“君傻子也，然君文笔尚可，加以造就，未

可限量。何株守于此？”既而君北上，供职参战军督练公所，招恨水北上。恨水质衣被入京，拟入北京大学。然一身之外无长物，何以言读书？君原住歙县馆，以其居居我。恨水无衣，君曰：“我入军需学校，有制服，敝裘一袭，可赠君。”恨水无被褥，君曰：“军需学校有公用军毯，被褥二事，亦可赠君。”恨水感泣，至无可言喻。古人谓推衣衣我，不是过也。旋以君之介，为老友名记者秦墨哂君助理笔墨，稍可自活，而读书终无望，君乃为之叹息不置。时恨水穷，君亦仅足自给，非在学校。早起，仅苦茗一壶，烧饼油条一套。或至黄寺督练处，或至学校，来回数十里，风雪交加，无不步行。其勤苦又如此。

张恨水在这里提供了一个很重要的信息，即他到北京的第一个落脚点，不是社会上流传的怀宁会馆，而是歙县会馆，不久则迁往潜山会馆。歙县会馆位于宣武门外大街路西的达智桥（今宣外大街51号），潜山会馆离此亦不远，就在路东偏南的西草场胡同山西街。他来北京的最初几年，住在这里的时候比较多，有时也住报馆或通讯社。直到1923年秋，与胡秋霞成婚后，他的“北漂”生活才算告一段落，结束了居无定所的日子。转年初春，他租下宣武门外铁门胡同一所住宅，安了个家。老朋友、芜湖《工商日报》副刊编辑张香谷曾写信向他表示祝贺，他在《复香谷电》中特别提到：“水于真日迁入铁门七十三号丁宅。”他的复电发表于三月十六日芜湖《工商日报》副刊《工商余兴》，这里提到的真日，即十一日。十天后，他的《春明絮语（续）》在该报刊发，对其新宅有更为详细地介绍：“予近迁居铁门七十三号，为青衣票友蒋君稼故宅。友人张香谷作函贺之，并谓蒋善歌，必有绕梁余音可闻。其事甚韵，予因作骈体文复之。”

铁门胡同地处宣武门外，北京外二区之西南，北起西草场街，南至骡马市大街，是一条南北向的胡同，距离这些年他住过的歙县会馆、潜山会馆，都不是很远。近代著名作家、被称作“鸳鸯蝴蝶派”小说圣手的包天笑，晚年在《钏影楼回忆录》中记下了曾与张恨水在铁门胡同做邻居的只言片语：“自从定居了铁门以后，有许多朋友知道了，时来见访。后来方知道张恨水也住在这条胡同里，我住在前进，他住在后进。他的朋友去访他，却也是我的朋友，先来访我。不过我们两人，这时还不相识，直到他后来到上海后方见面哩。”

在包天笑的记忆中，“铁门是小四合院，可也有北屋三间，南屋两间，东西屋各两间，门口还有一个小门房”。而且，屋子里“既装有电灯线，又有了自来水管子，并且是新造的，租金不过十三四元吧，与北京老房子比较，也算是高价了”。前院既如此，后院的格局也就可以想象。张恨水数月前刚娶了一个年轻漂亮的媳妇，夫妻二人租住这样一个小院，在北京城里，虽非豪门大宅，也算是相当舒适的了。那时，他兼了几份工作，给北京、天津、上海的几家报馆写新闻通讯，“大概每月所得总在一、二百元。那个时候的一、二百元，是个相当引人羡慕的数目”，足以支持他们婚后幸福、温馨的日子。

1924 年农历九月初一日，张恨水与胡秋霞的长女大宝（张恨水在文章中称她慰儿)出世了。女儿的到来,给这个二人世界平添了许多烦恼和乐趣。不料，这个女儿只活了八岁,1932 年初夏,北平流行猩红热,先是小女康儿,染上此病，医药均不见效，九日而夭;继而大女慰儿，亦染此病，不及二十日，不幸夭折。两个女儿，一先一后，离开了人世，让他深感人生之不可捉摸。他在《< 金粉世家 > 自序》中追诉了女儿的音容笑貌 :“当吾日日写《金粉世家》，慰儿至案前索果饵钱时，常窃视曰 : 勿扰父，父方作《金粉世家》也。”

就在慰儿刚刚学步的时候，张恨水做出一个重要决定，要把全家从安庆迁居北京。起因是这一年大妹张其范考取了北京女子师范大学，张恨水不想让母亲挂念女儿，索性把全家都搬到北京来了。他在京漂泊数年，眼下虽已娶妻生子，有了温馨的小家庭，日子过得有滋有味，但想起远在家乡的母亲和弟妹，仍不免于天涯游子的孤寂之感。某年除夕，他结束了手头的工作，从报馆出来，走到宣外粉房琉璃街口，看着熙熙攘攘往来采办年货的人们，就曾口占一绝 :“宣南车马逐京尘，除夕无家著此身 ; 行近通衢时小立，独含烟草看忙人。”这首诗真切地表达了一个游子“每逢佳节倍思亲”的心情。现在好了，大妹来京读书，仿佛天赐良机，全家人终于可以团聚了。

张家此时已是三世同堂的大家庭。张恨水兄弟六人，他是长子，下面有三个弟弟和两个妹妹。妹妹尚未出嫁，弟弟中二弟啸空、三弟仆野都已婚配。他则在原配徐文淑之外，又娶了二房胡秋霞，并有了一个女儿。这样一来，铁门胡同的小四合院就显得非常局促了。为了能让全家住在一起，妥善地安置两个有家室的兄弟，以及他的两房妻子，张恨水不得不设法承租一所更大的院子。那会儿，在北京租房，尚属买方市场，供给大于需求，因此，没费什么事，就在未英胡同找到了称心如意的住所。多年后，他还在《影树月成图》一文中描述了这座宅院令人神往的概貌：

未英胡同三十号门，以旷达胜。前后五个大院子，最大的后院可以踢足球。中院是我的书房，三间小小的北屋子，像一只大船，面临着一个长五丈、宽三丈的院落，院里并无其他庭树，只有一棵二百岁高龄的老槐，绿树成荫时，把我的邻居都罩在下面。

这种超大规模的四合院，简直就是为张家这种兄弟、妯娌、姑嫂、妻室关系较为复杂的大家庭量身定做的。张其范也曾忆及当初在未英胡同三十号时的生活情景，她在《回忆大哥张恨水》一文中写道：

大哥住北屋三间——卧室、会客室、写作室。写作室的窗子嵌着明亮的玻璃，窗外一棵古槐，一棵紫丁香，春天开着洁白清香的槐花，凋谢时落花铺满地面，像一条柔美的地毯。哥哥爱花，不让人践踏，一听我们推门声响，就立刻停笔招呼："往旁边走，别踩着花。"

他还记得："妈妈嫂嫂和我姐妹，住在后进，院子里有棵高大的四季青，我们常聚在树下看书，做针线。有一次，后院的小门豁地推开，大哥边系裤带，边兴奋地说：'想到了，终于想到了。'原来他想好了小说上一个情节。母亲心疼地说：'你脑子日夜想个不停，连上厕所都在想，怎吃得消啊！'"

未英胡同在西长安街南侧。这条南北向的胡同，北迄西绒线胡同，南抵宣武门东大街，明代为府卫军驻扎地，由此得名卫营胡同；清代或称纬缨胡同，俗讹为未英胡同，也有叫喂鹰胡同的，不知何所本。然而巧的是，张恨水所居三十号院右邻，是一旗籍旧家，尝自夸为黄带子，意为皇亲国戚。他曾在张恨水面前吹牛，说："少年富贵无所事，弹歌走马，栽花养鱼，驾鹰逐犬，无所不能。不料今沦居陋巷，寒酸增人谈笑也。"不过，张恨水的确看到过这家人处理所养老鹰时的情景：

> 其家有老仆，以衰病谋去未能。一日于院中树下缚老鹰，将割之。予曰：噫！其肉可食乎？仆曰：当吾主人坐高车，住华屋时，是曾捕杀多禽，深得主人欢者。吾不彼若也。今主人贫，当谋自立。不复以杀生为乐，是物留之无用，嘱吾释郊外。然吾殊不耐，有斗酒，将烹之以谋一醉也。言时，鹰目灼灼视予，若欲为之乞命。予怜之，以二角钱向老仆购取，纵之去。鹰受伤不能高飞，纵翼复落予院中。小儿辈喜其驯，以厨中腊肉喂之。三日，为狸奴所创，死焉。

不知这个插曲能否成为此地曾经"喂鹰"的佐证。但它毕竟是张恨水笔下不多见的对未英胡同那段生活的记述。其实，关于这所宅院，张恨水之前，谁曾在此住过？房产的所有权属于谁？我们几乎一无所知。查清代王府地址简表，以及列入文保单位的四合院名单和未列入文保单位的名人故居及王府名单，不仅没有三十号院，甚至没有未英胡同。可知这所院子虽大，却未必是王府或名居，不然他的右邻也不会说"沦居陋巷"。然而，这所院子的月租却只有三十元，张恨水曾得意地说，"就凭咱们拿笔杆儿的朋友"，租一所这样的院子住住，并不特别的为难。或者你以为这是个布尔乔亚之家，但他告诉你："不，这是北平城里'小小住家儿的'。"

尽管如此，以张恨水的实际收入而论，每月三十元的房租仍是一笔不小的负担。在加盟《世界日报》之前，张恨水兼职较多，收入也很可观，"大概每月所得总在一、二百元"。然而，自从与成舍我一起创办《世界晚报》以来，他把所有的兼职都辞了，为的就是专心做好这件事。另一位创办人，后与成舍我因身份问题发生争议的龚德柏，就曾在《回忆录》写道："在办报之先，成舍我同我两人，只言合作，绝未谈及谁主谁从？故两人都吃自己的饭，不由报社拿一分钱薪水，只共同努力，把报纸办好而已。"对此，张恨水也曾有过表示。"我们决不以伙计自视"，他说，"我和龚君，都是为兴趣合作而来，对于前途，有个光明的希望，根本也没谈什么待遇。后来吴范寰君加入，也是如此"。不过，与龚德柏不同的是，他还支"三十元月薪"。

事实上，1927年以前，张恨水的居京生活过得并不轻松。他的收入离全家的实际生活需求还是有很大差距的。据张其范回忆："全家十四口人，除二哥工作外，全依赖大哥生活。每个学期伊始，我们弟妹需缴一笔数字可观的学杂费（我读师大，两个弟弟读私立大学，妹妹读高中），都得大哥筹措"。生存压力之大，由此亦可想见。在重庆的时候，他写过一篇《做长子难》，就谈到自己作为长子的苦衷：

> "上要供养寡母，下要抚育诸弟妹，对内对外，还要负担着经济上的责任。"为了肩上的这点责任，他必须想办法多赚钱。但他是个文人，所能做的，只有卖文。他在许多场合都表示，写作"只有两个目的，其一是混饭，其二是消遣。混饭是为职业而作文字，消遣是为兴趣而作文字"。

有个朋友很赞赏他的毅力，说："我看了世界日晚报五年，天天看见阁下的文字。而且除了世界日晚报五年，又在其他的报上，日日看见你的文字。在这五年之中，我曾离开北京四五次，而每次回来之后，总不见你离开了本职。这种恒心，实在难得了。"对于朋友的恭维，他只能报以一笑，然后说："我们干的这个职业，是做一天的事，才能拿一天的钱。一天不干，一天不吃饭。他见我天天发表文字，却没见我天天吃饭用钱。"

大约从1926年起，张恨水开始给外报写小说。先是写了长篇小说《京尘幻影录》，逐日在北京《益世报》连载。"这部书，完全是写北京官场情形的"，"前前后后，也写了两年多，总有五十万字以上"。不久，北京《晨报》亦约他写个长篇，于是，他便写了《天上人间》。民国十七年（1928），蒋冯阎的军队进驻北京,《晨报》被迫于六月五日停刊,这篇小说并没有写完。直到《上海画报》、沈阳《新民晚报》、无锡《锡报》先后转载，才把它补齐了。在为外报写作时，张恨水似乎也考虑到成舍我的态度,但是他说:“既然《世界日报》欠着我薪水，我在编余时间为外报写小说，他们也不便干涉。”

这时，由于《春明外史》的影响，他的稿约多起来，在随后几年里，他写了《春明新史》，给《上海画报》连载，未能载完，后由沈阳《新民晚报》连载收尾；《京尘幻影录》之后，他又为北平《益世报》写了一部《青春之花》，也未完成;继而又在北平《朝报》上连载《鸡犬神仙》,这张报纸创办于《晨报》停刊之后，后台老板是冯玉祥，故它也是短命的，随着冯玉祥的势力退出北平，报纸很快也就关张了。这期间，张恨水还曾兼任该报总编辑，约有半年之久，由此也能想象他与西北军不一般的关系，几年后他赴西北考察，这种关系帮了他的大忙。有意思的是，停刊后的《晨报》很快便与新贵阎锡山搭上了关系，两个月后，《晨报》更名为《新晨报》恢复出版，张恨水随即为之作了《剑胆琴心》。民国十九年夏天，他还为沈阳《新民晚报》写了长篇连载小说《黄金时代》（后名《似水流年》）。

这样看来，在1926年到1930年这四五年里，张恨水除了完成世界日晚报的编辑工作，写两报的连载，通常还有两三部长篇同时进行。他白天写小说，编副刊，夜间还要编新闻，看大样，极度劳累却不能按时领取全额薪水，而一家人的吃喝总要他来打发，闷时，他也只是“叫老王打一两酒，买包花生米，借酒解闷而已”。当然也有牢骚,心绪不佳,无以排遣,他便作《也是离骚》自娱，其中写道：“嗟予生之不辰兮，幼不习工商。挥秃笔之兔颖兮，绞脑汁以养娘。每鸡鸣之昧旦兮，茫茫然而起床。乃昏灯之既掌兮，而犹差稿之数行。”有人批评他“无病呻吟，非近时所许”。但这回他真的是病了，他在病倒五天后勉强坐起写了一篇《由病榻上写来》，他是这样为自己辩护的：

无病呻吟的这四个字，那是新文豪批评旧式文人的一个铁案。其实，无病呻吟，照目下看来，倒不论什么新旧。有些人无病固然不呻，可是矫枉过正，几乎有病也不敢呻，那又何必？昔人说：时非南唐，人非重光，何必为悲天悯人之句，太平之时，可以这样说。以言今日，我们哪个不是岁月干戈里，家山涕泪中。不必有病，也就可呻，何况是有病呢。

这场大病之后，张恨水第一次向报社提出了辞职。成舍我当然舍不得张恨水离开，说了许多挽留他的好话，张恨水碍于情面，只好收回辞呈。没过多久，大约在 1928 年六月，北京城挂起青天白日旗的时候，成舍我由南京回到北京，于是发生了"欠薪"风波，张恨水再次愤然提出辞职，成舍我依然是好言相劝，不肯放他走。无奈之中，张恨水没有坚持非走不可，而是勉强留了下来。他曾说过："只要人家不来砸我的饭碗我是顺来顺受，逆来也顺受。一天两足一伸不吃饭了，也就不必拿笔了。等我进了棺材，有人把明珠当金科玉律，我也捞不着一文好处。有人把《春明外史》换洋取灯，我也不皮上痒一痒。"这话听上去总让人感到有一些辛酸和悲痛。过了不久，他再次病倒。病稍愈，他马上提笔工作，并在"小月旦"中针对"停了药罐就提起笔杆"的生活，发了一通感慨："躺着不能吃喝，要吃喝也没钱买。不躺着有吃喝，又不能不心力交瘁。倘是能躺着吃喝，又不浑身难受，岂不大妙！然而不能也，于是乎耗你的心力，去补充你的心力，就这样一耗一补，葬送三千世界恒河沙人数。呜呼造化不仁，以万物为刍狗。"

1929 年春夏之交，经钱芥尘介绍，张恨水在北京中山公园来今雨轩结识了上海《新闻报》副刊主编严独鹤。转过年来的春天，便有了《啼笑因缘》在《新闻报》副刊《快活林》的连载。这时，他第三次提出要辞去《世界晚报》《世界日报》的所有职务，成舍我不好再强留，终于答应了他的请求。四月二十四日，张恨水作《告别朋友们》一文，在与他相伴七年之久的《夜光》《明珠》两副刊同时发表：

我并不是什么要人，要来个通电下野。我又不是几百元的东家，开了一座小店，如今不干了，要呈报社会局歇业。所以我对《明珠》

《夜光》的编辑，虽然已卸责两月之久，我并没有登什么启事。但是为了省这一点事，倒惹了不少的麻烦。外间投稿的诸位先生，有所不知，由文字更牵涉到事务上，不断的和在下通函。因此我只好来作这一篇告别书。

在《世界晚报》未产生以前，更不论《世界日报》了。在那联合通讯社里，我便是一分子，虽然我到现在，还是一个被雇佣者，我与本报，是有这样久长的日子，一旦云别，能毋黯然。而诸位投稿先生、读者先生，在文字上也早已作了神交，我也不愿突然的叫声再见，所以只得含糊着直到不能含糊的今天。

我为什么辞了编辑？本来无报告之必要，然而也不妨告诉诸位朋友的，就是人情好逸而恶劳。我一支笔虽几乎供给十六口之家，然而好在我把生活的水平线总维持着无大涨落，现在似乎不至于去沿门托钵而摇尾乞怜。小人有母，我不敢步毕倚虹的后尘，不及颜回短命的岁数便死了，因之钱我所欲也，命亦我所欲也，二者不可得兼，舍钱而取命者也，于是决定了节劳。这节字从那里下手哩？我除了本报编辑而外，还有六篇长篇小说，本市三篇，上海两篇，沈阳一篇，都是早有契约，不能中断的。其间可以节省下来的，只有编稿了，所以我决定了辞掉编辑。交代已过，请诸位朋友，以后不必以编辑事务来有所询函了。

在一个读书不多而思想腐化的我，和诸位相见许多年。虽然打通的也有，而喝彩的也不少。兄弟这里给诸位鞠躬，多谢捧场。下场来不及抓诗，填阕《满江红》吧，那词是：

弹指人生，又一次轻轻离别。算余情余韵，助人呜咽。金线（疑为钱）压残春梦了，碧桃开后繁华歇。笑少年一事不曾成，霜侵发。抛却了，闲心血。耽误了，闲风月。料此中因果，老僧能说。学得曲成浑不似，如簧慢弄鹦哥舌。问匆匆、看得几清明？东栏雪。

张恨水的性格是温厚而隐忍的，不像以“大炮”闻名的龚德柏，既不认可

“被雇佣者”的身份，马上与成舍我闹翻，拉起一哨人马，自立门户。他却不能不顾及朋友的情面，撕破脸皮的事他是做不来的，连辞职都是一而再，再而三，拖泥带水，久议不决。这一次，他的不满情绪虽稍有流露，却也还是“怨而不怒，哀而不伤”，算得上深得“温柔敦厚”之旨。不过，无论如何，他总算了结了与世界日晚报的这段情缘，虽说还有小说在两报连载，他也时常为报纸写些短文，但他的精神是大大地放松了，情绪也得到了疏解和释放，心情好了，生活则平添了许多乐趣。

这期间，他与胡秋霞又添了一双儿女。儿子小水1928年一月出生，1930年，小女儿康儿也降生了。添人进口，喜气盈门，张恨水也感受到一种春风得意的满足和幸福。尤其是仰仗着《啼笑因缘》带来的声誉，他竟成了南北报馆和出版商争抢的香饽饽，不仅新的稿约应接不暇，许多旧作也被翻了出来，除了在报纸上连载、转载，还有人结集出版，为他增加了不少收入。十一月间，他应邀赴沪，在赵苕狂先生的撮合下，他把《春明外史》和《金粉世家》的版权以千字四元的价格卖给了世界书局，并以千字八元的价格与世界书局签了四部长篇新作。这样，待他回到北平时，手上便有了六七千元。十八年后，他忆及此事说：

> 若把那时候的现洋，折合现在的金元券，我不讳言，那是个惊人的数目。但在当年，似乎也没有什么了不起。不过这笔钱对我的帮助，还是很大的。我把弟妹们的婚嫁教育问题，解决了一部分，寒家连年所差的衣服家俱，也都解决了。这在精神上，对我的写作是有益的。我虽没有癞蛤蟆去吃天鹅肉，而想买一所王府，但我租到了一所庭院曲折，比较宽大的房子，我自己就有两间书房，而我的消遣费，也有了着落了。

他这里所说的房子，即西长安街大栅栏十二号。这条胡同也是南北走向，南临西长安街，北接力学胡同，由于它的东侧五十年代建起一座电报大楼，遂更名为钟声胡同。在未英胡同三十号住了五年之后，民国二十年（1931）一月，张恨水将全家迁到这里。他在随后给钱芥尘的信中提到："弟十二日迁寓西长安街大栅栏十二号。此'大栅栏'三字，读'大扎啦'，别于前门外之'大珊滥'（大栅栏）也。"关于这所宅院，他在《影树月成图》一文也有生动的描述：

> 大栅栏十二号，以曲折胜。前后左右，大小七个院子，进大门第一院，有两棵五六十岁的老槐，向南是跨院，住着我上大学的弟弟，向北进一座绿屏门，是正院，是我的家，不去说它。向东穿过一个短廊，走进一个小门，路斜着向北，有个不等边三角形的院子，有两棵老龄枣树，一棵樱桃，一棵紫丁香，就是我的客室。客室东角，是我的书房，书房像游览车厢，东边是我手辟的花圃，长方形有紫藤架，有丁香，有山桃。向西也是个长院，有葡萄架，有两棵小柳，有一丛毛竹，毛竹却是靠了客室的后墙，算由东折而转西了，对了竹子是一排雕格窗户，两间屋子，一间是我的书库，一间是我的卧室。再向东，穿进一道月亮门，却又回到了我的家。卧室后面，还有个大院子，一棵大的红刺果树，与半亩青苔。我依此路线引朋友到我工作室来，我们常会迷了方向。

这样一所宅院，月租金只有四十元。大约这是张恨水居京以来心情最舒畅的一段时间。虽然很忙，"约有六七处约稿，要先后或同时写起来"，但他并不感到紧张和压力，反而"心广体胖"，神清气爽。他曾颇有些得意地回想起民国二十年（1931）居住在大栅栏十二号的情景：

> 我坐在一间特别的工作室里，两面全是花木扶疏的小院包围着。大概自上午九点多钟起，我开始写，直到下午六、七点钟，才放下笔去。吃过晚饭，有时看场电影，否则又继续地写，直写到晚上十二点钟。我又不能光写而不加油，因之，登床以后，我又必拥被看一两点钟书。看的书很拉杂，文艺的，哲学的，社会科学的，我都翻翻。还有几本长期订的杂志，也都看看。我所以不被时代抛得太远，就是这

点加油的工作不错，否则我永远落在民十以前的文艺思想圈子里，就不能不如朱庆余发问的话，“画眉深浅入时无”了。

这时，他不再为钱而苦恼，他说：“其实我的家用，每月有三、四百元也就够了，我也并不需要许多生活费，所以忙者，就是为了情债。往往为了婉谢人家一次特约稿件，让人数月不快。”这是他新的苦恼，虽然他已如老母亲所言，“成了文字机器”，很想减少些工作，但稿约还是接踵不断，他无奈奈何地说：“殊不知这已得罪了很多人，约不着我写稿的‘南方小报’，骂得我一佛出世，二佛涅槃。”这一年秋天，他把第三个妻子娶进了门。这个在婚后被张恨水改名为“周南”的女人，几乎小他二十岁。然而，他们的婚后生活却可谓琴瑟和谐，意趣相投，有着说不尽的喜悦和甜蜜。张恨水对这次婚姻由衷地感到欣慰，他相信，这正是多年来他一直渴望得到的爱情之果。这时，虽说全家都在大栅栏十二号的深宅大院里过着其乐融融的日子，他还是另租了铁门胡同一所小院，与周南共建了一个小小的爱巢。转过年的八月，他们有了第一个孩子、张恨水的次子二水，得子之乐总算给两月前经历了丧女之痛的张恨水带来一些安慰。

“九一八”事变发生后，华北的局势骤然紧张起来。为了躲避越来越迫近的战乱，张恨水有了举家南迁的打算。他先把母亲和妻儿送回故乡安庆，自己到上海另找生活出路。上海的出版商自然是翘盼着他的到来，他们像包围一个巨大商机一样包围着张恨水，让他很不适应。他后来谈到上海给他留下的坏印象：“我以为上海几百万人，大多数是下面三部曲：想一切办法挣钱，享受，唱高调。因之，上海虽是可以找钱的地方，我却住不下去。”于是，他很快就以平津暂时恢复平静为由，离开上海，回到北平。先前所租大栅栏十二号既不能续，他便新租了安定门内方家胡同的一所宅院，他形容这所宅院，“以壮丽胜。系原国子监某状元公府第的一部分，说不尽的雕梁画栋，自来水龙头就有三个。单是正院四方走廊，就可以盖重庆房子十间，我一个人曾拥有书房客室五间之多。可惜树木荒芜了，未及我亲自栽种添补，华北已无法住下去”。

1936 年初，他把全家迁到南京，在旧南京城北的唱经楼附近安下了家。这一别，就是十年。1946 年三月，他回到刚从日寇铁蹄下获得解放的北平，心情很难平静。走在东西长安街上,“在嫩绿色的槐树荫下，被黄瓦红墙围着,”感觉自己仿佛“置身画图里”。走进中山公园,“在来今雨轩看牡丹花”,旁边“紫藤花像绣球一般开着，可以坐在藤萝架下吃藤萝饼”。院子里的枣树也引起他的兴趣,“亭午在枣花帘底，隔了浓荫，看树外的阳光”，便动了他的诗兴，于是，“短吟一绝曰”：

小坐抛书着古茶，绿荫如梦暗窗纱；
苔痕三日无人迹，开遍庭前枣子花。

战前，张恨水曾在这座古城住过十六年。他既爱这座城市，也享受这里的一切。这次久别重逢，这里的一草一木，一砖一瓦，还是那样的熟悉和亲切。有一天，他路过北海，不禁浮想联翩，感慨万千：

火药熏人未尽消，丹黄宫殿望中遥，
犹疑重庆山窗梦，又过金鳌玉蝀桥。

打浆湖心唱采莲，四川苦忆一年年，
碧波荡漾浑如旧，一照须眉转黯然。

重庆八年，南温泉桃子沟的那所茅屋，他命名为“北望斋”，就有以北平为第二故乡，无法云天北望之意。在这里，他做了许多关于北平的“梦”，一部分就记载于《山窗小品》这本散文集中。他的《两都赋》，多一半是回忆故都北平的，也是“梦”境形诸笔墨的结果。在长篇小说《巴山夜雨》中，他多次让主人公李南泉“梦”回北平，其实，那应该是他的寄托，由李南泉代劳而已。毫不夸张地说，北平始终是他魂牵梦绕的地方，一旦重归，他的得意想是笔墨难以形容的。

回到北平不久，张恨水便托邓季惺在内四区的北沟沿（今赵登禹路）购买了一所四进院落的大宅子，门牌甲二十三号，位于砖塔胡同西口。砖塔胡同是一条东西走向的胡同，西起北沟沿，东临西四南大街，因胡同东口有一座著名的元万松老人塔而得名，是元大都时代留下的遗迹之一。张恨水买下的这所宅院，共有三十多间房，张伍回忆当时的情形：

> 为了使父亲有个安静的写作环境，母亲便带着我和妹妹住在后院，中院是父亲的书房和会客厅，哥哥们也住在中院，让他们也有一个安静的读书环境。使父亲满意的是，这个院子的树木多，每进院子都有树。前院是汽车房和门房，中间有个浅绿色的四扇门，转过门便是中院。这里有两株槐树、两株枣树、一株白丁香树、一株榆树。三进院里有一株开粉红色花的桃树和一株洋槐，房后的狭长小院里，还有两株桑树。父亲的书房前是一片牡丹花圃，书房的门前，有两株盆栽的石榴树，还有两个很大的金鱼缸，里面种着荷花，并没有养金鱼。父亲在中院的甬路旁又种满了“死不了”，这种花五颜六色，栽下就活，因而北京人才这样称呼它，其实学名是羊齿苋。前院本有一株巨大的椿树，父亲因为喜欢花，便又在白塔寺买了许许多多的草花，种满了院子里的各个角落。父亲的老友，著名老报人张万里叔，还送来了一株藤萝，并带来花把式，和父亲一起把藤萝种在前院，并支起了架子。

张明明也还记得当时的一些情况，她说：“报社有一辆汽车供父亲使用，司机朱某住在西院。隔一道门，便是前院。”张恨水把他的书房题为“南庐”，陈铭德、邓季惺伉俪送了一套很漂亮的西式家具给他，他又买了一套红木家具，包括书橱、大写字台、转椅、多宝格、大圆饭桌、小茶几等，“配合着大厅里的木装修，红漆的柱子，绿窗格，雪白的窗纸，明净的大玻璃窗，很豁亮”。书房里四个红木玻璃书橱，摆放着他回北平后新买的二千余册《四部备要》，几件“假古董”，还有他亲手制作的小盆景，点缀在多宝格上，空气中弥漫着醉人的花香和书香，在经历了抗战八年，住茅草屋，吃平价米，出门爬山，跑防空洞的辛苦之后，他感到非常欣慰和满足。

不过，张恨水一家在这里仅仅生活了四年多。一九四九年五月下旬的一个黄昏，他正给读初中的二水、张全补习外语，突然感到说话困难，口齿不清。两个儿子刚扶他在睡榻上躺下，他便昏了过去，不省人事了。家人立刻请来他的好友张大夫，诊断为脑溢血，遂将他送进中和医院（今北京大学人民医院），经医生及时抢救，他在昏迷数日后苏醒过来，但记忆力受到极大损伤，不仅说话相当困难，除了周南，家里的其他人也都不认识了。

张恨水这场大病，使张家财政很快陷入了危机。家里人口多，八个孩子，只有长子小水考上大学，不靠家里供养了，剩下的，五个读中小学，张正两岁，张同还在襁褓之中，都要家里负担。张恨水养病吃药，补充营养，也要花钱。但他既不能写作，也就断了财路，过去的一些版税也拿不到了，又没有积蓄，生活几乎难以为继。一九五一年六月，他将北沟沿的大宅院卖给了北京电影制片厂，又以一百四十五匹二厂五福布的价格，买下砖塔胡同东口四十三号（后改为九十五号）一个小四合院住了下来。这里距原来那个院子的后门只有百余米，张明明曾经写道：

> 小院有三分地，院中有方砖铺的小径，比土地略高，下雨天，院里略有存水的时候，在小径上走路不会湿鞋。北房三间，一明两暗，中间是客厅兼饭厅，靠西的一间是卧室，靠东一间是父亲的书房兼卧室。南屋及东西厢房都是家中其他任住用。

在这里，张恨水度过了他的余生。一九六六年十二月中旬，离家两年半的张明明回家结婚。张恨水欣喜地给爱女操办了一个简陋却很体面的婚礼，享受了他一生中最后的快乐。婚假结束后，张明明要回四川去了，分别的时候，张明明写道：“父亲蹒跚的追到院中，老泪纵横，斜倚在哥哥的身上，向我说：‘明明，爸爸怕是见不到你了。’”这句话真成了一句谶语，一九六七年二月十五日，农历正月初七，早晨差十分七时，张恨水起床，在家人为他穿鞋时，他突然仰身向床上倒去，从此再没有起来。他是因脑溢血发作而致命的，没有说一句话，也没有一声呻吟，更没有一丝痛苦，安详而平静地离开了人世，结束了他多难而辉煌的一生，享年七十三岁。然而，在这个“我亦潜山人”的一生中，倒有三十七年是在他的“第二故乡”北京度过的,可以看出他对北京的爱有多深。

阿赫玛托娃和帕斯捷尔纳克：为何走向了不同的命运

撰文：德米特里·贝科夫
翻译：王嘎

1

当我们谈起帕斯捷尔纳克的最后岁月，他同阿赫玛托娃的交往也随之成为探讨的话题。正是在此际，显现出20世纪30年代甚至40年代仍被掩盖的差异；也就在此际，两种人生策略的所有区别才浮出水面，尽管从表面看，帕斯捷尔纳克与阿赫玛托娃之间命运的相像远远多于著名的四人组合其他人之间（算上马雅可夫斯基，便是五人组合，“四人组合”的其余两人是茨维塔耶娃和曼德尔施塔姆）。

他与阿赫玛托娃的关系之复杂，远超与同时代任何一位诗人的关系。表面上一切都好——彼此恭维、相互题赠诗集和照片、来自他的敬意和殷勤、来自阿赫玛托娃的尊重和感谢、为数不多却被回忆录作者们仔细记述的几次相会，总之，这完全不是他与茨维塔耶娃那种神经质的、炽热的亲近，也不是与马雅可夫斯基那种激赏和冷淡的交替，而是平静的、乍看忠实的友情，别无亲密之感。两人有着太过良好的教养。然而，“在自己的暗流下”，用纳博科夫的话来说，这种情谊却更像是敌意，起码，阿赫玛托娃对帕斯捷尔纳克背后的议论，最好情形下不过是宽容，最坏则是鄙薄。相比之下，曼德尔施塔姆同帕斯捷尔纳克的分歧似乎复杂得多，但读起帕斯捷尔纳克的诗来，他却怀着更明显的妒意和好感；从精湛的审美的高度，阿赫玛托娃漠视帕斯捷尔纳克的狂喜，对他的独白报以不屑而含混的回复，他的欢欣更是遭到她极度的怀疑："他从来没读过我的作品。"这个结论得自于帕斯捷尔纳克1940年一封热情洋溢的信，他在信中称赞她的诗集《六部诗集选辑》（茨维塔耶娃于1940 年出版的一部诗集，当年年底被苏联当局密令销毁），又为她30年前的旧作叫好。

说实话，鲍里斯·列昂尼德维奇也感觉到与安娜·安德烈耶夫娜的交往并非特别自在。他投身于自己惯有的绚丽辞藻，却撞上了俄罗斯诗歌贵妇冷冰冰的彼得堡教养。要是他的言行再单纯些，私事方面再听听他人的意见，再用天真无邪的腔调讲讲共同熟人的小趣闻（应当承认，阿赫玛托娃喜欢各种传言），冰冻倒有可能开裂；但首先，帕斯捷尔纳克永远都不会让自己降低到此类行为，其次，高深话题即使转向日常，也不见得保证带来暖流。不妨大胆地说，阿赫玛托娃只在两种情况下可能对一个人产生兴趣：要么他给她留下了作为男人的印象（古米廖夫、卢里耶、希列伊柯、涅多勃洛沃、加尔申），要么在基本气质特征上跟她有相像之处——对生活深入彻底的否定、悲怆的世界观；在她的价值体系里，甚至茨维塔耶娃的悲惨境遇也不够充分，因为其中有太多的冲动、

阿赫玛托娃

茨维塔耶娃

神经质……尊严则太过稀少。

阿赫玛托娃喜欢那些能够抗拒诱惑的诗人，茨维塔耶娃和帕斯捷尔纳克正好相反，他们渴望尝试一切，然后才加以拒斥；帕斯捷尔纳克和茨维塔耶娃每迈出一步，都会使自己陷入难堪，二者均不善于在物质层面保持正确。阿赫玛托娃却只看重事物的正确性：没有任何诱惑，唯有高傲、纯洁的悲剧体验，呈示于苦修之境（“兔笼里的苦修”，曼德尔施塔姆曾经刻薄地开玩笑说，但他身上其实也有这种气质，所以他们从未有过激烈的争执）。而曼德尔施塔姆和布罗茨基——阿赫玛托娃在不同时期始终认可的两位大诗人——恰恰也只把诗歌视为一种正确性的意识，并且出色地展现了所谓的自重。帕斯捷尔纳克和茨维塔耶娃的表现力，在阿赫玛托娃看来，乃是恶俗的趣味。除此之外，她显然妒忌帕斯捷尔纳克的荣誉，也曾公开承认羡慕他的命运。

但这并未影响到帕斯捷尔纳克的热情书信，以及阿赫玛托娃两首优秀的诗作：一首是给帕斯捷尔纳克的赠诗（《他，把自己比作长有一双马眼睛的人》，1936），另一首——纪念他的死。她还为他写过一首四行短诗（《这里的一切理应属于你》，1958），表达自己的同情，却因为生硬教训的音调而稍显傲慢：“请向他人赠以世界的玩物——名声，/ 走回家去，什么都别等。”问题是，他何必向他人赠以世界的玩物？他可未曾得到过多少名声，只是荣获了应得的；阿赫玛托娃获得的声誉远胜于别人，顺便说一句，这也是她为之着迷的东西。“被名声压扁的可怜女人！”——楚科夫斯基于1922年写道。“走回家去，什么都别等”，听起来就像是“待在家，向谁都别敞开，哪儿都别去”……至于她每每以年长自居，倒不难理解；不过，多数情况下，她又非常善于隐藏这一点。

相对而言，帕斯捷尔纳克更直露。有好几次（在索性不再节制的最后岁月里），他未能禁住诱惑，公开刺伤了阿赫玛托娃。她则在言谈中掩饰着对他那几个女人的嫌恶——为的是，但愿不破坏“文学的良好风尚”，不参与迫害或者不让人怀疑，她好像——是她！——对某人有醋意……阿赫玛托娃通常很少正面评价诗人们的妻子：她们所有人——从娜塔莉娅·尼古拉耶夫娜（普希金的夫人）直到济娜伊达·尼古拉耶夫娜——都会引起她一成不变的反感。娜杰日塔·雅科夫列夫娜·曼德尔施塔姆是例外，其余诗人们，在安娜·安德烈耶夫娜看来——都不走运。但即使在此背景下，说起从未对她做过恶事的奥丽嘉·伊文斯卡娅，阿赫玛托娃的固执和厌恨之深，也令人瞠目结舌。我们倾向于认为，绝非伊文斯卡娅的出现导致了诗人之间关系变冷，但正是这种起初被掩盖的、连阿赫玛托娃本人也未充分意识到冷淡，激起了她对帕斯捷尔纳克最后一位恋人的极端排斥。

2

当帕斯捷尔纳克与阿赫玛托娃相识之际，她已有理由被视为俄国头号女诗人，而他只是一个急追猛赶的无名新手。第一部诗集《黄昏》(1912) 让阿赫玛托娃一举成名，随后便是名称和外观同样简朴的第二部——《念珠》(1914)。1913 年，帕斯捷尔纳克刚开始写作。她的一切都比他更早——早一年出生，1907 年发表处女作，1911 年已经小有名气，1922 年写下了代表作，1940 年实现了幻觉一般缠绕着她的早年构思……早在 1918 年，她对新政权就不抱任何幻想，帕斯捷尔纳克却似乎还没明白发生了什么，她在 1938 年即已创造出新的风格、《安魂曲》和战争抒情诗的风格，三年之后，帕斯捷尔纳克才通过别列捷尔金诺组诗摸索出一套新手法。她总是处于领先——有时不太多，有时相当明显；作为古米廖夫的妻子，阿赫玛托娃属于他那一代——“1913 年的一代。”帕斯捷尔纳克年龄比她略小，正像未来派比阿克梅派略为年轻，尽管二者与这两个流派的关联，纯粹是相对而言。但心理和“文学”年龄的差异、各自所属的时代，决定了他对她的热情加崇敬的态度——偶尔过分夸张，近乎揶揄。

曼德尔施塔姆并非随意地写道，阿赫玛托娃的诗“即将成为俄国伟大象征之一”。这种室内的、“隐秘的”抒情，从第一个词语开始便独具魅惑，发出强有力的悲声，明显过于庄严和哀伤，以使读者能用希望聊以自慰，仿佛谁的爱方才破灭：世界轰然崩溃，承受它的垮塌也应像承受爱的分离那样，不为所动。1915 年，涅多勃洛沃首次表述了阿赫玛托娃诗歌这一思想的伟大意义，并将其上升到全俄罗斯乃至全世界的高度。阿赫玛托娃说他的短评“解开了我的生命之谜”。从她最初的诗作即可看到，她的哀哭或冷漠不仅是为个人的命运，一场大火灾的反光投射于她的抒情：她的坚忍与淡泊，既是个体命运的预见，也反映着未来灾祸的普遍意识，而她青春时代爱的悲欢正是就此意义而言——并未超出淬炼和预演的范围。在阿赫玛托娃的诗中，与心爱之人离别的预感、末世的期待、面对情人和上帝的负罪感，均是与生俱来、根深蒂固；而她的人生从一开始就好像处于“那些平静、晒黑的农妇们谴责的目光”下，处于那屹立在贫寒土地的巨型石人的注视下；阿赫玛托娃比别人更早感受到这内在于自身的目光，或许是因为，她更早地感到了自己的罪过：“在这里我们都是酒徒，浪荡子／……那正在跳舞的女人，／ 必将下地狱。”

从始至终，她的全部诗作都体现着两种悲剧情结的交融：一方面是先知般挥之不去的个人正确性的意识，另一方面则是同样牢固的罪错意识、一切灾祸理应如此且无可避免的意识；正是这种痛苦的交集，让那些对阿赫玛托娃不怀善意的人们一再说起她的两副面孔：修女和荡妇。后来，日丹诺夫的报告也借用了这两个形象，报告的评析部分即是源于1910年代的粗俗小品文。与此同时，我们不能说，阿赫玛托娃的诗根本不曾为此类解读提供了口实，因为用肤浅和厌恨的眼光来看，她的罪错意识无异于正确性的意识，许多人更愿意从中看到的不是悲剧，是姿态。正是这种交集，也预先决定了阿赫玛托娃的主要抒情特征——她的叙事性；将共同的罪孽和共同的悲剧归之于个人的体验。俄国知识分子视为罪的悲剧集合体的那一切，在阿赫玛托娃那里无不具有个人的、隐幽的特点，但这并非对有过或未曾有过的背叛之悔罪，而是意识到自己注定的毁灭。是的，我们是酒徒和浪荡子，但并非因为，我们在简单肤浅、令庸俗之人感到可亲的意义上纵酒、放荡：毋宁说这接近于曼德尔施塔姆所云：“有一种劳动的放荡，它就在我们的血液里。”我们有罪，是因为我们注定毁灭，而不是相反。

我们已经了解到，帕斯捷尔纳克试图从私密角度感受革命，将其看作一场为女性受辱的尊严而展开的复仇；这种把历史当作个人戏剧加以体验的努力，无疑是阿赫玛托娃式的。对阿赫玛托娃而言，革命是复仇，也是勃洛克式的“报应”——因为幸福、罪孽和存在的事实本身；这些末世论的预感拉近了她与勃洛克之间的距离，甚至使她咏唱幸福爱情的诗篇都带有悲剧色彩。对帕斯捷尔纳克而言，正如我们此前所说，从报复开始，衍生出假定幸福与公正的新生活，其中没有罪孽，只有和谐。革命在勃洛克和阿赫玛托娃看来，乃是这样一种事件，它以自身尺度取代了关于公正抑或不公的言论；这是某种圣经式的惩罚，一切生灵均注定无可逃避；需要凭借高尚、“不动心”的隐忍来接受惩罚。

帕斯捷尔纳克

帕斯捷尔纳克则认为，20 世纪 20 年代甚至 30 年代的革命同样是正义的复仇，是被侮辱与被损害者的报复，在他看来，这并非圣经意义上的事件，而可以说，是合乎于彼得一世式世俗化改革尺度的事件（参见《崇高的疾病》），换言之，他的革命预感不属于末世论的范畴。世界并未终结。“老一代”与“年轻一代”的差别也就在于此。

相像则是以社会灾变的隐秘体验为基础：在阿赫玛托娃那里，共同毁灭的感受投映于个人的罪错意识——面对自我、恋人、孩子（“我是一个坏母亲”）。在帕斯捷尔纳克那里，社会大灾成了为遭受强暴和侮蔑的女性复仇的历史，对于被压迫者的同情则投向著名的“女性之伤”。角色各不相同，自我认知迥然有别，思路却是一致的——同样是由个体到全体、由抒情到叙事的个人发展模式，同样是社会悲剧投映在个人境遇之上，并专注于相应的情节。阿赫玛托娃年轻时的基本抒情主题，乃是为罪孽恋情付出代价之必然，以及纯洁、和谐、田园诗般的爱恋之不可能；抒情女主人公随意毁坏任何家庭和婚姻，然后从各处逃离，谁都无法使其顺服。“要我顺服于你吗？你简直发了疯！ / 能使我顺服的，唯有上帝的意志。”帕斯捷尔纳克的基本抒情主题恰恰在于希望，他希望实现个人关系的和谐，由此通向世界的和谐，希望在成就了早期抒情诗“威严女孩”海伦和“暴风飞蛾”的爱情之后，能够以某种方式预防灾祸、制止流血；阿赫玛托娃的世界滑向深渊，无可挽回，帕斯捷尔纳克的世界则绝非不可救药，只要“活下去，相信并盼望”，不仅自己的生命会得到安顿，社会生活也会井然有序……这仍然是自我认知与解读的迥然差异，诗歌策略却相当接近；如果以图解形式来看帕斯捷尔纳克与同时代人之间的关系，那么，在创作意向、对客观化的追求、叙事主题的抒情感受及抒情系列的叙事结构等方面，阿赫玛托娃无疑比其他人离他更近，在气质方面却离他更远；这种区别之所以格外明显，或者可以说，格外地不可调和，是因为我们比较的是同等格局的两位诗人，假如拿帕斯捷尔纳克与曼德尔施塔姆相比，从抒情禀赋的特征来看，两者之间的共同点则少得多。

3

阿赫玛托娃大体上属于旧约诗人，帕斯捷尔纳克则属新约诗人，两者最基本的差异就在于此。在她的诗中，旧约典故共有几十处。毫无疑问，阿赫玛托娃那里也有新约诗，首先当然是《安魂曲》，但《安魂曲》里面恰恰缺少了耶稣复活这个新约主题。“马利亚浑身颤抖，号啕大哭，/ 心爱的门徒呆立一旁，/ 谁也不敢把目光投向 / 那圣母默默驻足之地。”在1940年，盼望复活是不可能的。“复活之努力”只能局限于记录、保留，不至于遗忘。

一个悖论——这在帕斯捷尔纳克命运中往往层出不穷：阿赫玛托娃，一位受了洗、入了教、称托尔斯泰为“异教首领”的信徒，对基督教抱有非常严肃的态度。帕斯捷尔纳克则成长于一个完全世俗化的家庭，直到30年代末，名义上仍被认为是苏联诗人，极少去教堂；基督教外在仪式的一面好像也难以吸引他。虽则如此，他晚年诗歌的每个词句，都是关于复活、关于未来生命的热望，而阿赫玛托娃似乎没有任何这样的期望；只是在聆听歌唱时，她才会有片刻的联想，“仿佛那前方不是坟墓，/ 而是飞升的神秘楼梯”，但只是——“仿佛”！她确实隐约看到一条“说不出通往何方的路”，从了不起的《滨海十四行》（1958）蜿蜒伸展，但从她任何一首诗中都听不到《八月》那种死后的庄严回声，仿若末日审判的号声，泛出秋日里青铜的光泽，赭色和姜黄色掺杂其间。甚至在《安魂曲》的尾声，在关于纪念碑的独白中，阿赫玛托娃想象故去之后的自己也像岩石一样，没有生命，对于帕斯捷尔纳克而言，死却根本不存在——剩下的并非石头，而是“昔日的我发出的预言”，是“不为衰朽触动的声音”。

问题究竟何在？是因为男性心灵由来已久的脆弱、自私，以及令他畏怯故而不能安然接受的消亡吗？此类解释流传甚广。难怪在行将离世的日子里，扎波罗茨基抓住一切机会向所有人阐述其永生不死的理论——“生命与我无处不在”，一旦有谁未能对此予以应有的重视，他便勃然作色。诚然，他的思想完全不属于基督教范畴，而更像某种泛神论：基督教典故在他早期乃至晚期诗作中几乎无迹可寻，如果不算那首杰出的《逃向埃及》（1955）；他活在赫列勃尼科夫非善非恶的异教世界，个人转化为活生生而又无意义的草木的物质，在他看来并非个体的失丧。帕斯捷尔纳克，正如我们所知，将人类想象成“植物王国”的对应物，扎波罗茨基则认为自己是它的一部分，是“大自然的理智”。是的，男性真有可能无法忍受个人局限和消亡的念头，女性则创造生命，她们更切近生命的本源，对待死亡和不朽的态度更亲密；女性的宗教性往往比男性更深入，更合乎天性，而没有那些挣扎和犹疑；有人会说，这种状况的原因是女性的愚蠢，也有人却说是智慧。无论如何，比之于女性，男性抒情诗里对不朽的痛苦渴念和感伤，听起来总是更响，也更绝望。

“有的女人，亲近于潮湿的土地，/ 她们每个脚步，都伴着嘹亮的哭声。/ 送别复活者和初次欢迎死者，/ 即是她们的使命”——曼德尔施塔姆临死前不久，描写了他始终青睐的这一女性类型；这是献给娜塔莎·施塔姆贝丽的诗，但从阿赫玛托娃身上，他看到了同样的特征，同样是天性中深刻的宗教性、坚定不移和生死之间隐秘的亲缘。在帕斯捷尔纳克的世界里，死之所以不存在，或许正因为它不可想象。阿赫玛托娃的世界存在着死，并且能够与之和解，而生与死的边界又是限定不变的；从阿赫玛托娃任何一首诗中，都找不出帕斯捷尔纳克那种气喘吁吁的幸福。她本人称自己的诗平缓、黑暗、阴沉，这种说法不无刻意的自贬，也暗含着辩驳，但事实上，呈现于阿赫玛托娃面前的生，也确实离死不远。大可径直向死神开口说：“你终究会到来，那为何不是现在？”死与阿赫玛托娃抒情诗中的人物在同一张桌前就座——“葡萄酒灼烫，好似毒药”；空气充满死的气息，而它就守望在各个角落：“为了你，我支付了 / 现款，

/ 在纳甘手枪下度过了 / 整整十年”；“因为这样的杂耍，/ 坦率地说，/ 我宁可等待书记的 / 一粒铅弹。”相形之下，死神似乎比“非人美貌的女秘书”更仁慈。这不是马雅可夫斯基那种为了抒情的制动而念念不忘的浪漫毁灭，不是抽屉里永远摆放着的勃朗宁手枪，不是由于不幸的爱情所导致的自杀——这是“发出木箱气味”的死，它“像有经验的匪徒，带着重锤”悄悄走近，或者“像毒气弹”飞进来。死去之后，同样不存在回返的希望，因为道路“说不出通往何方”，即使可以找到一条路，那它也会延伸到不可思议的远方，太过遥远，就连回声也无法抵达。“所有可亲之人的灵魂都在高远的星空。”这是一条通往至善的路。怎么可能再有回程！

但我要警告你们，
这是我最后一次活着。
无论燕子还是槭树，
芦苇还是星辰，
无论泉水，
无论钟声——
都不再是我让人烦恼的理由，
我也不会出于难耐的怨愁
再去造访别人的梦境。

这场与世界义无反顾的离别，俨如恋人间的分手——“我永远不会回到你身旁。”当然！这可不是扎波罗茨基所幻想的，化作一棵草再回来，也不是帕斯捷尔纳克用来跟送行者打招呼的死后的声音。一切全都一去不返。阿赫玛托娃并不祈求仁慈，不盼望同情——在她的世界里，盼望是有损尊严的事情；形式纯粹、无杂质的隐忍精神，坚如磐石。这也是旧约的世界。

非理性——阿赫玛托娃诗歌技艺的基本特征。她比帕斯捷尔纳克更喜爱“神秘性”（按照库什纳讽刺的说法，每当需要四音节修饰语时，她就把这个词填入诗行），但如果说在帕斯捷尔纳克那里，“神秘性”主要相对于个人生活和个性而言，它意味着拒绝“橱窗镜的反光”，在阿赫玛托娃那里，则表示人生在世的玄虚莫测。无须任何解释，也不必展示道德意图：阿赫玛托娃当之无愧的弟子布罗茨基曾经写道，他喜欢《旧约》，胜过《新约》，因为上帝非理性的意志比赏罚的观念更令他崇敬！阿赫玛托娃的世界里没有因果关系：“从利巴瓦到符拉迪沃斯托克”，无辜的女人被所有人咒骂；心爱的男人反而带来折磨……对阿赫玛托娃创作手法的全面解释，就在于1944年那首著名的六行诗《背叛》：

不是因为镜子破了，
不是因为风在烟囱里哀号，
不是因为想你的念头
掺杂了别的什么——
不是因为，根本不是因为
我在门口迎来了他。

不应该认为，这是对神秘性有意识的玩弄，以及个人风格的滥用——毋庸讳言，20世纪60年代，阿赫玛托娃的缺陷也就在于此。这里的一切都极其明朗，如同曼德尔施塔姆屡屡带着敬意说起的“棋局”：所有重要的和不幸的事件凭空而来，无缘无故，也不在理性解说的范围内。“是什么，就是什么。”争斗和论辩徒劳无益，因为没有相应的对象。

帕斯捷尔纳克充满喜乐的复活节的诗歌世界与之对比，反差多么鲜明！在帕斯捷尔纳克的价值体系中，奇迹始终在场，但也另有一个悖论——这里不存在非理性的厄运主题，就像不存在残酷的奇迹。在这里，基督教的赏罚观念超越了《旧约》的非理性，正义超越了强力。

对这一差别的解读各不相同。譬如说，1958年之前，帕斯捷尔纳克尚不知何谓真正的迫害，阿赫玛托娃则从苏维埃政权一开始就已领教了，1946年，斯大林决议的打击更是落到她头上，而这终归要比赫鲁晓夫时代开除出作协更糟糕。帕斯捷尔纳克没有哪个儿子被逮捕，也不必为营救自己的孩子，以发表效忠之作为代价，向人苦苦央告；他没有受过穷，也未遭官方文学的废黜，直到他自己把自己从中勾销……但事实上，我们仍然能够想到帕斯捷尔纳克20世纪20年代以来遭受的一系列迫害——这可绝不是议会辩论的说辞：1932年4月，他差点被逐出文坛；1937年，他冒着生命危险，拒绝在支持斯大林处决“反苏分子”的联名信上签名；1938年和 1949年，根据某些人先后的供词，足以使他彻底毁灭……而1946年的决议虽然封闭了阿赫玛托娃与读者交流的路径，长达十年之久，但1947年的批判运动却将帕斯捷尔纳克禁锢在翻译领域内。阿赫玛托娃没有别列捷尔金诺的别墅和莫斯科的住房，但她也未曾背负翻译的苦役，正是这种艰苦的劳作，在1945年挤占了帕斯捷尔纳克的原创。

总之，比较谁受苦更多，谁身上的创伤更深，并没有多少意义——尽管安娜·安德烈耶夫娜，应该说，不止一次（虽说只在口头上）试图证明自己在此方面的领先地位：“几天前，因为帕斯捷尔纳克，我跟一位朋友发生了争吵。他竟然想让人相信，鲍里斯·列昂尼德维奇似乎是一个受难者，身遭排挤和摧

1946年4月2日，阿赫玛托娃与帕斯捷尔纳克合影。V.Slavinsky. 摄

残等等。真是信口胡言！鲍里斯·列昂尼德维奇其实是一个非常幸运的人。首先，就本性而言，他生来是幸运的；他如此热爱大自然，从中获得了多少幸福！其次，怎么能说对他的摧残。如果有什么东西哪儿都发表不了，他就把诗作交给两三个崇拜者，瞬间就在人们手头传开了。哪来的什么排挤？他永远不缺钱。几个儿子，感谢上帝，也都平平安安？什么时候？又是怎样的排挤？他所有的作品总是能发表，不在国内，就在国外（她划了个十字）。只消对比一下其他人的命运：曼德尔施塔姆、科维特柯、别列茨·马尔基什、茨维塔耶娃——随便哪一个，都可以说，帕斯捷尔纳克是最幸运的。"

她的对话者利季娅·楚科夫斯卡娅嘴上没有反对，却在日记里写道："何必在痛苦方面一较高下？" 她为帕斯捷尔纳克辩解道："帕斯捷尔纳克是天生的幸运儿，穿着衬衫来到人世，随着岁月的流转，学会了感知连绵春日也无法治愈的他人之伤痛。"也许，她由此开始怀疑（尽管没有大声说出来），阿赫玛托娃的伤痛可能不仅是伤痛，也是自我肯定的理由，以及她的世界赖以支撑的基础；没有伤痛的阿赫玛托娃是不可理喻的，在此之上，她构建了自己的抒情和命运，并且不惮于向自己预言失落和所有的离别，虽然她知道，一切都会应验。对帕斯捷尔纳克而言，伤痛、悲剧、苦难，均属事物正常规则的违背；他不会在苦难中自我欣赏，而是以此为羞耻。阿赫玛托娃以她的悲剧铸造出纪念碑的底座，在帕斯捷尔纳克看来，伤痛只是伤痛而已，无助于他的写作，却有所妨碍。

很难说，这是否反映出气质和生活取向的差异：毕竟，如果愿意的话，阿赫玛托娃的人生同样可以说幸运之极。在俄罗斯，没有一位女诗人生前享有她那样的荣耀和尊崇；她永远受到人们的簇拥，其中许多人仰慕她，记下她的每句话，甘愿为她做出牺牲……作家同行们不敢妒忌她——阿赫玛托娃高于妒意；对她的帮助被视为荣幸、功绩、节日。她的命运里没有那种始终困扰帕斯捷尔纳克的犹疑不定；当局从未试图将她攥在掌心，强迫她在同意处决叛逆者的联名信上署名，要求她在大会讲坛上悔过。《安魂曲》和《没有主人公的叙事诗》在国外的发表，也未曾引发国内对她的迫害。归根结底，问题甚至不在于观点，而恰恰在于取向：阿赫玛托娃的世界，是成为伟大抒情诗源泉的苦难世界；帕斯捷尔纳克的世界，则是以痛苦而圆满的“复活之努力”征服苦难的世界。

4

在俄罗斯诗歌中，她或许是勃洛克唯一公认的全权继承人，这一继承关系最可靠的标准，是同时代人对待二者既热烈又略显神秘的态度。阿赫玛托娃和勃洛克让人联想到另一种现实的现象。相比之下，帕斯捷尔纳克几乎自成一体。济娜伊达·尼古拉耶夫娜对此深有体会，所以对利季娅·楚科夫斯卡娅说，鲍里亚是现代人士，阿赫玛托娃则“散发着陈腐的气息”。她的确属于另一个时代和另一个世界，而帕斯捷尔纳克连同其“天上的神人”的所有特征，以及他从苏维埃语汇中成功提取的所有天籁之音，终究来源于此，却又与之渐行渐远。阿赫玛托娃早期主题的范围，使人将其创作的源头甚至不是归于普希金，而是归于杰尔查文（难怪她首先爱上的俄国诗人是他，更晚些时候才开始阅读其他诗人的作品）。高扬的颂诗的音律、皇村的大理石雕像、森林女神……

自青年时代起，阿赫玛托娃就感觉自己并非师承于人们通常所认为的涅克拉索夫，或者是莱蒙托夫（尽管认知方面固有的“恶魔式”悲剧情结，拉近了她与莱蒙托夫的距离），而是年轻的、中学时期的普希金：“黝黑的少年徘徊于林荫路，/ 在湖岸边黯然神伤。”阿赫玛托娃与中学生普希金之间有许多共同点，关键不仅在于皇村的氛围，更在于古希腊罗马和前基督时代的命运观、对预兆的痴迷——普希金最终未能摆脱的玄想之魅惑；在于喜怒无常和美好梦想的结合。阿赫玛托娃的世界，是晚年杰尔查文和成熟期茹科夫斯基的世界，她的诗歌之神，是杰尔查文的颂诗之神。

阿赫玛托娃作为浪漫诗人，对命运的宰制始终持有古希腊罗马式悲剧性的非善非恶的观念；那些将她称为“新萨福”（她最终厌倦了这个称呼，并公开表示反感）的人们，无不下意识地感受到这些古典文化的根源。勃洛克从她身上发现了继承人和某种竞争者的特征，无论他在与楚科夫斯基交谈时怎样嘲讽她（“‘你的夜晚肮脏’——这一句到底什么意思？她大概是想说，‘你的双脚不干净！’”），在这嘲讽背后，却是妒忌、平等、神秘关联的体验。难怪勃洛克会请阿赫玛托娃前来，与她分享即兴诗，就她的长诗《在海边》（1914）写下内容详尽的书信（在信中强调，透过所有“女性的”和“外来的”因素，他感到“这是真正的长诗，而您是——真正的女人”）。像对待一切女继承人，他谨慎地对待她，担心损伤她的自尊，或者给她造成负担，但在主要方面他说的没错：阿赫玛托娃是真正的女人。他也曾有过不满：“她应当像面对上帝那样书写，而不是像面对男人。”但这个断语却又准确地揭示了她的方法及宏观历史的隐秘感悟；不难发现，阿赫玛托娃诗歌里的男人也像上帝一样，不可理喻、非理性、无条件地受到爱戴（《你甚至不能杀死我的爱》，1917）。而我们也不难将这一责难返还给勃洛克本人——当他面向“丽人”乃至“圣母”，实际所指却是某位具体的女性，并且令不少人因此陷入难堪。

阿赫玛托娃的抒情诗有时轻俏，有时充满自恋（按照曼德尔施塔姆在与赫尔施坦因交谈时的说法），有时表现出不假掩饰的自我欣赏，但基本上还是继承了勃洛克，从而成为“最近时期”坚忍存在的见证。确切地说，阿赫玛托娃的诗有两个主要部分是从勃洛克那里继承而来：其一为末世论，其二为所有追随者及同道们始终难以企及的神圣音乐性。后者其实也是所谓“神秘歌吟的天赋”，只能得自于上帝：在20世纪的俄罗斯，没有人比阿赫玛托娃和勃洛克更具音乐性。不过，“更具音乐性”并不完全等同于更具韵律（就拿茨维塔耶娃《捕鼠者》中的复调来说，同样也是音乐，只不过是更复杂的一种）。勃洛克和阿赫玛托娃的诗易于记忆，朗朗上口，构成了我们这个世界的一部分，故而在俄罗斯享有盛誉；想来奇怪的是，这种迷人的音乐性恰恰取决于末日迫近之感，只在深渊边缘才发出悦耳的声音。每个人都有自己的制动方式——如果说马雅可夫斯基为了充分的创作需要个人毁灭的预感，那么勃洛克和阿赫玛托娃则需要整个宇宙共同毁灭的预感；在五人组合中，帕斯捷尔纳克差不多是仅有的一位，灵感不是来自毁灭，而是来自奇迹般的获救。

阿赫玛托娃意识到自己是勃洛克的继承人，因此她像帕斯捷尔纳克一样，跟他展开无休止的对话，诚然，与帕斯捷尔纳克相比，这种对话不太明显，尽管他们几乎同时写下了各自“关于勃洛克的片段”。在一次共同参与的朗诵会上，阿赫玛托娃把嘲讽归还给了勃洛克：“亚历山大 · 亚历山德罗维奇，我不能在您之后上台朗诵！”——“得了吧，安娜·安德烈耶夫娜，咱可不是男高音”：

在那里，在诗行之间，
越过啊呀和哎哟，
勃洛克——时代悲剧性的男高音
向你发出鄙夷的微笑。

当然，这一回应没有任何贬损之意。如果是帕斯捷尔纳克，那他肯定不会允许自己跟勃洛克这样说话——后者在他心目中，永远是活生生的；正因如此，他的涉及勃洛克的片段，均是与勃洛克几乎毫不相干的诗篇，它们确实无关于勃洛克，帕斯捷尔纳克所认为共同的根基和源泉，才是关键之所在。

5

令人惊异的是，帕斯捷尔纳克与阿赫玛托娃在 20 世纪 50 年代竟然互不理解。《日瓦戈医生》和《没有主人公的叙事诗》的两位作者，对待各自作品的态度如此相似，就连缺乏训练的读者也不难看出这两部集大成之作在类型学上的一致，而它们的创造者彼此却看不清对方。仔细想来，这也并非不可理喻——每个自认为真理向其本人敞开的人，对他人的真理至少是无动于衷，更多则是不宽容。此外，毋庸讳言：帕斯捷尔纳克对别人的诗作往往是冷淡的，能够吸引他的，只有形式、气质和才情相近的作品，在最后的岁月里，他在此方面的热度好像也消退了——不管怎么说，当初对待茨维塔耶娃的那种激情已然被淡漠所取代。他年轻时随便遇到谁都愿意表示赞赏，到了 50 年代，却要求别把人家的诗拿给他看，因为他不理解有什么必要（言外之意是：既然已经有了他！）。

关于《没有主人公的叙事诗》，帕斯捷尔纳克向阿赫玛托娃说过一些不着边际的话，但她还是记下了他的评论，就像记下所有向她说起的涉及长诗的鲜明话语。帕斯捷尔纳克说，长诗让他想到俄罗斯民间舞蹈的形象，舞者叉开双手，在观众面前跑跳，而她的抒情诗则像是蒙着手帕，站立不动。这个比喻当中舞蹈的话题有可能吸引阿赫玛托娃，她曾经根据长诗情节构想过一部芭蕾舞剧，甚至为其勾勒了梗概。但密闭的、“用同情的墨水”手写的《没有主人公的叙事诗》，连同幽深的典故和多义的象征，却与读者面前叉开双手的跑跳绝少相像，而开敞、澄明、“不知羞耻”的阿赫玛托娃的抒情诗，也与蒙着手帕的站立相去甚远。

他们对待各自晚年杰作的态度有许多共同点：帕斯捷尔纳克经常说，《日瓦戈医生》的存在高于他个人肉体的存在（这个说法让利万诺夫夫妇陷入了惊恐），阿赫玛托娃则称《没有主人公的叙事诗》是自己最主要的成就，它的地位高于抒情诗。小说的主题和冲突，长诗的节奏及其狂欢形象，多年来犹如幻象，分别追逐着他们两人。小说与长诗中的圆圈舞、狂欢节、圣诞枞树，无不带有多重意蕴；无论长诗还是小说，都是对前革命时代的“清算”，是可怕30年代的可怕纪念碑。《日瓦戈医生》和《没有主人公的叙事诗》，堪称两位作者最直接和最充分的个性表达。阿赫玛托娃总是不断说起并写到她的长诗，想象它的命运——那是一场在伦敦上演的古怪的芭蕾舞，所有参与演出的人后来全都神秘地死去……帕斯捷尔纳克则不厌其烦地谈论和讲解他的小说。阿赫玛托娃以书信形式写了《关于长诗的散文》，收信人一部分是虚拟的，一部分是真实的（例如利季娅·楚科夫斯卡娅）；帕斯捷尔纳克50年代的书信也有大量涉及小说的内容。他们把各自的主要著作拿给所有新认识的人来读，并且不安地询问：“喏，怎么样？”两部总结性的作品都是自传性的，都描写了爱的三角关系，两者的情节都相当简单——而关键不在于此。小说和长诗有许多神秘和秘密。日尔蒙斯基称长诗“充满了象征主义者的梦想”，但正如我们已经说过的那样，这个观点不仅可信，也适用于小说。帕斯捷尔纳克小说的象征性，超过了别雷、索洛古勃和勃留索夫的全部作品。

然而，阿赫玛托娃却为小说中一些事实的出入而懊恼，她理解的1900年代并非如此；帕斯捷尔纳克对长诗所依凭的历史也知之甚少，因而只能通过猜想来重构其意义。就这样，几乎推迟了半个世纪才写成、为20世纪俄罗斯文学大厦加冕的两部象征主义代表作，非但不为大多数同时代人所理解，很多方面对于作品的创造者而言同样幽深莫测，遑论他们彼此之间的领会与接受！

1959年8月21日，为庆贺维亚·弗谢·伊万诺夫的生日，帕斯捷尔纳克与阿赫玛托娃最后一次会面。两人被安排面对面坐下。“这也是他们在漫长中断之后的首次相见，这两个中心之间的紧张状态决定了当时的气氛，”米哈伊尔·波利万诺夫回忆道，“场面略感局促。所有来客都像是加入了一场暗中的心理较量。”（顺便说一句，因为他们在场，利季娅·楚科夫斯卡娅也觉得尴尬：两位天才同在一个房间，实在不容易。）阿赫玛托娃呆呆地沉默着，帕斯捷尔纳克却很活跃，甚至有些亢奋地说个不停。经过再三请求，阿赫玛托娃朗诵了《诗人》《读者》（她提前解释说，诗里的“莱姆－莱特”，即舞台上的脚灯）和《夏园》。帕斯捷尔纳克一下就记住了《读者》开头的一节，朗诵刚停，他就激动地重复：

不要过于伤感，关键是
不要掩藏。哦，不！
为了让同时代人明白，
诗人将自己彻底敞开。

“这对于我是多么熟悉啊！戏剧感就像一切艺术的原型”，他议论道；他没有说自己正在写一部关于戏剧的剧本，只提到，话剧创作并非易事：“剧中角色怎样都无法独立自主地生活。”还说他开始阅读赫尔岑，目的是深入时代，而赫尔岑却令他失望。

阿赫玛托娃谈到《真理报》向她索要诗作，她给了《夏园》，未被采纳。

“那当然啦！”——帕斯捷尔纳克感叹道。“这就好比向他们提议开一个文学之页’栏目，用玫瑰色的纸张，带着小花边！”

这句话并无丝毫贬抑，只不过强调了阿赫玛托娃的诗与报刊诗作那种呆板腔调之间的显著差异，阿赫玛托娃却对“小花边”一词感到委屈，顿时兴味索然。

大家请帕斯捷尔纳克也读几首诗，他辞谢的时间比阿赫玛托娃还长，说他对新作不满意，推辞不过，终于不大情愿地先朗诵了《雪在下》，然后是《唯一的日子》。阿赫玛托娃怎么都不为所动。

1960 年 5 月 11 日，她去看望病中的帕斯捷尔纳克，但院方已经不允许任何人靠近他身边。有人向她转达了谢意。

为纪念他的去世，她先后写了同题不同视角的两首诗，一首是《诗人之死》，一首是《如同失明的俄狄浦斯的女儿》；后一首诗回忆了她去鲍特金医院的情景，因心肌梗塞发作，他住进了这家医院：

如同失明的俄狄浦斯的女儿，
缪斯引领预言家迈向死神，
一棵发了疯的椴树
却在这哀伤的五月开满鲜花
正对着窗口，就在这扇窗前
他曾经告诉我，他面前
盘旋着一条金色、飞升的路，
最高意志在那里将他保全。

如今，阿赫玛托娃自己也躺在医院；提前了一个月时间，一棵椴树开放在她窗前。一个月前，帕斯捷尔纳克断断续续地试着向她讲述尼娜·塔毕泽后来写到的一切，后来成为病院诗主题的一切；如今，目睹他死后的盛典，她似乎第一次相信了他。

book review | 书 评

上海、女子越剧与中国革命

撰文：李睿毅

越剧作为地方剧种和中华文化的一部分依然存在，且会顽强地生存下去，然而，作为一个时代社会现象的越剧，只能属于过去，属于历史。

越剧自兴起、繁荣到如今成为式微的小众文化，不过就是过去一百年里发生的事情，可谓“其兴也勃焉，其亡也忽焉”。对于江浙一带的年轻人来说，大多都有这样的经历：幼年时（20世纪90年代）的午后，陪着爷爷奶奶外公外婆守在戏曲频道或收音机前，里面传来语音相仿却全然不解其意的唱词，心中则在嘀咕这出戏到底要演多久，唯恐耽误五点档的日本动画。老人家丝毫不知道身边小孩子的抱怨，每每陶醉于婀娜的身段和柔美的曲调，并兴致勃勃地哼着“天上掉下个林妹妹，似一朵青云刚出岫。”2011年，袁雪芬逝世，前来送行的戏迷从龙华殡仪馆二层银河厅一直排到一层入口处，追悼会10时开始，有些戏迷凌晨5、6点就赶到了，前来送行的戏迷大多满头白发，不少女戏迷纷纷落泪。时任中共中央政治局委员、上海市委书记的俞正声亲自出席追悼会。当昔日“越剧十姐妹”之一、90岁高龄的徐玉兰被搀扶入场时，全场更是达到高潮。徐的出场勾起了属于那个时代的回忆，触发了戏迷对越剧昔日辉煌和巨星的激情。为何袁雪芬的追悼会级别如此之高，为何徐玉兰的出场能引发如此多人的感喟，更进一步说，在全新的大众文化流行之际，为何越剧依然是一代人生命的底色，华东师范大学历史系姜进教授的专著《诗与政治》为我们提供了某种程度的答案。

进入大上海

这一切要从越剧的诞生说起，越剧并不是一个古老的剧种，明中叶以来地方文化、游逸享乐之风便渐积壮大，经济最发达的江南地区更是如此。文坛的“性灵说”、董其昌为首的华亭画派，《金瓶梅》、《三言两拍》等作品的出现正是社会风气的反映，世家子弟结社之风盛行，流连于瓦舍勾栏，怀拥秦淮八艳，社会文化呈现出一派勃勃生机。戏曲无疑是大众文化典型的表现形式之一，汤显祖、孔尚任的创作将明末清初的戏曲事业推向了新的高峰，更诞生了我国第一部系统的戏曲理论著作——李渔的《闲情偶寄》。可恋恋红尘的生活就如清初著名才子金圣叹罹难一般，被拦腰斩断。清王朝作为异族政权，对汉族士绅所创造的大众文化有天然的拒斥，而且满清统治者认为明朝之所以灭亡，正是受颓废逸乐的奢靡之风所害。于是政府全力进行道德宣教、倡导禁欲主义，并获得儒家精英的支持。戏曲文化迅速衰落，以“淫戏”的名义被查禁，而且女性的人身自由也受到很大限制，她们被严格限制在家庭生活，不准进入公共经营场所。到乾隆末年，徽班进京引起轰动，随着不断迎合主流意识形态和政治气候，贴合京官士大夫的口味，“京戏”成为国家扶植和倡导下的中国第一大戏，并伴随着男性话语和权力支配的体系向社会上层扩散。毫无疑问，京戏是男人戏，即使到了 20 世纪，旦角取代老生成为观众新宠，其扮演者依旧是男性。号称国粹的京剧，是特定政治文化下以男性为中心的剧种，就性别意识和戏曲文化的流变而言，京剧的诞生和繁荣相反是一种非常态。

这样的状况到了晚清，中国发生了明显改变，西力东侵、西潮冲击，清廷的权力再也无法深入毛细管之中，它对基层社会和文化的控制不断受到腐蚀。为糊口而生的地方小戏在江南农村经济的土壤上催生出来，比起官僚文化的京戏、大戏，更符合观众的口味和经济承受能力。浙江嵊县的小歌班就是其中之一，由此展开了越剧的百年传奇。

越剧由嵊县小歌班发展而来，但越剧的壮大并不在发源地嵊县，也不在浙江，而是在大都市上海。上海自开埠以来，华洋杂处，一市三治，西方势力在此建立了迥异于中国内地社会的市政结构，也将上海打造成海纳百川的移民城市。作者的可贵之处在于她并没有将上述的时代背景宽泛化处理，而是具体分析了越剧何以在上海生根发芽的各种因素。她敏锐地意识到在嵊县小歌班转化为风靡江南的越剧过程中，上海这座城市独特的现代化转型道路给予了越剧历史性的机遇。先是民初凋敝的农村经济状况冲击了传统的丝织业，上海作为冒险家的天堂吸引了数以百万计的周边市镇乡村百姓蜂拥而至。嵊县小歌班的艺人也是这股移民大潮中的一员。处于独特城市形态下的上海，在外国、本土的资本运作下，诞生了一批都市白领阶层，同时诞生的还有为数众多的工人阶层。西化的上海是当时大众文化最为发达的城市，戏班、戏院、游乐场、无线电广播、报纸的出现，给大众娱乐提供了全新的载体。大众文化的发达意味着传统的儒家精英意识让位于普遍的、直接的情感宣泄与表达，鸳鸯蝴蝶派小说、传奇与言情故事因其直接契合普通人的内心情感体验而迸发出活力。这些一一成为越剧的受众、传播载体和创造来源。但仅仅如此也并不能解释越剧的特性及其为何在上海的大众娱乐业中获得的独特成功，也不能解释为何最初以男班形式出现的越剧会彻底被单一性别的女子越剧所取代。

女人看女人

越剧是一种特色鲜明的文化，作为戏曲研究的越剧和作为历史学研究的越剧，它们的差异在于前者是将越剧作为一种文化种类进行研究，重在研究它的艺术特色和流变；后者则是将越剧作为一种社会现象，将其与文化研究做交叉。用作者的话来说，是“通过研究文化的生产者和消费者来观察社会结构和权力关系的变化”。对越剧而言，最大的特色无疑是生产者和消费者都由女性占主导地位。

作者对两个具体现象的研究和解释来说明本书的尝试和创见。第一是作为越剧消费主体的女观众。女观众的涌现首先是辛亥革命带来的社会习俗天翻地覆的改变，女性获得了进入城市公共空间的资格。然而单一的解放话语是难以解释某一特定文化现象的消费者的，越剧的女观众至少包括了三个层级：位于底层的女佣女工，作者为她们算了一笔经济账，几角钱的票价让这些下层的劳动妇女拥有自己的娱乐方式；夹在中间的现代都市所成就的职业女性、都市白领和女学生们，她们是越剧的主要支持者，对她们而言，越剧代表着一种适合于女性的中产阶级生活方式；最上层的太太小姐们人数虽不多，却是推动越剧发展的关键人群。越剧的调子在浙南宁绍一带格外令人感到亲切，恰恰 30 年代上海的权力结构反映在以宁绍帮为主体的移民中，宁绍帮占据了沪上金融航运的垄断话语权，也是上海经济的命脉和支柱。这些头面人物和致富商人的太太们光顾越剧演出、捧名角，绝非消遣娱乐那么简单。在宁绍人“主妇崇拜”的思想支配下，贵妇太太们缺乏工作成就的感召，到戏院观看浓郁乡调的越剧无疑是她们社会交往的最佳途径。在看似玩票、捧角、看戏的消遣中，越剧文化在上海大众娱乐的霸权地位被无形建构，其伴随的是宁绍帮的商业阶层在上海垄断、开创全新的经济权力结构。以这样的语境切入，作者为我们揭示了传统史学书写中以剥削压迫、封建奴役面貌呈现的过房娘体系。过房爷、娘类似于北方的干爹、干妈，是现代上海特有的社会关系。一位有钱的太太如果看上了哪一位越剧名伶，正好这位名伶也愿意成为她的过房女儿，双方就会择定日期举行仪式，给女儿送上丰厚的见面礼并公开这种关系。除了经济上的帮助外，也为其建构社会关系网络。这类社会关系网络通常能为演员提供对抗行业老板垄断的保护伞，使这些在农村成长缺乏人生阅历和经验的姑娘们摆脱戏院老板的控制。也有一些过房娘为了属意的演员，为其全力炒作，制作各类唱片和专辑。与传统认知不同的是，越伶们都对过房娘毫无抱怨，相反她们直到晚年都承认在其中得益甚多。

另一个现象是作为生产者的越剧女演员对“清白”形象近乎偏执的强调和塑造。阮玲玉和筱丹桂之死被视为著名女伶为了自证清白选择的一条自我毁灭的道路。后者的死更是空前地团结了整个越剧界群起抗争，她们认为作为小妾的筱丹桂是被丈夫张春帆虐待致死的。而张春帆是好几个大戏院的后台老板，掌控者上海越剧界的庞大资源。他辩驳说筱丹桂自杀是因其与其他男人有染，事泄而羞愧难当。袁雪芬等人则竭力澄清筱在感情上的暧昧不明，她们认为张不但霸占了筱丹桂的身体，更将她当作摇钱树以巩固其在戏曲界的霸主地位。在这个标志性案件中，筱丹桂的死折射出越剧女伶对集体身份认同的紧张。她们虽然人前风光，也是那个时代的高收入群体，但在世人的眼中终究是戏子。传统社会中加诸娼妓色情、淫乱的刻板印象，是越剧女演员试图摆脱的思想桎梏。吊诡的是，五四话语对于妇女解放和男女平等观念的普及，固然在社会意识层面鼓励广大妇女改变在传统社会下的深受欺侮的命运，却在不经意间用男权社会和男性话语的标准界定新女性的形象和需要遵守的规范。也就是说，新时代的独立女性必须是纯洁清白的，唯有如此才是告别刻板封建印象的象征。无论是袁雪芬40年代的越剧改革还是“十姐妹”的联合演出，“清白”都成为其欲彰显的主题。殊不知某种程度上落入男性话语的霸权逻辑，漂亮清新的越剧女演员是男性观众的爱欲对象，同时却被要求守贞如玉。她们越是在舞台表演、现实生活中凸显“清白”形象，越是为了摆脱成为性幻想的对象，将自己与传统的娼妓女优区隔开来。这也解释了为何越剧是纯粹意义上的女子戏剧，因为全部女性的表演并以女子的视角演出她们想象中的男性形象，正是杜绝他人可能想象的淫秽空间，将才子佳人的情感更为自然地表达。袁雪芬的名言“清清白白做人，认认真真唱戏”及其身后盖棺论定之语“质本清来还洁去”，正是越剧女演员对“清白”塑造最典型的例子。

将性别意识融入史学研究，及在后现代思潮下注重性别研究，在当今学界已成蔚然之风。可在具体实践层面多以西方性别话语生搬硬套地解读中国具体史实，或是忽视历史情境片面强调男女平等，以妇女解放话语遮蔽不同历史时期性别意识的差异。姜著能够进入具体的历史语境，多方位多层次地考察转型时期的性别意识。在她的书中，呈现出男人的女性观，女人的女性观，下层的女性观，上层的女性观。这些不同人群阶层的女性观和性别意识无疑呈现迥异的面貌，却又在转型时代和现代化进程中意外地交织，表现出某种程度的融合与共识。

革命与柔情

20 世纪的中国是革命的世纪，革命如高山滚石一般，越来越剧烈，越来越激进。娱乐归娱乐，政治归政治，事实证明在任何时期都只是奢求。娱乐很难完全超脱于政治，在 20 世纪的中国尤为如此。由于越剧在大众娱乐文化的突出影响，特别是袁雪芬越剧改革与左翼知识分子的合作取得的巨大成功，让中共开始重视越剧的能量，将其纳入文化宣传可资利用的工具。作者考证了 1946 年袁雪芬领导的剧团上演剧目《祥林嫂》的经过，恐怕袁雪芬和编剧南薇都不曾想到，获得热烈反响的《祥林嫂》剧本是中共地下党员丁景唐通过好友吴康，让吴间接影响其妹夫——雪声越剧团的编剧南薇。同时，大量中共党员以编剧、剧务的名义进入越剧团，直到共和国建立，袁雪芬才恍然意识到身边的刘厚生等人都是中共党员。以此可见中共在文艺社团中的地下工作与组织运作能力是何等厉害！

中华人民共和国建立以后，如何改造大众娱乐行业，使之符合新政权的意识形态，并用其来影响形塑国民的行为和价值观，是新中国成立后十七年戏曲改革的中心主题。经过一系列“改人、改戏、改制”的措施，几乎所有的越剧艺人都被编入国营和公私合营的体制化单位之中，大量的言情戏、传统戏以“封建迷信”“淫秽”的名义被禁演。与此对应的是戏曲改革越来越激进化的进程，如果说最初的几年中政权不得不考虑戏改的节奏和稳定，以及才子佳人戏的观众远大于革命戏、现代戏的市场规律。到了 60 年代“大写十三年”口号的提出，彻底封闭了走向另一条道路的可能性。谢晋导演的越剧电影《舞台姐妹》，这部本身以袁雪芬个人经历为蓝本的创作，在今天看来无论价值取向还是情节均极为贴近当时的宣传话语，整部影片将越剧艺人的个人命运纳入入中共领导艺人翻身觉醒的革命话语之中，作为主角的越剧艺人的主体性和个人抗争显得无足轻重。即便如此，这部戏依旧被冠以“小资产阶级温情”和“资产阶级人道主义”的罪名被大肆批判。究其原因，除了大形势下越发激进的社会思潮外，刘少奇领导的沦陷区工作与毛泽东为代表的工农武装革命，所谓“白区”与“红区”之争，影响了越剧的这部电影的命运。毫无疑问，在大上海兴盛发展的越剧是沦陷区宣传和对敌工作的非凡成就，唯其成就越大，越能彰显地下工作的卓著成绩。影片中歌颂的中共地下工作者，在60年代的氛围中早已不是政治正确的对象，惨遭整肃也是理所当然。而这一切皆是我们今人的后见之明，当年越剧艺人和谢晋导演又怎能意识到他们早已处于党内斗争的旋涡之中呢！

若单纯从以上视角解读也会陷入两个误区。第一个误区是认为新中国对越剧造成摧残破坏。虽然最终在“文革”中越剧彻底消失，剧团解散，演员下放劳动，甚至不少人因受不了批斗而自杀。但新中国给予了越剧艺人体制内的保障和尊重，从戏子到演艺工作者身份的转变是民国无法比拟的。在民国时期，正如书中前几章揭示的那样，再成功的越剧演员，其社会地位和身份认同充满焦虑和困境。体制内的保障使得她们能够告别悲情，重塑全新的情感体验与身份认同。相当数量的越剧演员被选为各级的人大代表、政协委员，对于文化程度不高、不知参政议政为何物的她们来说，一系列的名誉和仪式的参与感就是新旧社会天差地别的明证。对越剧剧种而言，更是在新中国成立初的十七年迎来了其发展的最高峰，国家力量的扶植经营，使越剧的影响力溢出了上海，超越了江浙，传播到北方和内地，更是在世界舞台上吸引了大批听众。第二个误区是认为革命造成了越剧文化的断裂。事实是，体制化、专业化是民国以来戏曲发展的既定方向，幕表制彻底退出历史舞台、包银制的让位，都是激进意识形态裹挟下本身存在的潜流。国民建设、寓教于乐更是贯穿于整个20世纪的主题和手段。从这个意义上说，越剧文化确实出现了某种程度的断裂，特别是以行政强制力改变演绎的内容方向以服务于国家意识形态，却在另一个程度上呈现出一以贯之的延续。恐怕作者未暇深论的延续性还在于，越剧所代表的诗意美学与细腻革命。因其特色的唱腔和曲调，越剧天然适合表达才子佳人、情意绵绵的主题，很难想象硬邦邦、慷慨激昂的现代革命戏用越剧唱腔念出是多么令人啼笑皆非。无怪乎革命样板戏没有一个是根据越剧剧目改编的。恰恰比起说教宣传、渺无边际的帝王将相、革命英烈，情感戏是普罗大众最熟悉的心灵体验。辅以越剧成熟的舞台表演和柔美唱词，在那个缺少娱乐消费的时代无疑成为大众最容易接受和产生共鸣的剧种。越剧在那个充斥政治运动、革命豪情的年代，给人们打开了触及心灵情感、表达细腻温情的窗户，因此成为现今老年人群体的集体认同与记忆。袁雪芬的去世对他们来说等于失去了情感依靠的对象，越剧时代的结束宣告高压政治下的情感体验让位于大众娱乐市场化、琐碎化的新时代。

新文化史研究自 20 世纪 80 年代在西方兴起，至今方兴未艾，诞生了一批具有典范性的西方学术著作。唯独在中文写作中至今没有与之比肩的学术成果。一方面固然是问题意识的不同与学术训练的缺乏，很多人对新文化史只窥皮毛、断章取义，生搬硬套地用西方问题意识来解读本土现象。另一方面新文化史看似扩大了史学研究的对象和层次，小到澡堂、马桶、纸巾等一切事物皆可研究，实则对研究对象的要求非常高。能否联结其背后所处的时代和结构，并关涉相关领域和层次，多数研究对象都达不到这个要求。本书的成功正是克服了上述两点，姜进教授在新文化史重镇斯坦福大学接受系统的学术训练，而其出身和家庭背景又将关注点转向本土的重要文化现象，学术研究中融入了家族体验、个人经历。而越剧正是一个新文化史本土实践的绝佳落脚点，作为 20 世纪突出的娱乐文化现象，伴随着上海大都市的兴起转型，伴随着辛亥、五四到共和国的妇女解放话语与平权运动，伴随着 20 世纪中国革命所始终，将看似无关的城市现代化、性别问题和中国革命有机串联在一起。

论及越剧衰弱的现状，作者认为新中国成立后的户籍制度将上海从一个海纳百川的移民城市转变为大型常住居民城市，同时也失去了它的开放程度和活力。加之更多贴近时代的娱乐方式，社会对于女性也越来越开放。而无论如何评价共产革命，一系列的改造和运动斩断了越剧赖以生存的土壤和使之称为民族文化的活标本。越剧作为地方剧种和中华文化的一部分依然存在，且会顽强地生存下去，作为一个时代社会现象的越剧只能属于过去，属于历史。

书中还有一个点到为止却非常有深入研究价值的问题—女演员之间的同性情谊。越剧是女子戏，感情戏完全由同性来完成。许多女演员在此过程中建立了非同一般的姐妹情，作者采访的演员中，几乎都不愿明言地承认同性关系在越剧圈子中普遍存在。欲遮还休的原因可能是那个时代的人没有今天关于同性情感的客观认识，也可能是关乎自身羞于表达。我们也可以看出徐玉兰、袁雪芬不同于传统女性角色的一面，圈内甚至她们自己也视己如男儿。到底是怎样的业界生态和社会网络造成了越剧名伶不同于其他行业的性别行为，可能不仅是一个单纯的史学问题。同时也是本书留给后来的研究者值得想象和挖掘的空间。

姜进，《诗与政治：二十世纪上海公共文化中的女子越剧》，社科文献出版社，2015年版。

理查德·霍夫施塔特的传统

撰文：大卫·格林伯格（David Greenberg）
翻译：张舒
校译：陶小路

> 说理查德·霍夫施塔特是一个志得意满的历史学家似乎很无情，因为他在人生的全盛时期突然离世，然而在数量和质量上，在文体的优雅和学术的敏锐上……他的具有创见的作品不仅内容丰富而且体量庞大，这些都宣告着他已经取得了英勇的成就。

哲学著作的生命可以延续千年，小说可以延续数百年。历史著作如果实为佳作，也许能留存一代人的时间。然而，理查德·霍夫施塔特的这部作品如今正在庆祝它出版的第五十个年头，而且依旧是重版图书中一部坚挺的畅销作品。高中生、本科生、研究生读它，一般读者也读它。如果记者们需要在专栏里援引一点儿权威历史学家的话，他们也会从书架上取下这本书。学院派历史学家同样推崇它：每当他们打算针对这本书写些什么，最终都会以一片颂词作结。这本充满活力的旧作就像一个健壮的耄耋老人，让人想去探究一番它经久不衰的秘诀。

《美国政治传统》（The American Political Tradition）的写作始于1943年，当时霍夫施塔特仅有二十七岁，四年后全书完成，这位年轻学者的事业在这本书的助推下蒸蒸日上，成为他所处时代知名的历史学家。此前他已写过一本书，《美国思潮中的社会达尔文主义》(Social Darwinism in American Thought)。这是他在哥伦比亚大学的毕业论文，由默尔·科蒂(Merle Curti)指导，至今它还是这个主题中的一部重要著作。毕业之后，霍夫施塔特在马里兰大学短暂地教过书，很快重回哥伦比亚大学，在这里教书直至职业生涯的结束。

在那里他不但写下了《美国政治传统》，还有其他几部振聋发聩、影响持久的作品。在这些作品中，最著名的也许是他获得1955年普利策奖的《改革的年代》(The Age of Reform)，这部作品介绍了他的“地位政治”(status politics)观念（这一观念的含义是，人们的行为与其说是出于纯粹的经济学意义上个人利益的考量，倒不如说是出于维护他们社会地位的需要)，而且有争议地将19世纪晚期的民粹主义者描绘成惧怕现代性，怀念过往的农耕时代且相当偏执的形象。修正主义者指出了这幅肖像中的致命漏洞（比如说，霍夫施塔特夸大了民粹主义者的排外主义，而且很少谈及它对资本主义“镀金时代”合理且有力的批判)，不过这本书一直被民粹主义（和进步主义）历史学家当作自己写作的出发点。他的其他有影响力的著作包括：《美国生活中的反智主义》(Anti-Intellectualism in American Life)(1963)，这是另一部荣获普利策奖(1965年获奖)且常被引用的作品。

然而，《美国政治传统》仍是霍夫施塔特拥有最多读者和最受欢迎的作品。它由一系列美国历史人物的微型传记组成——十个人的人生，从托马斯·杰斐逊和安德鲁·杰克逊到赫伯特·胡佛和富兰克林·德拉诺·罗斯福；另外还对两组人（开国先辈，强盗资本家）做了细致的描述。霍夫施塔特的主题中既有美国英雄，也有反面人物，他对这些人做了以前他们没有经受过的批判性的审视，不过他这样做并非是因为他残忍的热情——我们经常会把那种残忍的热情与“修正主义”历史联系在一起。《美国政治传统》是一部成熟的作品，本书作者后来说的“明显是一个年轻人的作品”并不准确。

它假定在可理解性和深刻性之间无法折中。霍夫施塔特的语句很干脆——多用警句但不晦涩。举个例子：“要成为总统，有些时候林肯必须得说得比他认为的更激进；要成为一名握有实权的总统，他必须得表现得比他所想的更保守。”再比如说：镀金时代的美国总统拉瑟福德·B·海斯（Rutherford B. Hayes）和本杰明·哈里森（Benjamin Harrison）“既不卓越也不腐败，他们在美国编年史上之所以有名，主要是因为他们默默无闻。”

霍夫施塔特的简洁风格的重要性远不止体现在它所带来的乐趣上面。它同样反映出他的信念：“历史是文学的一部分，所以它应该像虚构作品或诗歌那样是一门自觉的艺术。”（小阿瑟·施莱辛格语）。尽管霍夫施塔特会使用心理学和社会学的研究和观念，但是他从来不会欺骗自己说历史是某种科学，或者说人们可以“证实”一个历史学观点。比起论据的充分，他更喜欢洞见的美感。他知道，在某些证据被证伪很久之后，洞见却常新。

尽管《美国政治传统》摒弃了当今学院派历史学在学术领域内部吹毛求疵的毛病，它确实含蓄地，有时明确地向他的前辈提出挑战。霍夫施塔特最喜欢做的莫过于消除历史的神秘感。他把托马斯·杰斐逊请下了神坛，第一句话便是：“围绕托马斯·杰斐逊发展出来的神话的数量之多、给人留下的印象之深刻在美国历史上首屈一指。”之后他便努力去除去这些错综复杂的“杰斐逊神话”。这样一幅肖像跃然纸上：杰斐逊并非一个思想缜密的哲学家，而是一个时常改变治国想法和方式的人，几近反复无常。霍夫施塔特写道：“林肯传说对美国人的想象力所产生的影响远远超过其他一切政治神话。”从他的修正中我们对林肯有了全新的理解：他是一个可怜的被自己的雄心壮志绑架的人。不过，霍夫施塔特提出的这些观点是在激烈地批评顽固的错误观念，而非与其他持不同意见的学者就一些细枝末节发生的口角，也不是带着一副幸灾乐祸的神情对前辈学人发起“弑父”攻击。

有一位历史学家的身影在《美国政治传统》一书中挥之不去，他就是查尔斯·A·比尔德（Charles A. Beard），他是霍夫施塔特前一代的杰出进步主义历史学家。霍夫施塔特对比尔德的钟爱持续一生。后来他写了一本书《进步主义历史学家》，书里写了比尔德、弗雷德里克·杰克逊·特纳（Frederick Jackson Turner）和沃浓·L·帕灵顿（Vernon L. Parrington）。不过更重要的是霍夫施塔特对他的反叛。比尔德和他同时代的进步主义者把权贵和民意之间的持续冲突作为美国历史的主线。相反，霍夫施塔特看到的是美国历史的连续性和统一性，在他的描述中，美国历史没有太多冲突，这让人很吃惊。他在这本书的导言中说道：

（美国历史中的）政治斗争的激烈常常使人产生错觉。大政党内主要竞争者的视界通常局限于财产和企业……私有财产的神圣不可侵犯、个人处置私有财产和用其投资的权利、机会的价值、私利和自主在宽松的法律限度内会自然演化为一个施善行的社会秩序……这些都是美国政治思想的中心信仰之主要原则；杰斐逊、杰克逊、林肯、克利夫兰、布莱恩、威尔逊、胡佛虽然各不相同，但大多都认同这些观念。

所以说有些历史学家把《美国政治传统》和霍夫施塔特的其他作品放在了战后时期占主导地位的“共识”历史学派的核心位置。历史学家约翰·海厄姆（John Higham）将霍夫施塔特的著作和路易斯·哈茨（Louis Hartz）的《美国的自由主义传统》(Liberal Tradition in America)、丹尼尔·布尔斯廷(Daniel Boorstin)的《美国政治的精神》(Genius of American Politics)放在一起，他认为这些作品都表达出一种因为过去两百年几乎毁掉欧洲的阶级矛盾和政治动荡没有在美国出现的感激之情。一些读者甚至批判霍夫施塔特对美国赞誉过度。

然而，霍夫施塔特不会心悦诚服地接受海厄姆给自己贴的标签。他表示自己在写这本书时，脑海里甚至连一个中心主题或论点都没有。他后来提到，就连长达六页的导言也是他在编辑的坚持下才勉强交稿的。他这样的表达，一下把本书斟酌良久的“论点”降格为事后产生的想法。

针对霍夫施塔特究竟是在庆祝、悼念，还是在控诉美国政治传统中的狭隘的争论凸显了他作品的多义性。我会说，霍夫施塔特既庆祝，也悼念，还控诉了。他对传统既感失望，又表示尊重。历史学家C·冯·伍德沃德（C. Vann Woodward）在霍夫施塔特去世的悼念会上这样说：“他对美国生活的多个方面进行了批判，但他从不属于任何反美国主义的流行圈子中的一员。”

戳穿了爱国主义的陈词滥调，却依旧珍视美国的传统——《美国政治传统》体现了20世纪自由主义一些最优秀的品质。这本书之所以长期受到欢迎，也许既要归功于它的哲学，也要归功于它的文学上的魅力，或者还有它在历史书写上的准确定位。比起哈茨和布尔斯廷的作品，如施莱辛格的《至关重要的中心》(The Vital Center) 和莱昂内尔·特里林 (Lionel Trilling) 的《自由的想象》(The Liberal Imagination)。霍夫施塔特不但和这些书的作者私交甚好，而且他们共同抱有一个现代主义者的决心，那就是把自由主义置于墨守成规的保守主义和过度敏感的感伤主义的两极之间。

正如政治学家埃拉·卡兹尼尔森(Ira Katznelson)说的，霍夫施塔特是在启蒙自由主义的"黑暗时代"写下了《美国政治传统》。当时尽管法西斯在欧洲已日薄西山，但它卷土重来的潜在可能仍令人心惊胆寒，"赤色恐慌"(red scare) 当时正在席卷美国。苏联的共产主义再一次对左翼势力产生了吸引力，一些冷酷无情、持怀疑主义立场的知识分子不怀好意地暗示，自由主义和理性主义多少要为纳粹和大屠杀负责。霍夫施塔特和其他人对这种潮流感到恐慌，他们加入为自由主义的灵魂而战的队伍中。在《美国政治传统》里，霍夫施塔特警告人们，将历史变成意识形态工具是很危险的。这是他和《党派评论》那些反斯大林文学批评者共同的信念，只不过作为一个历史学家，他表达起这些观点来有独一无二的优势。

霍夫施塔特不仅在回应他所处时代左右两派意识形态的信徒，同样也是在回应查尔斯·比尔德 (再一次)，范·威克·布鲁克斯 (Van Wyck Brooks) 以及其他先驱，这些人在寻找布鲁克斯所说的"有实用价值的过去"——对社会正义有利的历史。在布鲁克斯的年代，这个概念意味着一种进步，向前跨进一步。在霍夫施塔特的时代，纳粹和斯大林主义者通过操纵历史来达到他们自身的邪恶目的，这些事情已经让人们看到了"有实用价值的过去"这个信条过于天真。霍夫施塔特更倾向于不去"利用"过去，而是像克里斯托弗·拉希(Christopher Lasch)提出的那样，去"吸收"它——去理解历史是如何形成一个人所处的政治和知识气氛,而不去总结一些实际教训。霍夫施塔特在《美国政治传统》中一直在提醒读者，历史很少会有简单的结论，众多属于美国的理念之间经常不可调和。

霍夫施塔特最知名的观点是指出自由和民主之间经常会发生冲突。他在介绍开国先辈的一章中谈论起那些贵族对于民众的不满态度时，特别借用了比尔德的讥讽口气。但他和比尔德不同，比尔德将建国看成自私的富人和道德高尚的穷人之间的战争。霍夫施塔德远远地超越了比尔德，他抛弃了比尔德的二元论，他对开国先辈体现出的睿智表达了感激之情。霍夫施塔特再一次回到他最喜欢的话题：

当代的美国民间观念都认为民主几乎等同于自由，虽然民主理论家力求对二者做出区分，但是与此同时，他们一般都认为民主为自由所不可或缺。但是开国先辈们认为，他们最为关心的自由受到民主的威胁。在他们的思想中，自由同民主无关，而是同财产有关。

如果这种对开国先辈的看法让他们的光环暗淡了一些，那也只有如此。霍夫施塔特讽刺他们"对财产权的坚持到了死板的程度"。不过他也称赞他们的现实主义令人敬佩，"虽然他们认为自利是一个人最危险也最牢不可破的特质，他们依然对该特质尝试控制自身表示支持。"他援引教士杰瑞米·贝尔纳普（Jeremy Belknap）的话："让我们承认这一原则：政府源于人民；但人民需要接受教育……他们不能统治自己。"霍夫施塔特知道这样的话说出来会令人不快。但是他不是那种会站出来宣布这不对的理想主义者。

在霍夫施塔特的勾勒中，几乎每个美国的自由英雄都是不怎么热心的民主人士。安德鲁·杰克逊是一个"不深思熟虑的人"，他"倒向民主阵营的原因是民主阵营倒向了自己。"对林肯来说，"民主还无法跨越肤色的界限。"伍德罗·威尔逊只相信"国家必须在财阀统治和平民统治之间选择一条中间道路。"富兰克林·罗斯福认为外交事务的"目标无论多民主，其手段都远非民主。"

霍夫施塔特为什么要指出几乎每个美国英雄作为一个民主人士都不完全够格呢？在我看来，他所做的纠偏性的评论不是针对这些历史人物（因为他并没有全盘否定他们），而是针对那些神话制造者，那些"英雄崇拜和民族自我吹嘘文学"的散播者，他在导论中对他们做了一番嘲讽。

文学评论家阿尔弗雷德·卡津（Alfred Kazin）在日记中谈起他和霍夫施塔特还有他第一任妻子费莉丝·斯瓦多（Felice Swados）的亲密友情。费莉丝是一个作家和编辑，她 29 岁就过世了。卡津尤其记得霍夫施塔特狂放的幽默感。在大萧条时期，卡津写道：

费莉丝认真地考虑过给迪克（霍夫施塔特名）在夜总会找一个单人脱口秀的工作。每次他模仿罗斯福，还有那个女儿掉井里的奥扎克农民（有一句台词是："这几天我们总得把她给弄出来。"）的时候，我们都会狂笑不止。

C.冯·伍德沃德曾经在文章里说霍夫施塔特有种"调皮的风趣，还有发现荒诞之事的天赋……那些是杰出的讽刺作家和漫画家有的天赋。"

霍夫施塔特的作品有的不是那种让人大声发笑的幽默。严肃的学术作品会剔除掉那些令人捧腹大笑的内容，不过一些风趣的内容还是可以有的。霍夫施塔特在《美国政治传统》中的讽刺既尖酸又搞笑。他在谈到镀金时代的巨头们时这些写道："因为他们事迹经久不渝的价值如此伟大、如此美好，他们不需要对他们平日的不诚实行为感到焦虑。"他冷冰冰地或者说不无酸楚地这样写胡佛："养活了欧洲的人成了饥饿的象征，才华横溢的执政者成了灾难的象征。"

就像他的文学天赋一样，霍夫施塔特嘲讽的幽默感不仅仅是装饰。这种幽默感表现出他乐于称之为"复杂性"的品味——他拒绝接受简洁的回答。他以超乎寻常的努力把每幅图景变得复杂。比如他在谈到林肯时会在夸耀林肯是个"朴实"之人和揭露林肯是个"彻头彻尾的政治家"之间小心翼翼地做着平衡。他写道："林肯的质朴是非常真实的……但他同样是一个复杂的人，复杂到足以理解自己的质朴的价值。"之后，他再一次改变之前的说法："他的手法有些刻意……但是其中不存在欺骗的成分。"

这种左右摇摆看上去有些胆怯、像是缺乏判断力。但是经过常年的累积，这种踌躇似乎成为一种受欢迎的谦逊的标志。不过，霍夫施塔特又用一种近乎厚颜的自负抵消了这种谦逊，就像喝下一杯甜美的潘趣酒激增的热情一样。总之，这个时值二十七岁的作者敢于对美国历史每一个重要的政治人物和时期做出评论，但在很多地方霍夫施塔特的稚嫩又让读者感到有些尴尬。他对这些人物都做出了一些过于相似的批判：他的谈论对象不但都是不完美的民主主义者，而且有很多还是傲慢的道德主义者。威廉·詹宁斯·布赖恩（William Jennings Bryan），西奥多·罗斯福，还有伍德罗·威尔逊这些非常不同的人物都被他抨击为自以为是。其他人则是在智力上不合格。霍夫施塔特有些过于高傲地向不多的可以被称为知识分子的总统开炮。他这样写道：罗斯福的头脑“一般没有深邃的思想”；威尔逊作为总统“在经济问题上处理能力不佳”；杰斐逊这位蒙蒂塞洛的传说人物“从未尝试写下一部关于政治理论的系统著作——这可以理解，因为他没有系统性。”（补充一句，很尴尬的是，他这部全是由创造历史的男性组成的政治讽喻剧并不完整，当然他的遗漏与其说是个人原因，倒不如说是1940年代的原因。）

我们可以从霍夫施塔特的传记找到他这种引人注目的自信之来源。她的母亲在他十岁那年去世，他的第一任妻子费莉丝在她20多岁时被病魔缠身。阿尔弗莱德·卡津在日记中用很迷人的笔法暗示了费莉丝的病痛是如何影响到她丈夫的：“迪克在一间昏暗的房间中坐在费莉丝身旁照顾她，黑暗中，他在一个黄色的垫子上开始了《美国政治传统》的写作，他总没法看清自己写下的字。”人们在这句话中能够读出的东西不多。但是不难想象，生命的逐渐消逝再一次给年轻的霍夫施塔特带来很大冲击，他决定在有机会时从他所学的东西中记录下“精华”。卡津如诗一般的语言：对“黑暗”的一再重复创造出一种无可逃脱的毁灭之感，表明了他的朋友“没有时间可浪费”的决心；霍夫施塔特意识到，忙于一些琐碎的问题只会是浪费生命。怪不得C·冯·伍德沃德把霍夫施塔特描述为一个很难一起度假的人——他到哪里去总是带着打字机和参考文献。

1970年，他的生命因白血病而停止在了54岁，而那个时候的霍夫施塔特已经写出了一些人一辈子才可以写出来的可以传之后世的历史作品。伍德沃德在追悼会上说：“说理查德·霍夫施塔特是一个志得意满的历史学家似乎很无情，因为他在人生的全盛时期突然离世，然而在数量和质量上，在文体的优雅和学术的敏锐上……他的具有创见的作品不仅内容丰富而且体量庞大，这些都宣告着他已经取得了英勇的成就。”

谁是海明威

撰文：爱德华·门德尔松（Edward Mendelson）
翻译：陶娜

到这本书的最后,这个格特鲁德·斯泰因和埃兹拉·庞德的先锋学生,这个向小杂志投稿总被拒绝的人，已经逐渐形成他直白硬朗的行文风格，开始把自己重塑成受世界各地人喜爱的“海明威老爹”了。

1

这篇评论讲的是一本新书。这本书里收录了欧内斯特·海明威的一些书信。他写书中第一封信时年仅 23 岁，写书中最后一封时 26 岁。在这 3 年里，住在巴黎的他生活中发生了很多事：生了第一个孩子，和第一个老婆疏远并谈上第二个，辞去了记者的工作，发表了自己的前 3 本书（主要是短篇故事和诗）、完成了两篇长篇小说，还第一次看了斗牛。也是在这 3 年里，海明威开始了一个转变：从一个致力于以文字传达内心焦虑的疏离感（“从而你们也能体会到那种感觉”）的作家转变成了一个沉醉于“赞扬那些在所作所为中蕴含着坚强和勇敢的人”。他说：“有些人凭体力做出的事情让你感到一种由衷的钦佩。”海明威自己在这段时间也开始获得这种素质。到这本书的最后，这个格特鲁德·斯泰因和埃兹拉·庞德的先锋学生，这个向小杂志投稿总被拒绝的人，已经逐渐形成他直白硬朗的行文风格，开始把自己重新塑造成受世界各地的人喜爱的“海明威老爹”了。

《剑桥海明威书信系列》计划发行 17 本，这本书是其中的第二本[1]，包括了近 250 封信。同一时期海明威写的信在 1981 年出版的《书信选集 1917 - 1961》中也有收录，但那本选集收录的信件数量只有这本新书中的三分之一。新发表的这些信不但朝气蓬勃，通俗易懂，而且加深拓展了人们对海明威刚出道那些年的了解。本书的编辑还加了许多注释解释有关历史和个人的典故，记录了海明威的经济状况，另外还极为细致地介绍了海明威所崇拜的诸多拳击手和斗牛士。

本书揭示最多的不是具体的传记细节，而在于从里面这些长长的信笺中能看出海明威的思维。他的这些信都是写给他少年时代的朋友，信又长又热切，而且毫无保留。自从他那心有怨怼的姐姐马塞利娜公开说，母亲曾让海明威穿女孩子的衣服，她试图把他俩当作一对双胞胎来养。人们从海明威的遗作《伊甸园》也读到了他对阴阳同体的幻想，过去 50 年中分析海明威作品的人常说他是一个性别混淆和跨类别的产物。事实上，这种说法和先前关于他“男子汉”的形象其实都简化了海明威。这些新发表的信件表明，所谓的男子汉也好，阴阳同体的幻想也好，都是表象，表象以下有一个深层的主旨，它指引着海明威的生活和工作，而且这个主旨最终与性是毫无关系的。

2

海明威爱在信中议论他人，自吹自擂，还经常捏造内容。有一次他对一位朋友写道：“上面一段内容大多数都是真的。”可是，那些内容里，除了一些针对他父母的气话以外，所有关于他心情的内容几乎都是假的。比如，当他和妻子哈德莉 · 理查德森越来越疏远的时候，他却在信中愈加坚定地告诉别人他的

[1] The Letters of Ernest Hemingway, Volume 2：1923 - 1925, edited by Sandra Spanier, Albert J. DeFazio III, and Robert W. Trogdon, Cambridge University Press, 519 pp.

婚姻幸福美满。

他和每一个人通信的风格都有所不同。写给出版商和编辑时，他正式又有心计。写给格特鲁德·斯泰因时，他阿谀奉承又很恭敬：

《大双心河》的内容都是我虚构的，所以对整个故事我提前有安排，写出来的感觉多半也符合我的预想，写鱼的部分我很满意，但写作难道不是很艰苦的工作吗？遇到你之前我觉得写作很轻松。当时我写得太差劲了，哎呀，我现在写得还是一塌糊涂，只不过和过去的差劲类型不同罢了。

写给埃兹拉·庞德的信他显得固执己见和恶俗：

你肯定听说了吧，斯蒂芬斯（Lincoln Steffens）娶了一个十九岁的Bloomsbury犹太知识分子。（注：海明威用的是“kike”这个侮辱犹太人的词）

萝卜，就是那个犹太杂志出版人，和我偶尔打打网球。（Harold Loeb，Broom杂志以前的编辑）。（注：Loeb是姓，海明威把他的姓拆成了“Low-ebb”，发音相近，但含有低迷，不景气的贬义）

不安在戴着王冠的屁股上拉屎。（书信原文：Uneasy shits the ass that wears the crown。注：莎士比亚原文：“Uneasy lies the head that wears a crown”，意思是不安待在戴着王冠的头上。）

和他表面一脸仁慈的父母的通信中，海明威一会儿严肃正式，一会儿又激愤地为自己辩护：

我没有时间也不想为我的作品辩护；我所有的心思和精力都花在

完善自己的作品上，而真正的好艺术品是不缺辩护者的，真正的好艺术品也不缺那些憎恨它要毁灭它的人。嗨，说这些都没用。憎恨好作品的人是毁灭不了这些作品的，最终这些作品会让他们感到恐惧，他们会望而退却。

海明威写这些信的风格一点不像他在小说中采用的叙事口吻。当他在《大双心河》和《太阳照常升起》中正追求一种紧张有力的风格的同时，他给发小的信和给战时救护车上同事的信则混杂着私密的俚语（比如“yencing”这样的词，这个词是性交的意思）和多音节的长词。比如，信中写到某个人晚上去茅厕的小插曲时，他加了一句：

不用说the enditer（指海明威自己）除了在光天化日之下有太阳供暖保证功能一切正常的情况下，一般是绝对不会让大肠蠕动的。

将斗牛士故事《打不败的人》投给《日晷》杂志 3 个月后，海明威信中写道：“日晷拿了我的斗牛长篇故事快有三个月了，他们应该给钱了”（原文：The Dials had my long Stier Kampf story now for almost a trio of the monats so they may produce kickage in also.）

要了解海明威捏造事实的能力，应该在读这本书信集的同时备一本海明威传记，最好是迈克尔·雷诺兹（Michael Reynolds）写得十分精细的《海明威：巴黎的岁月》。读着这本传记，再读海明威写的信，就能读到一些不一样的意思。比如：海明威在信里义愤填膺地写那些租他巴黎房子的人“其实都是些骗子，他们说要租 3 个月的，结果不到一个月就溜了。”如果读海明威的传记，你就会知道海明威和妻子曾在多伦多干了同样的事：就在他写这封信的一年前，他们承诺会租一年的房，结果租了三个月就走了。

海明威刚出道时的作品欢快但写得啰唆，在 1921 年来到巴黎以前他的风格一部分是学舍伍德 · 安德森的（正是几年后海明威在《春潮》中公开批评的安德森）。

当你进入那个房间时，除非啤酒圣人赐予了你特殊的力量，你不会比真的带着一只骆驼出现在那著名的骆驼穿过针孔比赛好多少，也就是说，你身边的房间将会突然安静下来。

特鲁德·斯泰因教海明威要删去那些累赘的描述。他因此在写作上做了一些演练，而没有发表，像这一句：

源远流长。为什么说“源远流长”？“源远流得又长又广”行不行？或者说“源远流广”？ 不，最后这个肯定不行。

斯泰因让海明威摆脱了束缚去写一种他自己从来没写过的故事，表达出一种略带焦虑的疏离，这种状态无法用复杂的词句表达。《士兵之家》中的克里布斯朦胧地想和女孩子在一起却又不想要猜忌与纠缠不清的关系：

他不想要什么后果。他永远也不要有任何后果了。他就想这么活着，不被事情的后果所困扰。

《大双心河》中的角色尼克·亚当斯拒绝进入沼泽时也表现出的充满各种象征的疏离：

他感到了胳肢窝底下越来越深的水，他似乎不太想在深水中淌着走……在水流这么快的深水里，光线又暗，在这里打鱼太危险了。沼泽里打鱼是一种悲剧性的冒险。

海明威当时很擅长在短篇故事里记录这种疏离感，可他有一段时间都不能把类似的材料写成一部完整的小说，他因此很受挫。就在这个时期，他在《太阳依旧升起》中创造了杰克·巴恩斯这个彻底被疏远的角色，海明威根本不用为巴恩斯构思出造成他疏离的心理背景，因为巴恩斯的这种状态是巴恩斯在战争中意外遭受的性伤害造成的。作家弗朗西斯·斯科特·菲茨杰拉德从巴恩斯这个角色身上的疏离感觉到了更深一层的含义。他说："杰克·巴恩斯不是一个性功能有障碍的人。他更像是一个穿着道德的贞操带的人。"

1924 年，当海明威写《大双心河》时，他写作生涯的后半段开始逐渐成形。1923 年他在潘普洛纳看斗牛，他为之激动不已。1924 年，他准备再回去参加斗牛节，他在信中写道：

> 你还记得在一家蒙塔莱格罗镇的酒吧里我和你提起，必须要找到那些身体行为本身就真正让人敬佩的人……我在斗牛场里有了这种感觉。上帝啊，没错。

这是他写给爱德华·奥布莱恩的信。后来奥布莱恩做编辑时，编了一套献给海明威的年度故事集，海明威第一次体验到了他人对他"敬佩的感觉"。

3

海明威一开始写的故事里，年轻男子的道德准则是只遵循自己的意志。他们关心的是自己活得是不是符合他们的英雄主义理想，不关心他们的行为会给他人带来什么影响。他们不在乎家里人要求他们完成的义务，女性需要的忠诚他们也拒绝给予。这种角色不求什么亲密的个人关系，却总与有着共同理想的人融为不分彼此的兄弟。

在寄回家和寄给战友的信中，海明威表达出了很深的兄弟义气。许多封信中，他不说"我"或"你"，而是直接用"哥们儿"来指代自己和朋友。他会和朋友说，"让哥们儿知道最近的情况呀。"他鼓励一个朋友在巴黎找工作时这样写道："哥们儿找好工作不一定要有才也不一定要吃苦。"另一个朋友结婚时，海明威写道："哥们儿单身汉的日子过多了，已经多到对哥们儿没有益处的地步了"。

海明威重义气的原因可能和美国大学生加入兄弟会的原因类似（女生加入姐妹会）。海明威矛盾复杂的性倾向和他想象中那种豪爽的男子汉气概差别颇大，年轻的他并不知道每个人的性倾向都是矛盾而复杂的，这样一些年轻人走到了一起，他们用所谓的“兄弟义气”当挡箭牌，对所有与他们不一样的人都表示憎恨，以此来缓解焦虑 。海明威在一封信里写道：

> 同性恋会做一些哥们儿绝对不会做的事。从来没有哪个同性恋会忍饥挨饿。好哥们儿都忍饥挨饿过。不幸的是，写作的哥们儿会碰到不少同性恋的同行。

他对一个笔友表扬另一个朋友说：“他比我们还要恨犹太人呢。”海明威故事中的杰克 · 巴恩斯揭示了海明威心中的另一种仇恨，“我不信任坦率和直白的人，特别是那些故事说得很完整的人”。 这句话可能也戳穿了“哥们儿”内心都存在的一种阴影：因为他们害怕自己那复杂的内心，所以他们憎恨那些没有被复杂的内心困扰的人 。

海明威还坚持说婚姻不影响到他和兄弟们的义气。他解释说自己的妻子哈德利其实就像个男人。他在信中写道：“出去旅游时她是个哥们儿”；对另一位朋友他说：“其他女孩子钓鱼时只是装着有兴趣，她却像一个男的一样兴致勃勃。”海明威还解释说，因为他婚姻幸福（事实上他们夫妻关系很不好），所以他可以有那么多朋友：“婚姻不美满的汉子不可能有做任何事情的良好基础”。

在 20 世纪的社会里，男人 25 岁以前可以挺好地过着一种充好汉的生活。二十五岁以后，这种追求就变得既烂污又莫名其妙，因为它不能带给年轻人成熟的人际关系和行为举止。25 五岁以后，所谓的兄弟都会渐渐孤立疏远开来，他们因此会靠喝酒来找回那份义气，用酒来销蚀个性，或者通过展示男子汉气概互相比拼来感受那种感情。海明威年纪大了以后，不和朋友们喝酒时，他会告诉别人他不但比他们更强壮勇敢，而且他有比他们都要好的妻子：

> 玛丽小姐（指玛丽 · 威尔士，他第四位也是最后一位妻子）很强

悍。她也很勇敢、迷人、风趣，长得喜人，与人和善，是一个好妻子。她钓鱼钓得也很好，射击打鸟也有一手，游泳游得很棒，烧菜烧得好，品酒也不错。花园里她也能干，她还是一位业余天文学家，另外艺术、政治经济、斯瓦黑里语、法语和意大利语她都懂一点，还能用西班牙语管理船上或者家庭里的事务。

海明威年纪大了以后在作品里写了一些虽然冷漠，但在和年轻女子的恋情中依旧充满热情的中年男子，比如《过河入林》中的坎特韦尔上校。相比之下，20 世纪 20 年代时，岁数还不大的海明威的情感生活却并不愉快。比如，他笔下尼克 · 亚当斯这个角色心中的“好地方”是“什么都影响不到他的地方”。当尼克断了自己和女主人翁马哲瑞之间的恋情时，二人“并没有大吵大闹。”

没有一群兄弟和自己打成一片时，海明威开始幻想与一位情人合为一体。很多人引用了这些很明显的例子，在《永别了，武器》中："我不再存在。我就是你。”“我们是同一个人。”“我要我们搅在一体，”在《战地钟声》里海明威写道："现在的我是你……现在的你是我。”“我就是你，你就是我，我们互为彼此……我希望我们是完全相同的。”在《伊甸园》里："现在你分不清谁是谁了吧？”（书中的女性角色说这句话时刚刚把她的手探入他身体）。所有人读到这些内容时都认为这是性别越界，但这种合二为一的欲望在海明威写给自己朋友们信中一段接着一段热烈的文字里不断出现，比如他把每一个哥们儿都称为“雄性”（“a male”）。

作为义气深的男子汉也好，作为雌雄同体的人也好，海明威想要的是一种与他人的融合，一种持久的亲密的关系，如此他再也不必做一个与别人分离的个体。当然这种与他人的融合是不可能的。弗吉尼亚 · 伍尔芙在一篇让海明威恼怒不已的评论中提到了海明威为自己的这个愿望所付出的代价。她说，海明威书中的角色读起来像是餐馆里用大白话飞快说话的人，“因为大白话是属于一个群体的语言。”用大白话说话的人“聊天的时候给人感觉很自在，但我们如果稍从阴影处仔细观察他们，他们其实一点也不自在，他们极度惧怕做他们自己。”

海明威不但在书里用大白话，而且信里也用。在信中称赞别人时他总是说“corking”，“whamming”或者“swell”。（注：都是说棒、好的口语词汇）他和别人提到第二个老婆范尔弗时，说她是“特棒一姑娘”（“a swell girl”）。

在评价《非洲绿色的群山》时，埃德蒙德 · 威尔逊是这么说海明威的，这段评价很有名：

> 在海明威的作品里，心性中矛盾的部分，那些令他迷恋的情感状态，都被外化，被他用客观的方式描述出来。这样写出来的作品表达出的感情非常强烈且严肃。但海明威一用第一人称来写故事，似乎就会产生非常糟糕的文字。在这些第一人称的作品里，海明威似乎丧失了所有自我批评的能力，变得又傻又多愁善感。具体这是什么原因，我没办法解释。

他书中的角色巴恩斯和弗雷德里克 · 亨利只跟自己自言自语，毫无保留地泄露自己的想法。另一个人物尼克 · 亚当斯意识不到记录他心理活动的“讲述者”的存在。但当海明威以“我”这个人称叙事，以“你”这个人称指代听众时，谈起自己如何身手不凡也就只有吹嘘，没有真正的公共声音，而其实他很惧怕自己本身的样子。

他自己却也清楚身手好没有什么好讲的，就像《太阳照样升起》中的佩德罗 · 罗梅罗一样，不管他的身手是真的也好装的也好，没有什么好讲的，非要讲的话会很难堪。詹姆斯 · 瑟博曾经就写了一个故事来说明这个问题：在《世界上最伟大的人》中，主人公凭借矫健的身手赢得了胜利，可当他自豪地庆祝胜利时，他说的话让他显得很一文不值。詹姆斯 · 瑟博对当时类似海明威这样的作家是有自己的意见的。

自大的面具下，海明威最真切的希望是摆脱自我而活着，去和别人或者别的物体融为一体。德尼 · 德 · 鲁热蒙曾经说，特里斯坦与伊索尔德这样一些恋人想摆脱自身束缚而与对方融为一体，他们发现自己逃不出各自的身体，如果非要逃脱自身的约束，那只有选择死亡。1924年，美国的一位参议员自杀身亡，海明威在一封信里写道：“我还是觉得任何想（与他人或外界融为一体）的人都能达到自己的愿望。现在事情进展的不错，我希望一段时间内我都不用展示我的理论。”在《太阳依旧升起》中一场斗牛表演的高潮，罗梅罗的剑刺入公牛体内，一刹那间他和公牛成了一体。

4

《剑桥海明威书信系列》的目标读者不知是何人。似乎是针对阅读学术性作品的读者，但书中却提供了脚注来介绍托尔斯泰、毕加索。最近几十年，学术出版物都有这种读者群不明的情况。编辑们清楚自己的读者的需求，上述这种情况估计是出版商将自己的要求强加给编辑导致的。卡洛斯·贝克尔在1981年编的《海明威书信集》脚注就很精简，这是对读者自身的学识的一种尊重，新出的剑桥版书信集就没能够做到这点。比如说，剑桥版会在书信中间打断读者的阅读，用一个脚注来解释“马可·奥勒留”（Marcus O’Realius）的哲学。

书中其他的脚注还有显多余的。例如，编辑注明说普鲁斯特写了《追忆似水年华》（他们还把这本书的英文译名写错了），书的第三册使得盖尔芒特府周边的一些郊区村镇“最近引起了人们的注意。”再比如，海明威在一封信里写说，“我们被命运戏弄了，就像哈姆雷特所说一样”，书的编辑立刻注释说：

> 这也许是暗指哈姆雷特击剑决斗身亡前说的一句话，“一只麻雀的坠落都和神的眷佑分不开”。也就是说上天的意愿决定着世上最微小的事物，死亡自有它到来的时候。

可海明威在信中已经对哈姆雷特的话做了精确的解释。他写道“我们的终结都和上天的意愿有关”。既然海明威都这么说了，再加脚注难道不显得多余吗？

虽然年长的海明威在公众面前很自豪地展示了他打猎的技巧，他在巴黎写这些书信的时间里却是为其他一些技能而感自豪。有一次，文学杂志《这一季》

(This Quarter) 的主编因病需要休假一段时间，海明威管起了印刷、校对和出版的工作，他说“(我) 在印刷车间里和总工一起干活”。比起他对拳击和斗牛装腔作势的描述，他在这些信函里对自己注意力集中、热情工作的记录似乎更可信一些。他说“就像任何充满细节的工作一样，我必须全神贯注地去对待它”。他亲手参与的工作似乎有一种他作为（拳击和斗牛）观众时所没有的一种自信：

> 你需不需要另一侧加上卷编号与倾斜刻板留下的白纸形成一种呼应（打印刻板，板上倾斜地摆放着杂志的标题）？还是别留什么卷编号？绑定时，就是把封面拆下来之后，比如在图书馆里绑定杂志时，最好能有这样的卷编号来帮助查找。所有杂志都留有这样的卷编号。

在这些年里，海明威当了爸爸，作为一名父亲应当承担的职责让他不太愉快。编辑们要么拒他稿，要么就给他很少报酬，他自己住在一个小木屋里，因为他宁愿把老婆的钱花在饮酒和旅行上。他在巴黎的这段时期写的信件和他后来在《流动的餐宴》中用感伤的语言对那段时间的描述差不多，比如“年轻时我们特穷也特快乐”。他当时既不是很穷也不是很快乐，但至少那时候海明威还只是为了他的才华在写作，不像后来的海明威是在为两样东西而写作：他的才华和他的名气。“写作是唯一值得去追求的事。除非你是一位画家，如果那样的话，绘画是你唯一值得去追求的事。”他如是说。

本文原载于《纽约书评》，经版权方授权翻译刊载，原文见 New York Review of Books, AUGUST 14,2014 ISSUE。

书情
——历史、思想类著作推介

撰文：吴瑶

一、改变亚洲地缘政治格局的一场危机

书名：*JFK's Forgotten Crisis: Tibet, the CIA, and Sino-Indian War*

作者：Bruce Riedel

出版日期：2015年11月

出版社：Brookings Institution Press

ISBN：9780815726999

1962年10月16日，在美国总统约翰·肯尼迪身边担任国家安全顾问的麦克乔治·邦迪（McGeorge Bundy）早早地来到白宫西翼的办公室，打开了他的绝密文档。每天，国家安全顾问都会从白宫战情室那里获得一份绝密文档，里面有重要的电报信息，以及前夜发生的重要事件。

第一份档案是国务院关于中印局势的分析，国务院提醒，中印边境冲突正

在升温，很有可能在当月升级为全面的边境战争。国务院还提醒，如果战争发生，中国会毫无疑问地占有优势，因为他们的装备更精良，组织更有序，也进行了更多实战演练。如果他们占得上风，印度会向美国求助，要求总统做出决定——不仅仅是简单的援助，而且涉及美国将如何平衡与巴基斯坦的关系。

第二份文档来自中央情报局，称 24 小时前起飞的 U2 侦察机发现苏联向古巴部署了远程弹道导弹。这正是那场举世瞩目的“古巴导弹危机”的开端。当时，除了美国人和俄罗斯人，世界上其他国家的人也在关注这一关乎人类生死存亡的事件，有不少以为世界已经处于另一场大战的边缘。

于是，当时国务院关于中印局势的分析在古巴剑拔弩张的情势下被暂时地“遗忘”了。

今天，曾经为中央情报局工作 30 年的老人布鲁斯 · 里德尔（Bruce Riedel）把白宫应对中印边境危机的幕后故事搬到了台前。他通过参考后来解密的肯尼迪和时任印度总理尼赫鲁的通信以及诸多关键人物的日记和回忆录，记录了与这场危机有关的战争和外交斡旋。

里德尔写道，后来发生的事印证了国务院的判断：中印边境爆发战争，印度总理不得不做出此生最艰难的决定——向美国人和英国人求助。1962 年 10 月底,美国和英国皇家空军开始向印度紧急提供供给,每天投放 20 吨设备物资。另外一件事也如国务院预料的那样，美国“支援”印度的行动引起了巴基斯坦人的不满，当时美国是巴基斯坦最密切的盟友之一，巴基斯坦还是美国主导的军事同盟条约《东南亚条约组织》的成员，这对盟友之间有约定：美国不能在未经与巴基斯坦协商的情况下向印度出售武器。肯尼迪参与了与巴基斯坦的外交谈判，印度的邻居最终在这场战争中保持了中立。

与此同时，中国军队在边境占得绝对优势，在短暂停火之后的第二次打击中，在边境东线、西线占领了印度的多个据点。1962 年 11 月 19 肉，尼赫鲁先后给肯尼迪写了两封信，其中一封里他写道，“情势已令人绝望……我们需要更全面的支援。”他还要求肯尼迪派出 350 架配备了雷达设备和飞行员的美军战斗机，保障印度领空。

这样的要求无异于把美国拖入战争，将肯尼迪置于进退两难的位置：一边是面临冷战中最紧张的时刻，处理南美国家的导弹危机；一边是收到来自世界上人口最多的民主国家的请求，支援一场与世界第一人口大国的战争。所幸，收到尼赫鲁来信36小时后，中方宣布单方面停火，肯尼迪并没有也不需要回应印度的请求。但在这场危机发生一年后，美国、英国、加拿大和澳大利亚空军在印度举行了一场演习。

这场危机对亚洲地缘政治的改变产生了近乎决定性的影响。里德尔后来评价说，1962年后，中巴同盟关系逐渐巩固。50年后，中国毫无悬念地稳居巴基斯坦头号盟友的地位。就在2015年，中巴两国签署了经济走廊协议，中国将在巴基斯坦进行高达460亿美元的投资。而美印关系也经历了起起落落，处理对印关系上将中国和巴基斯坦都纳入了平衡考虑的因素。中印关系自那场战争后陷入低谷，虽然两国在80年代后恢复了边境问题会谈，陆续签订多个边境问题协议，但仍发生过零星的对峙事件，边境问题并未真正解决。

二、治外法权的漫长历史和遗留影响

书名：*Gunboat Justice Volume 1-3: British and American Law Courts in China and Japan (1842 - 1943)*

作者：Douglas Clark

出版日期：2015年10月

出版社：Earnshaw Books

ISBN：9789888273089

19世纪中期，外国炮舰迫使中国、日本和韩国对西方的世界开放。在他们签署的不平等条约和协议中，订立了禁止本国地方法院审判外国人的规则，取得了对东方国家的“治外法权”。比如，英国在1843年《中英五口通商章程》中制定了“华英人民争讼，双方官吏合审，各按本国法律治罪，此即领事裁判权”一款，1865年更设立了英国在华最高法院。类似的，1844年的《中美望厦条约》规定美国人不受中国法律管辖，1906年设立上海美国法院，地位等同联邦法院，上诉属于旧金山的第九巡回上诉法院。

英美对华治外法权的历史长达百年，1943 年经过与民国政府协商才宣告撤销。而中国的邻居日本，在 1899 年就已经摒除了“治外法权”。

在殖民时代，司法权只是中国丧失的诸多权力之一，除了“丧权辱国”这个标签，治外法权的存在其实在某种程度上也影响了中国和日本理解世界、变革自身司法体系等等。在题为“炮舰正义（Gunboat Justice)”的系列图书中，香港大律师马锦德（Douglass Clark）从英美两国在中日取得“治外法权”开始讲起，重现了法院的建立和领事审判体系的成熟过程，最后到这段历史的终结，中间穿插了诸多代表性法官的人物故事、经典或离奇案件回顾，并结合殖民时期的重要历史事件（如义和团运动），以时间为序，将“治外法权”这个在今天不少人看来很陌生的概念写成了三册的丛书。他在接受媒体采访的时候曾说，这本书写成了三册并非他的本意，只是实在太长了，不得不分成三册。对他来说，最大的挑战是要把纷繁复杂的法律文书和历史档案简化，伦敦的国家档案馆保存了所有的法庭记录，那是中国在 1986 年归还英国的。

“治外法权”到底是怎么回事？马锦德解释，这实际上涉及管辖权，理论上一国法庭对本国国民的管辖权与他们所处的地理位置没有太大关系。当时在殖民地上海，租界只有“法租界”和“公共租界”之分，虽然日常由法国、英美的管辖机构各自进行管理，但涉及诉讼，只与本国法庭有关。书中的一个案件就是一个美国人在西藏涉嫌谋杀一名僧侣，就被不远万里地带到了上海美国法院接受审判。

不过，在英美在华法院设立之前，行使“治外法权”的往往是领事官员，即使在法院设立之后，领事法庭仍然继续维持运作，与专业法官相比，缺乏训练的领事官员要处理复杂困难的案件，往往力不从心，这变成了“治外法权”中最主要的一个问题。在 Ross 一案中，美国最高法院最终裁定审判违宪，因为领事法庭没有陪审团。

而对于中国人来说，上英美法庭要遭受更多困难，比如他们只能用英语提起诉讼，要雇佣外国律师，谋杀案最后定罪为误杀的情况不是没有发生过。尽管法官力求公平，但“治外法权”本质上对中国人已是不公平。而对于法院系统来说，对他们权威最具挑战者恰好是“自己人”——英国掌控之下的清朝海关。在当时的海关总长罗伯特·赫德（Robert Hart）的授意下，海关质疑法院对海关工作人员的管辖权，认为他们是清朝官员。

书中介绍了多位值得记住的法官。马锦德最先着墨讲述的是创立英国在华最高法院的埃德蒙德·霍恩比（Edmund Hornby）爵士，他也是首任英国在华在日最高法院首席法官，他担任这一职位达11年，直到退休。他的助理法官查尔斯·古德温（Charles Goodwin）是一位埃及古物学家，他们一起处理了不少重大案件，有的直接导致了政策的改变，比如裁定上海公共租界工部局对费率有决定权，又比如裁定五人评审团是合法的，而不像在英国那样12人。

作者说，之所以将“治外法权”取“炮舰正义”的名字，因为在中日两国的“治外法权”因炮舰而起,因炮舰而终。但是英美“治外法权”在中国终结时，民众还身陷抗日的战火之中，意识不到这对他们意味着什么。但是它对中日两国的意义不容忽略，对于日本来说，它帮助日本奠定了现代法律体系的基础，帮助它在战后实现了迅猛的发展。而对于中国来说，它的价值更多地停留在博物馆和教科书中，它意味着“一个世纪的屈辱”，也强化了统治者对于国家统一的诉求。

三、从艺术作品中阅读十三行的历史

书名：*Images of the Canton Factories 1760－1822: Reading History in Art*

作者：Paul A. Van Dyke and Maria Kar-wing Mok

出版日期：2015年9月

出版社：Hong Kong University Press

ISBN：9789888208555

广州十三行，是专营对外贸易的牙行（牙行即古代和近代市场中为买卖双方介绍交易、评定商品质量、价格的居间行商），始于明朝。最初的“十三行”

得名于最负盛名的十三家牙行，地处今天的广州解放桥到人民桥的珠江沿岸，后向内扩张。今天仍然保留的十三行路，也是当年的商馆所在地。开牙行的准入门槛非常高，主人无不是“身家殷实、居心诚笃”，他们由官府招募，属于“垄断企业”，居十三行之首的怡和行，主营茶叶贸易，曾是东印度公司最大的债权人，继承父业的伍秉鉴长期担任十三行公行的总商，是清朝最富有的人之一。

牙行除了处理贸易生意，还扮演信息传达的角色，政府官令或外商公文都会经牙行之手传递，甚至是传教士进入中国，也会经十三洋行。十三行兴盛于康熙年间，因当时包括广州、福州、宁波和松江在内的四个口岸被批准外商经商，珠江口的十三行一带发展成外商居住经营的聚集地。到乾隆二十二年(1757年)，清朝锁国，广州成为仅此一处对外通商港口，十三行商馆区的地位进一步提高。根据历史档案记载，十三行到港洋船在1754年只有27艘，税银52万两，但到鸦片战争前，洋船已达200艘，税银180万两。

商行生意兴盛，行号和住宅建筑自然考究。伍秉承等富商所居大宅堪比“大观园”，珠江沿岸的洋行则因外来商人所建，多为三层建筑，底层作货仓，二三层作公寓。部分洋行带外廊，据说这种建筑最早是刚到印度的英国人为应对湿热气候所发明的，有观点认为这可视作广州最早的骑楼。洋行风貌仍然有迹可循，虽然没有摄影技术，但外商进入中国除了带来各色商品，还将西洋绘画技艺带到中国，通过绘画将十三行的景象保留下来，这些画大多销往国外，变成外界了解中国的一个窗口。一些赫赫有名的画师都曾在广州落脚再北上，比如意大利画师郎世宁就是在十三行商馆学会了中文，取了这个中文名字，后来才进京为宫廷卖命。

据不完全统计，目前世界各地的博物馆和私人收藏中以广州十三行为题材的外销画少则数百幅，其中香港艺术博物馆就有收藏。虽然当时的这些绘画基于真实的十三行景象，既有江上眺望岸边商馆区的全景图，也有展示码头仓库、街区、法庭等局部的作品，但对于这些画作的历史真实性，仍有质疑。在Images of the Canton Factories 1760 - 1822：Reading History in Art一书中，中山大学历史系教授范岱克（Paul Van Dyke）和香港艺术馆馆长莫家咏（Maria Kar-wing Mok）对十三行西洋画作了更为细致的考究，将绘画图像与历史档案进行对比，证实这些绘画作品的创作基于可靠的历史记录，大都可以将创作背景追溯到具体年份，更精确了这些外销画的历史价值。

十三行时期影响力最大的外销画家是关乔昌，他师从英国画家乔治·钱纳利（Georege Chinnery），习得了油画、水粉画等西洋画技艺，他跟兄弟关联昌还开班教授，培养了又一批外销画作家。2005年，他的一幅《男人像》在保利拍卖行组织的广州拍卖会上拍得6.82万元。这也是为数不多的现存于国内并且公开拍卖的外销画作品。

香港艺术馆最早的展品中也包括了一批广州外销画，由商人遮打爵士和何东爵士所捐赠给香港政府。艺术馆在2009年曾经举办一场名为《洋人旅粤指南——广州自助游全攻略》的展览，五十幅历史绘画和文物里，就展现了十三行的风貌。比如最为豪华的英国馆出现在画作中，从带百叶窗的大洋台便可窥见其考究的一面，又比如经营怡和行的伍家花园别墅，搭配中式雕栏玉砌的英式洋房，曾是商贾来往之地。本书的封面则是作于约1795年的十三行商馆全貌，以水粉绘画在丝绢上的作品。

这本书研究的历史范围从1760年到1822年，这是十三行商馆区最重要的时期——1760年，同文行的潘振成等请求成立公行，从此牙行扮演亦官亦商的角色。1822年，一场长达七昼夜的大火将十三行建筑毁于一旦，那场大火也被绘于画中，见证了那段历史。而后鸦片战争开始，广州失去了独口通商的地位，十三行盛极一时的辉煌宣告终结。

四、从被忽视的商业妇女杂志中观察早期民国史

书名：*Republican Lens: Gender, Visuality, and Experience in the Early Chinese Periodical Press*

作者：Joan Judge

出版日期：2015年7月

出版社：University of California Press

ISBN：9780520284364

如果阅读一系列边缘的、来自一段被忽视的时代的材料，我们可以了解到怎样的中国现代史？

在 Republican Lens 一书中，约克大学历史系教授 Joan Judge 检视并重新评价了辛亥革命前后出现的商业文化的重要价值。它的价值在早年一度被知识分子和精英所否认，被学术界忽视，但后来它的重要性被渐渐发现，开始重新认识那段文化历史。

在这其中，《妇女时报》这份杂志是最引人注目、最具创新力、但又一直被曲解的一个。作者以此为借镜，观察了辛亥革命建立起来的共和国的早期历史。她在书中强调了《妇女时报》这一媒介在时代中的重要价值，以小见大讲述商业出版机构在瞬息变化的二十世纪早期中国建构认知和性别趋势当中，起到了怎样的引导和帮助作用。

《妇女时报》是民国第一份商业妇女杂志，出版了六年，虽然只是近现代史的短短一段，其影响和意义却不容小觑。早在 1898 年维新运动时期，以《女学报》的创办为开端，中国的妇女报刊已经不断涌现，多达 38 种，它们多以倡导妇女解放为宗旨。《妇女时报》也不例外，但它与前人所办报刊的区别一是在于以盈利为目的的商业化，使得它的寿命比大部分妇女报刊都长，杂志的发行范围曾覆盖北京、上海、江苏等 10 余个省市，发行量一度突破 6000 册。

《妇女时报》在内容上不局限于政治，而是另辟蹊径，部分栏目以普及与妇女相关的科学和生活知识切入，尤其大量编译了来自英美、日本等先进国家的妇女健康知识、生活时尚内容充实民国妇女的知识体系，甚至改变她们的生活态度，与南社文人办报的“发扬旧道德”“灌输新智识”等相契合。杂志没有忽略女权运动倡导，但通过较为巧妙的方式，比如第一期杂志就刊登过英国参政女性的图片，试图唤起中国妇女参政的热情。

作者采用了跨流派和跨媒体的方法来阅读期刊，结合媒体的介质，解读了以新式仕女画为代表的封面艺术、内页照片、广告、诗歌、社论、杂文和读者来信，在更广泛的印刷、历史和全球话语背景中观察它们之间的联系，以了解历史的复杂性。从这些材料中，她观察到支配当时杂志出版乃至社会关系的关键力量。放在更长的历史背景中，对二十世纪知识文化和社会变革起到支撑作用的因素包括：对于“经验”这一概念的价值化和科学化，对“民国女子”这一群体形象的公众化，以及“中药”和生物医药的融合。在杂志之外，作者还进一步深入探究了期刊的编辑、作者、医学专家、艺术家等参与杂志写作出版的人物，其中还包括了不少女性作者。

2015年，通过“开始众筹”平台，我们为“重思近代变革的三部曲”发起众筹，社会反响热情之高令人深受感动。以下诸君通过众筹，参与了本书的出版，共同为之贡献了力量，诸位与我们的共同前行，是比出版更令人鼓舞的事情。 在此我们衷心表示感谢，并对图书因故延迟表示诚挚的歉意。

A （五万）

名誉联合发行人：于成

B （一万）

王瑛
张洁平
左志坚

C （两千）

赵屹松
Jixin Amoureux
jiakai
Geshuaiye
wanghui
沈尼可的理想
偶偶风
王厚
秦霞
毛毛 -789
鑫莹@王大米说说
Bird
山鬼子
王小源
Zhong Bei
丁筱
L罗丹
许志学
蒋晓捷
东善桥
白雪

D （三百）

lilinghua
驯鹿望月
子不语
品观网陈攀
evolymho
于成.
天涯（周惠）
ziggy
深圳知元知识产权
榕禧
Xueqing_lin
粗人
苏合
靖哥哥
黄国明
老宋
sailor
理智之年
萌萌妈妈2012的夏天
LI路遥
newnew
何佳憶001
唐浩新
文为民
国泰民安
chinesepoet
饶展
付春媛
大佐你好
当笑草遇上芦苇
缅甸蔡峥霖
法厄同
廉彦
czphappy
马屎咖啡
双
苍天蓝耀
澹舟
丽竹·白
李唐辙
正火哥
付春媛
苏芮
wkx0317
zhuxysh
诚信男孩
温馨
huangbin
zbl
马宁
Joan Z
梓乡牧羊人
虎皮蛋
令狐茂林
四月之光
禾^^隐隐
最好别年
王鹏宇
陆红宇
书虫子2010
云山小馆
Claire
PATO
沈阳易水书阁
CandyDuke
定定
许凯
红脚猫
愿意担当责任的青年
大王
苏印
muzer
袁欣
施伟达
沁沁河边草
张家宁
年少轻狂客
wmy1959
高小龙.
woo
Kevinact
张八叉
蘇海川
杨伟礼
杨森
刘虹
麦苗青青
irishcreamsh
Wyrd
小资书虫
咪咪鱼
Amy Jiao
小凡子
请叫我elane
从深高到暨大的Mr.Lai
AnD
高巍
张洋
赵浩
荒野的呼唤
叶笑了之
warii
Hello,Superman
卧荒虎
TONY
卢真
Evateng
张晓磊
杨钊
黑炭
swarmai
许乐
焦阳
along
Yizao
花俘雨ly
卓吾
carljung
赵金强
龚海冰
一颗滚石
Cwei000
源德居士
丁伟
jjlee
阎峰
任雷
叶荫YeYin(Anne)
Vivianwei
手机用户1409364402
祁
典
张灿坤
纪小城
印子
Leilei

BYF
土三轮
小小窗儿
nhanny
choo
nightraide
阿凯
jame99
婉约土豆
Tony Ouyang
茶马古道
侠客
敏子
吴健伟
Tonng
三诗
古木
GQ.Wang
David Wang
胡洋
李燕红
sevenyears1212
plus
Floyd Yu
杨红
其让．鲁．雅克
陈炜 Joshua
绮她
刘正赫
teng
32 摄氏度
王玉萍
西岛
宁馨 Tony Xie
汤同学
why22
陶之
lee
我家蚊子霏
云淡风轻 531
yzfx123
跑步管理学
孤鸿
东哥 0108
BIAN
王霄
灰姑娘
丁云
Bati
式小姐
Feiyi
poison

周洋
焦建
汪杰
楊聃
青山
告别的年代
赤小豆
墨海云天
sahara
mingming
载酒观花
文
张小翔
唯一选哲
洁平
AmoKang
程志
龚海瀚
小雅妈妈
この海の出逢えた·某红果
morning
陈烨 成功减肥人士
黑名单
三车和尚
秦廷瑞
jacky
刘 33
立勇
lijian
nt
alicewang
Whyya
赵明
沉寂狼
雨门
ARata
venicecoco
e 婉
厉揭
Evon
mxn
童狗儿
糖
王鹏鸣
青山如是
勇敢的心
ZJY 瑾艳
爱和
东东
丁晓峰
曹晓钢

姚骏
子午 CPA
左小鹌
张老汉
海鱼儿
易泊花
阿森 ASUM
张堃 Raymond
L.R
孔祥瑜
A 数码电通
李润雅
蓝血
刘阿娟
向凌云
贾晓涛
johnnyzyw
贡确多吉
林纪庆
乐驰互联吴建荣
缦瑾
麦客北北
Selinalolo
马行者
花开东天
刁媛媛
荒儿
王贰佰
朱南
董瑞
YU 小鱼
农民唐忠
TINA
oscar
Sammie 蓓蓓
李稳
海上来
去尘远
swita
朱妞妞
追风老爷
跑焦
王静妍
肖李
散兵游勇
Lockezhang
Past_vistor
祝玉飞
理想主义 _2012
谷光昭
海天一色
客家張小戈

胡晓清
常伟常行
凡高
嗯哼
笑阳
燕麦片
kokoni
李伟
潇湘
宋家泰
我思，故我然
YH 好鱼
渐之
ljw 的剩闲身
小志
故事蓓蕾
Jeddy
A^O^Fly
左右左
贡永峰
珍珍豆
ZhuLi–David
张晓莹
少年游
涓在表达
Masha Gao
XO
真正自在
xxz
老崔
齐国静
吴方军
大明鼎鼎
奥芸儿～
何必。
梦夕林
晓宇
倪小倪
硒水锶源
ccddzh
C E
阿杰威武
尉进耀
海员 311
杨帅
微生
一笑黄
张孟岭
小天
Mia 荔芋火鸭扎
柯桦龙
amadeus

BIG 雪糕
张文政
CD 心情
感觉不错
李寻坤
浪漫紫竹
九九归真
心田
李雨聪
是 me
goodman 何
Ethanwu
夏夜的风 009
Barcelona
卡卡西（LXX）
yiyi_sunny
mjh8611
风雨彩虹
西行西
Cannon
冠冠
严志刚
妖怪瓶
李繁华
我是谁
尹凡
中建东孚长跑队
不二
陈楠
蜜絲阿格蕾
冥夜亚伦 htx
ccbabe
Song
gjjmba
zincho
平建树
Wei wei
吴丽霄
慢刀
疾风知劲草
知行合一
郑卫忠
一路风景
柳建国
高国昌
小哲
Kongwu
糖果
海
墨墨
林铁力
赵老汉
LJ
Hongyu
签签君主
吴维民
Somerset
京京
王灏君
guofeng-6-9
王吉陆
v63sam
通庆
老苗
钱建江
yaoyao
东山郎
不良人洋葱
小逃气的妈
南岭小学生
愤怒的怪蜀黍
sml
银翘解毒
gavingle
Lixian
丰之余
法米蓝瓷
平静的坏心情
达达杀猪菜
塔西伯里克
wensikate
宝慧慧
Cindy 周
乔晨
陶晓明
潘顺卓
x
Christina 仁真拉姆
夏锋
七七
TRISH 刘子
路压君
朱岳琳
建周 1975
岑淼
陈良程
得分后卫
张三胖
自由胜旭
许晓辉
林宇
沈阳青云
黄洲承
方曌
hu_lake
qiwbaby
旻
云中君
黄海峰
很随便
西子 2010 世界
上班需要一小时
陈新杰安防监控
高峰的泥上指爪
龙珠
知行客
Allen
warmthinker
WXAngel
三亩地
陈四根
宅女 s
晨说陈语˜陈子蔚
乔
影子和光
年轻的世界
黄苹
周雪梅
黯夜天堂
Gideon Hope
刘平
黯夜天堂
tigerliao
想飞的沙枣花
黄新忠－仕道金略
11 铁蛋
linhui
宏豪
齐文鲁化
夏灏
润行
赵龙
wenwen
德彪东
Lightcaller
王春玲
贝壳白
风之子
禾予
karlmarx
毛小贱
coldhan
林俊丰 Henry
王玮
葡萄酒小皮
NewMeAt2012
将相征程
hdx
逍遥游 770
家有壮壮
卖小徐的器械
阿郎 v5 小小公益
廖春兰
张书亭
球儿
田路 2015
Jill
我很黑！
武˜
刘力兴
Gnosis
大勇
李晓明
武夫
苏武新牧
zhangzhang
黄小川
夜，还是来了
nilvke
植
日月同辉
skyyawh
Firepassor
向日葵 well
Kelvin-Ureal
章孜凡
vanyar
MayLiu
郜章银
A- 蒋委员长
Faith
寻常的蓝
吃太多
老友
李征
亮伯
哪吒三太子
ZHOU QING_太保安联
nelsonma2015
蒋嘉麟
黄钰
红狐
You Raise Me Up
了了了染
朝亮
franklin
everice
kasim

云安
YANG
喵星人
卢宁
良药 · 海蛎煎
陈一
sherry she
Shawnhunan
Bananabird
静观尘世的朱玲
WALLZAN
老熊威尼
Lemo MIU
林叔
壹贰
朱芳文
冯宇雷
唯　享乐
Yinner
木林森
土豆 99
鱼年
1 号楼
负轭的小马
沈巍
邢超亚
薛力
Eva
你好花花世界
刘哥
姜楼楼
刘振宇
张泽涛
森森
见山
Hi Barry
光军
韩嘉勋
Joelay
冯达裕
handsomeshuai
季绍宇
胡不了
无我
魏冬早
landlord
在路上 2015
tomtong
Drhuanglin
Punch
张玉峰
Toward Tibet

张乐
张斌
suger 罗洁
钟鸣 66
刘庆为 @wales
吴臻斌
飞鸟
莹亮 wilson
付俊
颜芳
道法自然
卖小徐的器械
Kaibun
nikiwang
绿金刚
李妍
婕婕 周
老乐
迈克老吴
吴志力
宫小傅
洪利微观察
李喆乾来自 Weichat
老祁
易诚
Summer.H
世超
老木
小旦
章丰
刘红燕
怡然天空
周恩去
YingJie
追风筝的渔
elainecrx
童话的梦之旅
仇勇
周小丫
檀衣
谭谈 tt
欧阳盆栽
陈东来
《行周末》徐小芳
村上小站
听说
唐艺元 FIFI
Raphael
叶子雨涵
我是方晴
Tian
水水兰

赵鹏飞 – 铁岭人
小资书虫
乔文星
海潮自在
Yijing
叶喜宝
葱家的小毛毛
陶辉东
judyxia
李三水
zoelife
Kevinact
白桦林
ban
无影树
Alicia
Ning Ren
黄药师 Dr. Wong
Rachel 程舒翊
自由人高
尤洋
自由浩瀚
LaNirvana
璐璐多喝水
叶滢
弃疾
深夏 1026
詹姆斯
ken
江水滔滔
北極星之一
不加可乐的冰
自由沸点
关予 Gloria
@TT810
超人琳
sammi 刘亦嫄
梅小排
格瓦拉 –– 从心出发
醉语听风
Cicely
沧海飞蛾
颜小鹏
施宏斌
cz
Chen Ping
敖敖爹
剑宇虹天
蒋超
谢家书屋
晃悠 –lunar
贰不可言

李蕾
雨后夜月
董磊 – 口水军团
杨怀新
杨江荣
清晨
andyan
刘浪
silence
小丑秋水
叶振来自 Weichat
己酉黎明
锦瑟无端
唤之
懿寒
李白
张学不良
陈志刚
王师
闻及过耳不作声
纸片
郝思远
Audrey
陈海群
万能年糕
静静静
迎着夕阳飞奔
次元歪曲
黎墨
王小石
niMin

Contributors

谭汝谦

美国默士达大学终身教授。1965 年毕业于香港中文大学新亚书院英语文学系，后获得美国印第安纳大学文科硕士、美国普林斯顿大学文科硕士及哲学博士（Ph. D.）等学位，专攻日本史学、中日关系史、东西文化交流史。

李文杰

北京大学历史系博士，华东师范大学思勉人文高等研究院青年研究员。主要研究方向为中国近代政治制度史、外交史、财政史。曾在《近代史研究》、《史林》、《中央研究院近代史研究所集刊》、《北大史学》等刊物上发表多篇论文。

陶飞亚

山东大学历史学学士、硕士、香港中文大学哲学博士，现为上海大学历史系教授。主要研究方向为基督教与近现代中国社会、中国宗教与中西文化等。代表作：《中国的基督教乌托邦：耶稣家庭（1921—1952）》、《边缘的历史：基督教与近代中国》等。

张明亮

北京大学博士，暨南大学东南亚研究所副教授，美国克莱伍德基金会亚洲政治与历史学会会员。主要研究方向为南海历史、东南亚历史、东南亚环境政治，代表作：《超越航线：美国在南海的追求》、《超越僵局：中国在南海的选择》。

左凤荣

俄罗斯、苏联问题专家。先后毕业于北京师范大学和中央党校，获国际政治专业博士学位，现为中共中央党校国际战略研究院国政室主任、教授、国际政治专业博士生导师，代表作有《致命的错误：苏联对外战略的演变与影响》、《俄罗斯：走向新型现代化之路》等。

爱德华·门德尔松（Edward Mendelson）

哥伦比亚大学比较文学教授，英国诗人奥登（Wystan Hugh Auden）的文学遗产委托管理人，代表作有《事关紧要：七本经典小说对人生阶段的启示》（The Things That Matter：What

Seven Classic Novels Have to Sayabout the Stanges of Life)、《道德行为者 : 20 世纪的 8 位美国作家》(Moral Agents : Eight Twentieth-Century American Writers) 等。

克里斯汀 · 卡里尔 (Christian Caryl)

英国智库列格坦研究所的资深研究员，麻省理工学院国际关系研究中心的资深研究員。同时也是《外交政策》的杂志编辑、《纽约书评》专栏作家，《新闻周刊》的前报导员。曾获海外媒体奖 (Overseas Press Club Award),代表作有《历史的反叛:1979 年的奇异变革及其阴影》等。

乌尔斯 · 马蒂亚斯 · 扎希曼 (Urs Matthias Zachmann)

乌尔斯 · 马蒂亚斯 · 扎希曼任教于爱丁堡大学，他的研究领域是中日关系。

冈本隆司

1965 年生于京都市，京都大学博士，1993 年起历任宫崎大学教育学部讲师、宫崎大学教育文化学部副教授。现任京都府立大学文学部副教授。代表作有 : 近代中国与海关》、《属国与自主之间 : 近代清韩关系与东亚的命运》等。

佐藤慎一

1945 年生于日本千叶县，1969 年毕业于东京大学法学部，1972 年任东北大学法学部副教授，曾任东京大学文学部学部长，现任东京大学大学院人文社会系研究科教授。代表作《近代中国的知识分子与文明》等。

大卫 · 格林伯格 (David Greenberg)

《新共和》前执行主编，他是哥伦比亚大学理查德 · 霍夫施塔特学会成员，研究美国历史。